高等学校应用技术型经济管理系列教材（会计系列）

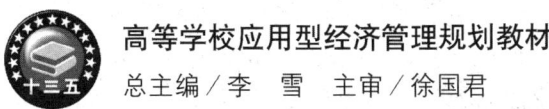

高等学校应用型经济管理规划教材

总主编／李　雪　主审／徐国君

旅游饮食服务业会计

The Accounting of Tourism, Catering and Service

李小林◎主　编

孙晓彤　张念念◎副主编

立信会计 出版社
LIXIN ACCOUNTING PUBLISHING HOUSE

图书在版编目(CIP)数据

旅游饮食服务业会计 / 李小林主编. —上海：立信
会计出版社,2018.7(2020.7 重印)
高等学校应用技术型经济管理系列教材.会计系列
ISBN 978 - 7 - 5429 - 5857 - 0

Ⅰ.①旅…　Ⅱ.①李…　Ⅲ.①旅游业—会计—高
等学校—教材 ②第三产业—会计—高等学校—教材
Ⅳ.①F590.66②F719

中国版本图书馆 CIP 数据核字(2018)第 151675 号

策划编辑　　方士华
责任编辑　　方士华
封面设计　　南房间

旅游饮食服务业会计

出版发行	立信会计出版社			
地　　址	上海市中山西路 2230 号		邮政编码	200235
电　　话	(021)64411389		传　真	(021)64411325
网　　址	www.lixinaph.com		电子邮箱	lixinaph2019@126.com
网上书店	http://lixin.jd.com			http://lxkjcbs.tmall.com
经　　销	各地新华书店			

印　　刷	常熟市华顺印刷有限公司
开　　本	787 毫米×1092 毫米　　　　1/16
印　　张	16.25
字　　数	388 千字
版　　次	2018 年 7 月第 1 版
印　　次	2020 年 7 月第 2 次
印　　数	3101—5200
书　　号	ISBN 978 - 7 - 5429 - 5857 - 0/F
定　　价	36.00 元

如有印订差错,请与本社联系调换

总　序

　　教材是高校实现人才培养目标的重要载体,教材及教材建设对高校发展具有举足轻重的作用。与培养模式相对应的教材是培养合格人才的基本保证,是实现培养目标的重要工具。由于历史的原因,在财经类教材的出版方面,相关出版社出版研究型本科或者高职高专、中等职业等层次的教材较多,也较成熟,而在应用技术型本科教材出版上比较欠缺,虽然近年来也出版了一些这方面的教材,但总体而言,还是缺乏权威性、普适性、实用性和创新性。造成这种状况的原因主要在于:出版社对财经类应用技术型大学本科教材的出版还不够重视,没有进行有效的组织;财经类应用技术型本科院校多为新建院校,教材建设相对滞后,主观上也较愿意使用研究型大学本科教材;在教材使用中存在比较严重的混用现象,教材的目标读者群不明确,如不少教材既适用于研究型本科又适用于应用技术型大学本科,或者既适用于大学本科又适用于高职高专。

　　由于目前应用技术型教材种类和数量匮乏或质量欠佳,应用技术型本科不得不沿用传统研究型教材,比如,东北财经大学会计系列教材(包括《基础会计》《中级财务会计》《管理会计》《高级财务会计》《审计》等),中国人民大学会计系列教材(如《成本会计》),教育部统编教材(如《财务管理》)等国家级规划教材。这些教材本身的质量很好、级别很高,但是并不适用于应用技术型本科的教学,教师和学生普遍反映不好用。即使从全国范围看,也还没有相对成套、成熟的适合应用技术型高校使用的教材,不适应教育教学要求。存在的主要问题包括:①教材的定位和要求较高;②教材的内容多、难度大;③教材着重于理论解释,相关案例、实训等内容较少,缺乏普适性、实用性。所以,需要编写适应学生水平、便于学生接受的应用技术型教材。

　　我们组织具有多年应用技术型人才培养经验的优秀教师和实务界专家编写了本套系列教材。本套系列教材由《会计基本技能》《基础会计》《中级财务会计》《成本会计》《管理会计》《财务管理》《会计信息系统》《审计学原理》《审计实务》《税法》《经济法》《金融学》等构成。为了保证教材的质量,我们聘请了著名高校的专家、教授对本套系列教材编写进行专门指导和审核。每本教材至少有一名本学科的知名专家或学科带头人提出审核指导意见,有一名高等院校教学一线的高级职称教师参与组织编写,有一名行业协会、实务界专家和教学研究机构人员提出编写建议。

　　本套系列教材的特色如下。

　　1. 应用性

　　应用技术型本科教材应坚持培养应用技术型本科人才的定位,充分吸收和借鉴传统的普通本科教材与高职高专类教材建设的优点和经验,以就业为导向,做到理论上优于高职高专类教材、动手能力的培养上优于传统的本科院校教材。

本套系列教材体现了应用技术型本科的定位,体现了素质教育和"以学生发展为本"的教育理念,遵循了高等教育教学基本规律,重视知识、能力和素质的协调发展,根据应用技术型人才培养模式对学生的创新精神、实践能力和适应能力的要求,在内容选材、教学方法、学习方法、实验和实训配套等方面突出了应用性特征。

2. 针对性

本套系列教材的编写符合会计学、财务管理和审计学专业的培养目标、培养需求、业务规格(知识结构和能力结构)和教学大纲的基本要求,与各专业的课程结构和课程设置相对应,与课程平台和课程模块相对应。本套系列教材在结构的布局、内容重点的选取、示例习题的设计等方面符合教改目标和教学大纲的要求,把教师的备课、试讲、授课、辅导答疑等教学环节有机地结合起来。

3. 先进性

本套系列教材反映了应用技术型会计人才教育教学改革的内容,能够反映学科领域的新发展。本套系列教材的整体规划、每一种教材构造等均体现了实用性和创新性。本套系列教材还强调了系列配套,包括了教材、学习指导书、教学课件等。

4. 基础性

本套系列教材打破传统教材自身知识框架的封闭性,尝试多方面知识的融会贯通,注重知识层次的递进,体现每一门科目的基本内容,同时,在具体内容上突出实际的运用知识的能力,使本套系列教材做到"教师易教,学生乐学,技能实用"。

5. 易于自学性

自学能力的培养是高等教育应该教授给学生的一项基本能力。只有具备了自主学习的能力,才能最终建立起终身学习的保障体系,这也是应用技术型本科人才培养的客观要求。应用技术型高校的生源素质与其他高校相比存在较大差距,除一部分高考发挥失误的学生外,有相当一部分学生在学习习惯、基础知识等方面存在一定的欠缺,这就要求本套系列教材要能调动这部分学生的学习积极性,在理论方面尽量通俗易懂,在实践方面尽量采用案例式教学。为了有利于学生课后自主学习,本套系列教材配套了学习指导书和教学课件。

因此,本套系列教材的定位把握准确,教材的特色明显,适用于应用技术型高等学校教学,容易得到学生和市场的认可,便于学生的自学和教师的教学。

高等学校应用技术型经济管理系列教材(会计系列)凝聚了众多领导、教授和专家多年来的经验和心血。当然,由于我们的经验和人力有限,教材中难免存在不足,我们期待着各位同行、专家和读者的批评指正。我们将随着经济发展和会计环境的变迁不断地修订教材,以便及时反映学科的最新发展和人才培养的最新变化。

李　雪

2018 年 7 月

前　言

　　随着经济的发展和人民生活水平的提高,我国第三产业蓬勃发展。旅游饮食服务业是我国第三产业中重点发展的行业,它在推动经济社会发展,扩大就业,促进国际文化交流,满足人民群众日益提高的生活需要等方面都发挥了巨大的作用,其会计信息的质量不容忽视。本教材对旅行社、饭店(宾馆、酒店)、歌舞厅、餐馆、洗浴、照相、培训、咨询等各类经济性质和组织形式的旅游饮食服务企业的会计核算方法及业务流程进行了详细阐述。

　　本教材作为"高等学校应用技术型经济管理系列教材"(会计系列)之一,以最新《企业会计准则》为依据,紧密结合旅游饮食服务企业生产经营的特点,全面、系统地阐述了旅游饮食服务企业会计的基本理论和会计实务的具体处理方法。每章都加入了"案例导入""延伸阅读""相关思考""本章小结"等内容,力求体例完整,内容丰富。本书适应面较广,既可以作为高等院校会计专业选修课教材,也可以作为各类旅游饮食服务企业财务人员业务培训用书。

　　本教材编写特点如下:

　　(1) 内容新。本教材严格按照"营改增"之后的政策法规进行编写,2016 年国家全面实施"营改增"改革。2018 年 5 月 1 日起,为深化增值税改革,财政部、税务总局对纳税人发生增值税应税行为或者进口货物的税率进行了调整,这一调整会影响部分服务业的税收缴纳和会计核算。本教材涉及的各个业务细节严格依据最新的税收法规编写,确保读者可以适应新政策,做好新工作。

　　(2) 案例全。本教材对部分较难处理的业务事项精心设计,编写了具体且有针对性的案例,并展开全面、准确、深入的解析,最大限度贴近和还原旅游饮食服务企业现实的会计操作实务。

　　(3) 紧密结合税收实务。本教材在对旅游饮食服务业的会计实务进行分析的基础上,还注意到税收这一影响企业收益的重要支出事项,因此在编写时特别对经济业务的涉税问题进行了详细分析,实现会计与税务实务的有效结合。

　　(4) 利用图、表等工具进行讲解,图文并茂,并穿插鲜活案例,通俗易懂。

　　本教材由李小林担任主编,孙晓彤、张念念担任副主编,朱鹤为编者。具体分工如下:第1章总论(孙晓彤),第2章旅游经营业务的核算(李小林),第3章饮食经营业务的核算(张念念),第4章饭店经营业务的核算(张念念),第5章服务经营业务的核算(孙晓彤、李小林),第6章商场经营业务的核算(李小林),第7章期间费用和税金的核算(朱鹤、李小林),第8章旅游饮食服务业其他经营业务的核算(李小林)。

　　我们在本教材编写过程中参考了大量相关教材和论著,在此向有关作者致以深深的谢意!

　　本教材的编写先后经过多次讨论研究,我们力求内容编排合理、避免错误,但难免存在考虑不周或表达不妥当的地方。书中疏漏不足之处,敬请读者批评指正。

编　　者

2018 年 7 月

目　录

第1章 总 论

内容提要

本章主要讲解旅游饮食服务企业业务活动特点,旅游饮食服务企业会计概念及特点,旅游饮食服务企业会计内容以及会计工作的组织。

重点难点

本章重点为旅游饮食服务企业会计内容。

学习目标

通过本章的学习,学生应掌握旅游饮食服务企业活动的特点;旅游饮食服务企业会计概念及特点,如旅游饮食服务企业会计核算方法多样性、特殊性、涉外性等;明确旅游饮食服务企业会计内容及相关概念,如资金的取得与运用、资金的循环与周转、资金的分配与退出;了解旅游饮食服务企业会计工作的组织。

知识框架

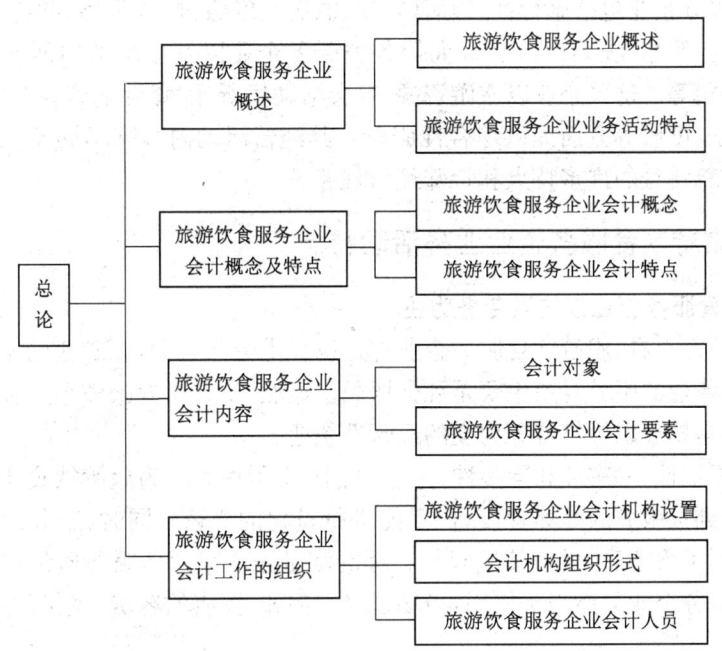

引入案例　旅游饮食服务企业

　　旅游饮食服务企业是旅游业、饮食业及服务业的总称,包括旅行社、饭店餐馆、酒店度假村、歌舞厅、照相、洗衣等各项服务企业。

　　旅游业以旅游资源和服务设施为条件,它具有投资少,见效快,低污染、高利润的特点。餐饮企业通过向消费者提供各项餐饮服务而赚取利润。餐饮企业从事饮食制品的生产和销售,并且为顾客提供消费场所和服务,集生产、零售及服务为一体,并且生产、零售及服务同步进行。服务企业是向人们提供各种服务或劳务的企业,如美容美发、客房、照相等,服务企业本身不从事商品生产,一般为单纯性的服务企业。

　　那么,旅游饮食服务企业业务活动的特点是什么?其会计特点有哪些?它们又是如何核算的?

1.1 旅游饮食服务企业概述

1.1.1　旅游饮食服务企业概念

　　旅游业,国际上称为旅游产业,是指凭借旅游资源和设施,专门或者主要从事招徕、接待游客,为其提供交通、游览、住宿、餐饮、购物、文娱等六个环节的综合性行业。旅游业务由三部分构成:旅游业、交通客运业和以饭店为代表的住宿业。它们是旅游业的三大支柱。

　　餐饮业是指通过集即时加工制作、商业销售和服务性劳动于一体,向消费者专门提供各种酒水、食品及消费场所和设施的食品生产经营行业。餐饮业主要分为旅游饭店、餐厅(中餐、西餐)、自助餐和盒饭业、冷饮业和摊贩六大类。具体又分为三种类型:便利型大众餐饮市场、高档型餐饮市场、气氛型餐饮市场。便利型大众餐饮市场都是大众消费;高档型餐饮市场二级、三级城市非常多;气氛型餐饮市场是夹在高档和低档之间的档次,主要是一些主题餐厅、气氛餐厅。

　　服务业是指利用设备、工具、场所、信息或技能为社会提供服务的行业。

　　旅游饮食服务企业包括旅行社、饭店(宾馆、酒店)、度假村、游乐场、歌舞厅、餐馆、酒楼、旅店、理发、浴池、照相、洗染、修理、咨询等各类服务企业以及旅游部门所属的旅游车船公司、旅游商贸公司等。这些企业以旅游资源、社会活动场所、配套设施等为基础,为顾客游览观光、食宿、娱乐、度假等方面提供综合性服务。其经营活动内容既不同于工业、农业,也不同于纯商业,有着自身的许多特点和特殊经营规律。

1.1.2　旅游饮食服务企业业务活动特点

1. 旅游饮食服务企业以提供劳务为主

　　从经营活动特点看,旅游饮食服务企业都是以提供劳务为主,旅游业的服务对象主要是旅游者;饮食服务业的服务对象主要是社会居民。显然,旅游饮食服务企业在经营特点上是有共性的,即都是属于以提供劳务为主的经营性企业。

　　劳务具有无形性、一次性和同步性特点。其中,无形性表现为旅游饮食服务企业很难量化,客人能感觉到被服务的好坏程度,但不能进行量化的描述。同时,服务的无形性只能在客人购买并享用了服务后,根据其生理与心理的满足程度来评估服务质量的优劣。一次性是指旅游饮食服务企业只能当次使用,当场享受。例如,酒店的客房、飞机的座位,如客房当日租不出去或航班没满座,那么酒店或航空公司所失去的收入是无法弥补的。同步性是指旅游饮食服务的绝大多数产品的生产、销售、消费几乎是同步的,饮食产品的生产过程也就是就餐者的消费过程。

2. 旅游饮食服务企业职能多样性

旅游饮食服务企业具有生产、销售和服务三种职能。首先,为消费者提供服务是旅游餐饮服务业的基本出发点和本质特征。这种服务是一种具有特殊使用价值、抽象的"商品",而不是普通的商品。其次,旅游饮食服务业除具有服务职能外,其中的餐饮、洗染、照相、誊印等行业,还从事加工生产,又具有生产企业的性质。最后,旅游饮食服务业又进行商品销售,具有零售商业的性质。可见,旅游饮食服务企业是融生产、销售与服务三种职能为一体的综合性服务企业。

3. 旅游饮食服务企业经营规律具有特殊性

旅游饮食服务企业直接为消费者服务,但是,消费者是多层次的,需要是千差万别的,消费水平和爱好各不相同,这都使旅游饮食服务企业在经营上不仅要点多、分散,还形成了不同类型、不同等级,服务项目繁多,分工也较细,经营方式灵活,既有专门经营专一品种,又有项目较全的综合经营,各具特色。服务业这种划类分级的经营方式,成为它发挥各自专长、发扬经营特色、体现分等论价、提高服务质量、满足人民群众多种多样消费需要的重要前提。这种特殊经营规律,不同于一般商业的商品经营。

1.2 旅游饮食服务企业会计概念及特点

1.2.1 旅游饮食服务企业会计概念

旅游饮食服务企业会计是指以货币作为主要计量单位,对旅游饮食服务企业的经济活动,通过收集、加工,提供以会计信息为主的经济信息,并为取得最佳经济效益,对经济活动进行控制、分析、预测和决策的一种经济管理活动。它是适用于我国境内旅行社、饭店(宾馆、酒店)、度假村、游乐场、歌舞厅、餐馆、酒楼、旅店、理发、浴池、照相、洗染、修理、咨询等各类服务企业的一门专业会计,主要以旅游饮食服务企业外部会计信息使用者为服务对象,以企业会计准则为指导,运用确认、计量、记录和报告等程序,提供旅游饮食服务企业财务状况、经营结果、现金流量等方面的会计信息,以反映企业管理层受托责任履行情况,有助于会计信息使用者作出经济决策的一种管理活动。

知识拓展 1-1

会 计 概 念

会计是以货币为主要计量单位,利用专门程序和会计方法,对企业、行政、事业单位的经济活动,进行连续、系统、全面的核算和监督,以便向会计报告的使用者提供有关的会计信息。

会计已经成为现代企业一项重要的管理工作。企业的会计工作主要是通过一系列会计程序,对企业的经济活动和财务收支进行核算和监督,反映企业的财务状况、经营成果和现金流量,反映企业管理层受托责任履行情况,为会计信息使用者提供决策有用的信息,并积极参与经营管理决策,提高企业经济效益,促进市场经济的健康有序发展。

会计既是一个信息系统,同时又是一种经济管理系统,本质上是一种管理活动。从管理活动系统和过程看,主要有反映经济情况、监督经济活动、控制经济过程、分析经营成果、预测经济前景、参与经济决策等几项工作,从而形成会计预测与决策、会计控制与检查、会计考核与分析等会计管理活动。

1. 会计核算的基本前提

会计核算的基本前提,又称为会计假设,是对会计核算所处的时间、空间范围所作的合理设定。因为这些设定都是以合理推断或人为的规定而作出的。所以,会计假设不是毫无根据的虚构设想,而是在长期的会计实践中,人们逐步认识和总结而形成的。会计假设是对客观情况合乎事理的推断。会计假设规定了会计核算工作赖以存在的一些基本前提条件,是企业设计和选择会计方法的重要依据。只有规定了这些会计假设,会计核算才能得以正常进行下去。因此,会计假设既是会计核算的基本依据,也是制定会计准则和会计核算制度的重要指导思想。

会计基本假设如表1-1所示。

表1-1 会计基本假设

项目	内容
会计主体	会计主体是指会计工作为之服务的特定单位或组织,它确定了会计核算的空间范围。在会计核算中,会计确认、计量和记录所加工整理的会计数据均被界定在一个独立核算的经济实体之内
持续经营	在可以预见的未来,企业按照既定的经营方针和目标继续经营下去,不会停业,也不会大规模削减业务
会计分期	把企业持续不断的生产经营过程划分为较短的、相对等距的会计期间
货币计量	会计主体在会计核算过程中采用货币作为计量单位,计量、记录和报告会计主体的生产经营活动

📁 知识拓展1-2

会计的反映职能

1. 会计核算职能

会计核算职能是指会计以货币为主要计量单位,通过确认、记录、计算和报告等环节,对特定单位的经济活动进行记账、算账和报账,为经济管理者提供信息的功能。企业日常会发生许多经济业务,对其记账、算账,最后形成会计报告,是会计的最基本工作,体现了会计的核算职能。会计的核算职能是会计首要的即最基本的职能,是其他会计管理工作的基础。

2. 会计监督职能

会计监督职能是指利用会计核算所提供的会计信息,以国家财经法规、政策等为依据,对各特定对象发生的经济业务的合法性、合理性进行检查。会计监督包括事前监督、事中监督和事后监督。对已经发生或已经完成的经济业务进行合规性、合法性检查,是事后监督。例如,对原始凭证、记账凭证进行审核。会计监督体现在经济业务发生过程之中,是事中监督。例如,在预算执行过程中进行分析和控制就是事中监督。对尚未发生之前的会计监督,是事前监督。例如,对于预算、计划的审定就是事前监督。

2. 会计信息的质量要求

会计信息的质量要求如表1-2所示。

表1-2	会计信息的质量要求
可靠性	企业应当以实际发生的交易或者事项为依据进行确认、计量和报告,如实反映符合确认和计量要求的各项会计要素及其他相关信息。保证会计信息真实可靠、内容完整
相关性	企业提供的会计信息应当与投资者等财务报告使用者的经济决策需要相关,一项信息是否具有相关性取决于预测价值和反馈价值
可理解性	企业提供的会计信息应当清晰明了,便于投资者等财务报告使用者理解和使用
可比性	企业提供的会计信息应当相互可比。其涉及同一企业不同时期可比以及不同企业相同会计期间可比
实质重于形式	企业应当按照交易或者事项的经济实质进行会计确认、计量和报告,不仅仅以交易或者事项的法律形式为依据
重要性	企业提供的会计信息应当反映与企业财务状况、经营成果和现金流量有关的所有重要交易或者事项
谨慎性	企业对交易或者事项进行会计确认、计量和报告应当保持应有的谨慎,不应高估资产或者收益、低估负债或者费用
及时性	企业对于已经发生的交易或者事项,应当及时进行确认、计量和报告,不得提前或者延后

知识拓展 1-3

会 计 的 作 用

(1) 为国家进行宏观调控、制定经济政策提供信息。

(2) 加强经济核算,为企业经营管理提供数据。

(3) 保证企业投入资产的安全和完整。

(4) 为投资者提供财务报告,以便于其进行正确的投资决策。

1.2.2 旅游饮食服务企业会计特点

旅游饮食服务企业会计是适应旅游饮食服务企业生产经营管理活动不断发展而形成的一门独具特色的专业会计。与制造企业会计、施工企业会计、房地产开发企业会计、运输(交通)企业会计、邮电通信企业会计等专业会计相比具有以下特点。

1. 会计核算方法具有多样性

由于旅游饮食服务企业是以旅游、住宿、餐饮等服务为中心,辅之以烹制菜肴、食品生产和商品流通的为消费者提供综合性服务的行业,其经营活动具有生产、销售和服务职能。因此,旅游饮食服务企业会计核算内容十分广泛,会计核算方法也具有多样性,如饭店加工烹制菜肴和食品需要采用成本核算方法核算加工商品的成本,商品部或零售商场出售商品需要采用零售企业的会计核算方法,而客房、娱乐、美容等纯服务性质的业务则采用服务企业的会计核算方法。可见,旅游饮食服务企业会计是零售会计、成本会计、服务会计等多种会计核算方法的综合,这些方法相互渗透、互相补充,构成了旅游饮食服务企业会计核算方法体系。

2. 成本核算方法具有特殊性

旅游饮食服务企业会计作为一门专业会计,其核算方法具有一般专业会计的共性,但在某些方面也形成了独有特点,就产品成本核算而言,餐饮企业不核算餐饮产品的全部成本,而只核算餐饮产品直接耗用原材料、配料和调料的进价成本;旅行社核算的营业成本实质上是直接用于旅游者的代收代付的有关费用;照相、洗染和修理服务企业核算的营业成本则是指企业直接耗用的原材料和辅助材料成本。可见,旅游饮食服务企业成本核算方法与制造企业成本核算方法具有明显的区别。

3. 货币资金内容具有涉外性

一般来说,企业的货币资金大多为人民币。但由于旅游饮食服务企业中,涉外饭店、旅行社和宾馆占有相当大的比重,日常经营活动会涉及多种货币的经济业务事项,外汇存入、转出和结算业务时有发生,外币资金的增减变动成为旅游饮食服务企业货币资金核算的主要内容之一。

4. 服务对象千差万别,流动性大、分散性强,呈现多变性特征

顾客在消费、需要服务、结账等方面的时间性都很强。会计工作必须满足顾客的需要,做到核算手续简便、结账准确、快速。对此,企业要建立健全严格的凭证填制、传递和审核的手续制度,督促有关人员认真履行职责。

1.3 | 旅游饮食服务企业会计内容

1.3.1 会计对象

旅游饮食服务企业会计内容即旅游饮食服务企业会计的客体,它是旅游饮食服务企业在各种活动过程中以货币表现的经济活动,即旅游饮食服务企业的资金运动。

1. 资金的取得与运用

旅游饮食服务企业在组织经营活动过程中,除了拥有素质优良的劳动者外,必须拥有一定数量的财产物资作为其开展经营活动的物质基础。在市场经济条件下,这些财产物资需要以货币来计量并表现其价值,财产物资的货币表现就是资金。任何一个企业都必须拥有一定数量的资金,并且这些资金伴随着企业经营活动不断地进行运动,即以各种具体、特殊的形态分布在企业经营活动的各个阶段,并不断地被加以运用,发挥各自的功能,给企业目前和未来的经济活动带来一定的经济利益。

在会计上,把资金占用与分布项目统称为"资产"。旅游饮食服务企业资产按其在资金运动过程中的作用不同,可分为流动资产、长期投资、固定资产、无形资产等资产形态。旅游饮食服务企业所运用的各项资产,都是通过一定的来源渠道取得或形成的。企业资产的来源不外乎两个渠道:一是由债权人提供;二是投资者投入。债权人对提供资产的求偿权称为债权人权益,简称"负债";所有者对净资产(资产与负债的差额)的所有权称为"所有者权益"。资产表明企业的资金占用在哪些方面,而负债和所有者权益则说明资金是从哪些方面取得的。资产与负债、所有者权益,实质上是同一资金运动的两个方面,从数量上来说,也就是资产等于负债与所有者权益之和。它们三者之间的关系可用下列公式表示:资产＝负债＋所有者权益。

2. 资金的循环与周转

旅游饮食服务企业的资金,随着企业经营活动的不断进行,始终处在运动变化之中,企业资金的运动与经营活动相适应,要经过服务准备、加工生产和销售三个阶段。在服务准备阶段,企业要购买餐饮原材料、旅游商品以及服务设备等,发生材料、商品和设备的买价、运输费、装卸费等采购费用,与供应单位发生货款的结算关系。

在服务加工生产阶段,旅游饮食服务企业既为消费者提供"纯粹服务",又为其提供餐饮产品、住宿、娱乐消遣等项目。在这个过程中,企业会发生餐饮材料消耗费、固定资产磨损的折旧费、工人劳动耗费的人工费等,同时,还将发生企业与工人之间的工资结算关系、与有关单位会计之间的劳务结算关系等。

在服务销售阶段,企业将旅游饮食服务产品销售出去,发生有关销售费用、收回货款、交纳税金等业务活动,并同业务往来单位发生货款结算关系、同税务机关发生税务结算关系等。旅游饮食服务企业经营资金从货币资金开始,经过服务准备、服务生产加工、服务销售阶段又回到货币资金这一运动过程,称为"资金循环"。只要企业持续经营,资金循环是永无止境的。随着企业经营活动不断进行而发出的连续不断的资金循环,就是资金周转。

旅游饮食服务企业在资金周转过程中,因提供劳务、服务会获得各种货币收入,称为"收入",收入按其在企业经营中的地位不同又分为"主营业务收入""其他业务收入"。企业在经营过程中,为取得收入还必须有相应的各项支出,如为取得旅游商品销售收入,必须支出销售商品的成本、销售费用和税金;为取得其他业务收入要付出相应的人力、物力等耗费,这些在经营过程中发生的各种耗费称为"费用"。

为考核企业的经济效益,必须通过会计核算对企业在一定会计期间的收入和费用相互配合比较,以确定其经营成果。收入抵补费用后的盈余为"利润",收入如果不足以抵补费用,其差额则为"亏损"。其相互关系,可用公式表示:利润＝收入－费用。

3. 资金的分配与退出

旅游饮食服务企业获得经营收入后,应将其进行分配。经营收入的分配包括两个方面:一方面是以收抵支,用经营收入抵偿旅游商品销售成本、弥补经营费用以及抵补其他支出;另一方面是盈利的分配,即对收支相抵后的企业盈利,用于企业的发展和向投资者进行分配。以收抵支和留归企业用于集体福利或企业的发展部分重新参与企业资金周转,向投资者分配股利或利润的部分,则从企业资金运动中退出。

1.3.2　旅游饮食服务企业会计要素

旅游饮食服务企业在上述活动过程中,资金的取得与运用、资金的循环与周转、资金的分配与退出等经济活动,构成了旅游饮食服务企业会计的一般内容。如果对旅游饮食服务企业会计内容按其经济特征作进一步的分类,可将其分为资产、负债、所有者权益、收入、费用和利润等会计要素。会计要素的基本内容如表1-3所示。

表1-3　　　　　　　　　　　　　　会计要素的基本内容

项　目	内　容
资产	企业过去的交易或者事项形成的、由企业拥有或者控制的、预期会给企业带来经济利益的资源
负债	企业过去交易或者事项形成的、预期会导致经济利益流出企业的现时义务
所有者权益	企业资产扣除负债后,由所有者享有的剩余权益

（续表）

项　目	内　容
收入	企业在日常活动中形成的、会导致所有者权益增加的、与所有者投入资本无关的经济利益的总流入
费用	企业在日常活动中发生的、会导致所有者权益减少的、与向所有者分配利润无关的经济利益的总流出
利润	企业在一定会计期间的经营成果

1.4 旅游饮食服务企业会计工作的组织

旅游饮食服务为了做好旅游饮食服务企业会计工作，实现其会计目标，必须在企业中建立专门的会计机构，配备专职的会计人员，并且按照规定的会计法规和制度进行工作。这就需要科学地组织旅游饮食服务企业会计工作。

1.4.1 旅游饮食服务企业会计机构设置

旅游饮食服务企业会计机构，应根据旅游饮食服务企业对会计信息要求的详细程度和各类经济业务工作量的大小，结合旅游饮食服务企业的业务具体情况组织会计工作。那些财务收支数额大、会计业务多的单位，都要单独设置由本单位领导人直接领导的财务会计机构，如会计处、财务部、会计科等。其中，有些业务复杂、会计工作繁重的基层单位，还可以在会计处（科）下，分设若干职能组，分别承担一定的核算任务。财务收支数额不大、会计业务比较简单的旅游饮食服务企业，可以不单独设置会计机构。但应在有关机构中设置若干办理会计工作的专职或兼职会计人员，单位领导人应当在这些会计人员中指定一人为主管人员，负责领导和办理本单位的会计工作。

1.4.2 会计机构组织形式

1. 独立核算

独立核算是指对本单位的业务经营过程及其结果，进行全面的、系统的会计核算。实行独立核算的单位称为独立核算单位，它的特点是具有一定的资金，在银行单独开户，独立经营、计算盈亏，具有完整的账簿系统，定期编制报表。独立核算单位应单独设置会计机构，配备必要的会计人员，如果会计业务不多，也可只设专职会计人员。

（1）集中核算。集中核算是指将企业的主要会计工作都集中在企业会计机构内进行。企业内部的各部门、各单位一般不进行单独核算，只是对所发生的经济业务进行原始记录，办理原始凭证的取得、填制、审核和汇总工作，并定期将这些资料报送企业会计部门进行总分类核算和明细分类核算。

实行集中核算，可以减少核算层次，精简会计人员，但是不便于企业各部门和各单位及时利用核算资料进行日常的考核和分析。

（2）非集中核算

非集中核算又称分散核算，是指企业内部各部门对其本身发生的经济业务进行较全面的核算。采用非集中核算的组织形式,企业内部各部门要填制和审核会计凭证,设置和登记会计账簿,独立计算盈亏,并定期编制内部会计报告,报送会计部门。

非集中核算的组织形式便于各部门经常利用核算资料分析和考核其各项工作的完成情况。但采用这种形式,会计人员难以进行合理的分工,核算的工作量大,核算成本也高。

2. 非独立核算

非独立核算又称报账制。实行非独立核算的单位称为报账单位。它是由上级拨给一定的备用金和物资,平时进行原始凭证的填制和整理,以及备用金账和实物账的登记,定期将收入、支出向上级报销,由上级汇总。它本身不独立计算盈亏,也不编制报表。例如,商业企业所属的分销店就属于非独立核算单位。非独立核算单位一般不设置专门的会计机构,但需配备专职会计人员,负责处理日常的会计事务。

1.4.3　旅游饮食服务企业会计人员

1. 会计人员的职责

根据会计法规的有关规定,会计人员的职责主要包括:

(1) 按照规定进行会计核算。即按照我国《会计法》和《企业会计准则》的规定,认真填制和审核会计凭证,登记各种账簿,记录各种财产物资的增减变动及使用情况,正确地计算各种收入、费用和经营成果。按期结算、核对账目,进行财产清查,编报各种会计报表。

(2) 按照规定进行会计监督。即通过会计工作对本单位的各项经济业务和会计手续的合法性、合理性、有效性或预算执行情况进行监督。

(3) 拟订本单位办理会计事务的具体办法。拟订本单位会计工作必须遵循的要求和办理会计事务的具体办法,如会计人员岗位责任制度、内部稽核制度、财产清查制度和成本计算办法等。

(4) 参与拟订经济计划、业务计划。

(5) 办理其他会计事项。比如,协助单位内部其他管理部门做好管理的基础工作,提供关于改制、合并、分立等方面有关的会计信息等。

2. 会计人员的职业道德

会计人员都应具有良好的政治素质和职业道德,严格遵守我国《会计法》《企业会计准则》和财务制度,能维护国家利益;坚持原则、抵制一切违法乱纪的行为。会计人员应严守商业秘密,除法律规定和单位领导人同意外,不得私自向外界提供或者泄露单位的会计信息。会计机构负责人除要达到会计人员的要求外,还要具备会计师以上专业技术职务资格或者从事会计工作3年以上的经历。

重　要　概　念

持续经营　会计分期　货币计量　会计主体　资产　负债　所有者权益　收入　费用利润

本章练习

一、单项选择题

1. 可理解性会计信息质量要求是指企业提供的(　　),应当清晰明了。

A. 会计记录　　　　　　　　　　B. 财务报告

C. 会计信息　　　　　　　　　　D. 会计资料

2. 资产是指企业过去的交易或者事项形成的、由企业拥有或者控制的、预期会给企业带来经济利益的资源。它包括(　　)。

A. 各种资产　　　　　　　　　　B. 各种财产和债券

C. 各种财产和其他权利　　　　　D. 各种财产、债券和其他权利

3. 下列不属于旅游饮食服务业会计特点的是(　　)。

A. 会计核算方法具有多样性　　　B. 成本核算方法具有特殊性

C. 货币资金内容具有涉外性　　　D. 服务对象比较单一

4. (　　)企业的主要会计工作都集中在企业会计机构内进行。企业内部的各部门、各单位一般不进行单独核算,只是对所发生的经济业务进行原始记录,办理原始凭证的取得、填制、审核和汇总工作,并定期将这些资料报送企业会计部门进行总分类核算和明细分类核算。

A. 集中核算　　B. 非集中核算　　C. 独立核算　　　D. 非独立核算

5. (　　)是指企业在日常活动中发生的、会导致所有者权益减少的、与向所有者分配利润无关的经济利益的总流出。

A. 收入　　　　B. 利润　　　　　C. 费用　　　　　D. 所有者权益

6. 小型旅游饮食服务企业可以(　　)。

A. 设置专职会计机构

B. 设置兼职会计机构

C. 在有关机构中配备会计人员并制定会计主管人员

D. 委托代理记账

7. (　　)拥有一定数额的资金、有独立的经营自主权,独立开设银行账户,办理各项收支结算业务;设置独立的会计机构,进行全面的会计核算;编制预算和计算盈亏。

A. 独立核算单位　　　　　　　　B. 集中核算单位

C. 非集中核算单位　　　　　　　D. 非独立核算单位

8. 下列不属于旅游饮食服务企业的是(　　)。

A. 制造业　　　B. 度假村　　　　C. 歌舞厅　　　　D. 饭店(宾馆、酒店)

9. 下列不是企业会计目标中需要向财务报告使用者提供的信息为(　　)。

A. 财务状况　　B. 经营成果　　　C. 现金流量　　　D. 企业内部管理数据

10. 下列不属于资产类的是(　　)。

A. 库存现金　　B. 银行存款　　　C. 备用金　　　　D. 长期应付款

二、多项选择题

1. 下列属于会计信息质量要求的有(　　)。

A. 相关性　　　B. 可理解性　　　C. 可比性　　　　D. 重要性

2. 会计的核算职能是指将旅游饮食服务企业已经发生的个别的、大量的经济业务,通过确认、计量、记录、(　　)转化为全面、连续、系统的会计信息,以反映旅游餐饮服务企业经济活动的全过程及结果。

A. 报告　　　　B. 分析　　　　　C. 比较　　　　D. 汇总

3. 会计的基本假设包括会计主体、（　　）等内容。

A. 会计分期　　B. 自主经营　　　C. 货币计量　　D. 持续经营

三、判断题

1. 会计核算的目标就是对外提供的会计信息应符合规定的质量要求。　　　　（　　）

2. 会计主体是指会计工作为之服务的特定单位或组织，它确定了会计核算的空间范围。（　　）

3. 会计分期是指把企业持续不断的生产经营过程划分为较短的，相对等距的会计期间。（　　）

4. 餐饮业是通过集即时加工制作、商业销售和服务性劳动于一体，向消费者专门提供各种酒水、食品，消费场所和设施的食品生产经营行业。　　　　（　　）

5. 旅游餐饮服务企业以提供劳务服务为主。　　　　（　　）

第2章 旅游经营业务的核算

内容提要

本章主要讲解旅游经营业务的核算,包括接团社和组团社收入和成本的核算。

重点难点

本章重点为旅游经营业务收入和成本的核算。

学习目标

通过本章的学习,学生应掌握旅游经营业务的核算,其中包括接团社和组团社收入的核算,接团社和组团社成本的核算等。

知识框架

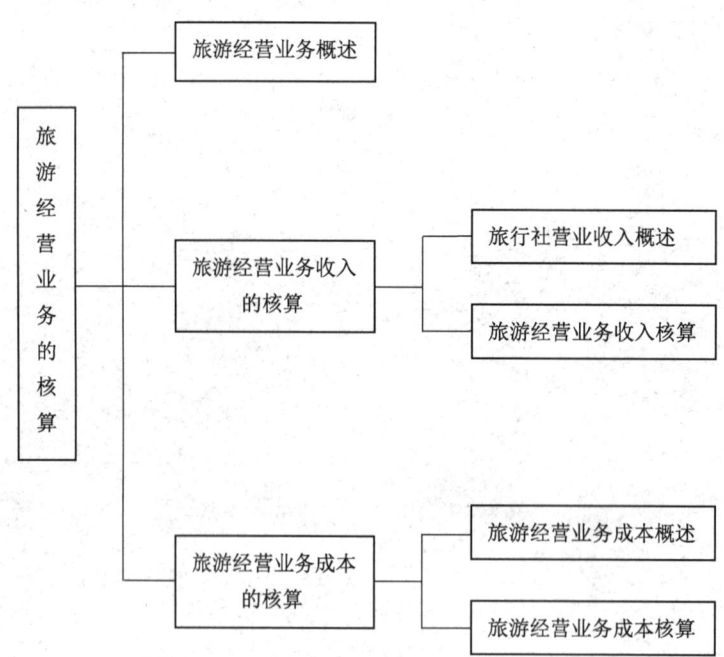

引入案例　旅游经营业务

　　世界旅游组织对旅行社的定义为"零售代理机构向公众提供关于可能的旅行、居住和相关服务,包括服务酬金和条件的信息。旅行组织者或制作批发商或批发商在旅游需求提出前,以组织交通运输,预订不同的住宿和提出所有其他服务为旅行和旅居做准备"的行业机构。

　　我国《旅行社管理条例》中指出:旅行社是指以营利为目的,从事旅游业务的企业。其中旅游业务是指为旅游者代办出境、入境和签证手续,招徕、接待旅游者,为旅游者安排食宿等有偿服务的经营活动。

　　旅行社的营运项目通常包括了各种交通运输票券(如机票、巴士票与船票)、套装行程、旅行保险、旅行书籍等的销售,与国际旅行所需的证照(如护照、签证)的咨询代办。最小的旅行社可能只有一人,最大的旅行社则全球都有分店。从旅行社衍生的职业有:领队、导游、票务员、签证专员、计调员(旅游操作)等。经营旅行社必须持有当局发出的有效牌照,并且必须是某指定旅行社商会的会员才能经营旅行团,进行带团旅行。

　　那么,旅游经营业务活动中组团社和接团社分别有什么特点?它们是如何对收入和成本进行核算的?通过本章的学习,这些问题将一一得到解答。

2.1 旅游经营业务概述

　　旅行社,是指从事招徕、组织、接待旅游者等活动,为旅游者提供相关旅游服务,开展国内旅游业务、入境旅游业务或者出境旅游业务的企业法人。旅行社作为专门为旅游者办理旅行和游览事务的服务企业,其经营收支的核算方法是由旅行社经营活动内容及其性质决定的。

　　旅行社按其经营业务范围的不同,可分为国际旅行社和国内旅行社。国际旅行社主要经营入境旅游业务、出境旅游业务和国内旅游业务。国内旅行社主要经营国内旅游业务。

　　旅行社按其为旅游者提供服务的形式不同,分为组团社和接团社。组团社就是从国内或国外组织旅游团队,为旅游者办理出入境手续、保险,安排游览计划,并选派翻译、导游人员随团为旅游者提供服务的旅游企业。接团社就是为旅游者在某一地区旅游提供翻译、导游、安排旅游者的参观游览日程,并为之订房、订餐及订机票、车票,为去下一站旅游作好安排的旅游企业。有些旅行社为扩大业务经营范围,提高经济效益,既经营组团业务,又经营接团业务。

　　无论是国内、国际旅行社,还是组团社、接团社,在开展旅游业务的过程中,必然与提供旅游产品的旅游服务单位、与招揽旅游者的客源地旅行社、与接待旅游者的目的地旅行社发生费用的结算业务,同时,也发生营业收入和成本支出的核算。

2.2 旅游经营业务收入的核算

　　市场经济条件下,追求利润最大化是旅游企业的主要目标。收入是旅游企业获得利润的来源。因此,获取收入是旅游、餐饮企业日常经营活动中最主要的目标之一,通过获得的收入补偿为此而发生的支出,以获得一定的利润。

2.2.1 旅行社营业收入概述

1. 旅游品种销售价格的确定

旅游经营业务营业收入是旅游企业为旅游者提供服务所取得的收入,制定合理的旅游品种价格是维持企业生存、提高企业竞争能力的关键所在。由于旅游景点、旅游天数、提供的膳食标准、住宿及交通工具的不同,其价格也不同。一般旅行社的销售价格是由购入成本和利润两部分组成,通常根据购入成本乘以外加毛利率来确定。实务中常见的销售价格有以下几种。

(1)组团包价。它是指由组团社根据成团人数、等级、路线、时间和提供服务的质量等制定的价格。一般包括综合服务费、住宿费、餐饮费、车费、保险费、文娱活动费、城市间交通费和专项附加费等。

(2)半包价。它是指不包含午餐及晚餐费用的综合包价。

(3)小包价。它是指仅包括住宿费、早餐费、保险费、接送服务费、国内城市间交通费及手续费的包价。

(4)单项服务价格。它是指旅行社接受旅客的委托,提供单项旅游服务的收费标准,每个单项服务的价格通常根据旅行社的购入成本加毛利(毛利=购入成本×毛利率)所组成。

(5)特殊形式的旅游收费。它是指旅行社开展的新婚旅游、生态旅游、森林旅游、体育旅游及学术交流旅游等特殊形式的旅游收费。

2. 旅游费的收款方式

旅游费的收款方式分为两种:一是自行组团,按团体收费;二是个别登记收费。

自行组团时,由组团单位联系人向某一旅行社办理登记手续,填写团体旅游登记表。旅行社可按团体人数和旅游景点的收费标准等向组团单位计算收取旅游费。

个人报名参加旅游,即散客。当报名时,应向旅行社办理报名手续,填写个人旅游登记表。旅行社按规定标准收取旅游费。

个人或团体报名旅游并交清旅游费后,旅行社当即开出一式数联发票。旅游者在办妥报名手续后,由于某种原因不能如期旅行的,团体票可以退调,个别票不予办理。办理退票时,旅行社要收取一定的手续费。

3. 旅行社营业收入的内容

按照旅行社业务收入的性质不同,其营业收入一般包括以下内容(见表2-1)。

表2-1 旅行社业务收入

收入内容	含　义
综合服务收入	指由旅行社为旅行团(者)提供一定时间内的综合服务而取得收入。包括:房费收入、餐费收入、车费收入、陪同费收入、其他收入等
组团外联收入	指由组团社自组外联,向旅行者收取住宿、用餐、旅游交通、翻译导游、文娱活动费等收入
零星服务收入	指旅行社接待零星旅客和接受代办事项所取得的服务收入
劳务收入	指旅行社派翻译导游人员参加全程陪同的劳务收入
票务收入	指旅行社办理代售国际联运客票和国内客票的手续费收入
地游及加项收入	指旅行社接待旅行者某地1日、2日游的小包价及增加游览项目和风味餐等所取得的收入
其他服务收入	指不属于上述各项的其他服务收入

2.2.2 旅游经营业务收入核算

1. 旅游经营业务收入的确认

旅游经营业务收入属于劳务收入,通常情况下,应在劳务完成时,即在旅游团队旅游结束返回时确认旅游经营业务收入的实现。

如果旅游团的旅游开始和结束分属不同的会计年度,企业在资产负债表日提供劳务交易的结果能够可靠估计的,应当采用完工百分比法确认提供的劳务收入,同时结转劳务成本。其中,完工百分比法是指按照提供劳务交易的完工进度确认收入与费用的方法。提供劳务交易的结果能够可靠估计,是指同时满足下列四个条件:①收入的金额能够可靠地计量;②相关的经济利益很可能流入企业;③交易的完工进度能够可靠地确定;④交易中已发生和将发生的成本能够可靠地计量。

旅行社确定提供劳务交易的完工进度,主要选用下列两种方法:①已经提供的劳务占应提供劳务总量的比例。②已经发生的成本占估计总成本的比例。旅行社应当按照从接受劳务方已收或应收的合同或协议价款确定提供劳务收入的总额,但已收或应收的合同或协议价款不公允的除外。

【例 2-1】 琴岛国际旅行社组织一个 30 人的 A1154 团赴美国南加州 9 日游,旅游日程为 2×18 年 12 月 27 日至 2×19 年 1 月 4 日。已按旅游合同向旅游者收取 630 000 元。按提供劳务与应提供劳务总量的比例,分别确认该旅行社 2×18 年和 2×19 年实现的经营业务收入。

$$2×18 \text{ 年的经营业务收入} = 630\ 000 ÷ 9 × 5 = 350\ 000(元)$$
$$2×19 \text{ 年的经营业务收入} = 630\ 000 ÷ 9 × 4 = 280\ 000(元)$$

2. 组团社经营业务收入的核算

组团社经营业务收入是指组团社根据组团报价为旅游者提供服务所取得的收入。

(1) 组织国内旅游者出境游及国内游的核算。组团社组织国内旅游者出境游及国内游,除了旅游目的地在该附近地区的 1 日、2 日游,旅行社可以独立完成外,通常需要当地的旅行社即接团社的配合。组团社的业务程序是:先由外联部与国内或境外的接团社签订组团合同,确定接待人数及吃、住、行、游的有关价格和标准,并根据国内或境外接团社的报价,外加相应的毛利后,制定国内游或出境游的销售价格,然后再吸收旅游者的个人报名和企业单位的集体报名,报名时应出示身份证件,组团社当即填制发票,收取全部旅游款,并与旅游者签订旅游合同,然后根据组团的情况,由外联部与旅游目的地的接团社签订接团协议,确定接待的人数、日期、等级、内容、价格和结算方式,在旅游团旅游结束后,凭接团社填制的旅游团费用结算通知单结算账款。

当组团社向旅游者预收旅游款时,借记"库存现金"或"银行存款"账户,贷记"预收账款"账户;当旅游团旅游结束返回时,借记"预收账款"账户,贷记"主营业务收入"账户。

【例 2-2】 琴岛国际旅行社与美国千岛旅行社签订组团合同,由美国千岛旅行社承办 A1986 团 30 人 10 月 15～28 日赴美国 14 日全景游事宜。境外旅行社报价每人 2 500 美元(不含中美往返机票款),当日美元中间价为 USD1＝RMB6.75,中美往返机票价为 8 000 人民币元,外加 18％毛利,确定该出境游项目的销售价格为每人 29 352.5 元人民币。

① 10 月 8 日,陆续收到 30 名出境旅游者付来现金 880 575 元,作分录如下:

借:库存现金   880 575.00
 贷:预收账款   880 575.00

② 10 月 28 日,A1986 旅游团游程结束,安全返回,确认已实现的旅游经营业务收入,作分录如下:

借:预收账款   880 575.00
 贷:主营业务收入——组团外联收入   880 575.00

如果旅游者与组团社签订了旅游合同,并预付了旅游款后,因故而要求退出旅游团时,旅游者将要按合同规定承担一定数额的手续费,组团社收取的手续费,也列入"主营业务收入"账户。

【例 2-3】 琴岛国际旅行社组织的 B1571 旅游团 9 月 20 日去西安旅游,9 月 16 日,旅游者张珊珊女士等 5 人因故要求退出旅游团,经查这 5 人已经预付了旅游款 8 000 元,按旅游合同规定扣除 10% 手续费后,以现金退还其剩余的预交旅游款,作分录如下:

借:预收账款   8 000.00
 贷:主营业务收入——其他收入   800.00
  库存现金   7 200.00

(2) 组织国外旅游者入境游的核算。组团社组织国外旅游者入境旅游的业务顺序通常是:先由外联部与客源地旅行社签订组团合同,确定接待人数、时间、等级、内容、价格等,然后给有关接待单位或部门下达接待计划,根据各接待单位或部门填报的"旅游团费用拨款结算通知单"拨付款项,并根据客源地旅行社确认的函电和接待计划及审核的"旅游团费用拨款结算通知单"填制的结算账单,及时向客源地旅行社收款。

【例 2-4】 中国海洋国际旅行社与美国黄石旅行社签订组团合同,由中国海洋国际旅行社承办该社组织的 A2176 团 36 人 2×19 年 9 月 8~16 日来华旅游事宜。按协议规定,该团应在入境前预付旅费 42 000 美元的 40%。

① 9 月 5 日,收到美国黄石旅行社电汇的 A2176 团的旅游费 16 800 美元,当日美元中间价为 USD1＝RMB 6.75,作分录如下:

借:银行存款——美元户(16 800×6.75)   113 400.00
 贷:预收账款——美国黄石旅行社   113 400.00

② 9 月 17 日,A2176 团的游程结束,已离境回国。外联部门根据各接团社填报的"旅游团费用拨款结算通知单"及有关资料进行审核,审核无误后,确认实现经营业务收入。根据结算账单,开出汇票 25 200 美元,并填写托收申请书,连同汇票、结算账单一并送交银行,办妥向对方托收账款的手续,当日美元中间价为 USD1＝RMB 6.75,作分录如下:

借:预收账款——美国黄石旅行社   283 500.00
 贷:主营业务收入——组团外联收入   283 500.00

③ 9 月 17 日,收到银行转来的美国黄石旅行社结欠的 A2176 团的其余 60% 的旅游费 25 200 美元,当日美元中间价为 USD1＝RMB 6.74,作分录如下:

借：银行存款——美元户(25 200×6.74)　　　　　　　　　　　　　169 848.00

　　财务费用——汇兑损失　　　　　　　　　　　　　　　　　　　　252.00

　　贷：预收账款——美国密苏里旅行社(25 200×6.75)　　　　　　　　170 100.00

如果组团社组织的旅游团的旅游开始和结束分属不同的会计年度，就应当采用完工百分比法，按照提供劳务交易的完工进度，确认本年度的经营业务收入，届时借记"预收账款"账户，贷记"主营业务收入"账户。

3. 接团社经营业务收入的核算

接团社的经营业务收入是根据组团社下达的接待计划，为旅游者提供服务，应向组团社收取的款项。

接团社的业务程序是：根据组团社发来的接待计划，制订当地的接待计划，打印出日程表，分发到当地的宾馆、交通部门、旅游景点等接待单位；结合各旅游团的不同特点和要求，配备合适的全陪和地陪；旅游团离开当地后，根据陪同人员填写的"旅游团费用结算报告表"，编制"旅游团费用拨款结算通知单"，报组团社办理款项结算。

接团社一般以向组团社发出"旅游团费用拨款结算通知单"时确认经营业务收入的实现。届时借记"应收账款"账户，贷记"主营业务收入"账户。

对于业务量较多的旅行社，为了简化核算手续，可以将"旅游团费用拨款结算通知单"定期予以汇总，编制"旅游费用汇总表"进行核算。

【例 2-5】 长江旅行社根据各组团社 2×19 年 9 月中旬的"旅游团费用拨款结算通知单"编制的"旅游费用汇总表"如表 2-2 所示。

表 2-2　　　　　　　　　　　　　**旅游费用汇总表**

2×19 年 9 月 11～20 日　　　　　　　　　　　　　　　单位：元

项目	金额		
	团体	其他	合计
综合服务费	45 520	5 880	51 400
住宿费	82 100	9 100	91 200
午餐、晚餐费	43 380	5 720	49 100
机、车、船票费	38 280	5 320	43 600
行李托运费	680		680
全程交通费	16 620	2 880	19 500
游江费	7 740	1 000	8 740
地方风味费	11 280	2 220	13 500
全程陪同费用	7 920	960	8 880
合计	253 520	33 080	286 600

(1) 9 月 20 日，根据旅游费用汇总表，作分录如下：

借：应收账款——各组团社　　　　　　　　　　　　　　　　　　286 600.00

　　贷：主营业务收入——综合服务收入　　　　　　　　　　　　　255 480.00

　　　　　　　　　　——地游及加项收入　　　　　　　　　　　　22 240.00

　　　　　　　　　　——劳务收入　　　　　　　　　　　　　　　8 880.00

注意:综合服务费,住宿费,午餐、晚餐费,机、车、船票费,行李托运费和全程交通费属于综合服务收入,游江费和地方风味费属于地游及加项收入,全程陪同费用属于劳务收入。

(2) 9月20日,收到各组团社拨来的账款,作分录如下:

借:银行存款   286 600.00

   贷:应收账款——各组团社   286 600.00

"主营业务收入"是损益类账户,用以核算企业确认的销售商品、提供劳务等主营业务的收入。企业实现主营业务收入时,记入该账户贷方;企业冲减主营业务收入和期末将余额结转"本年利润"账户时,记入该账户借方。"主营业务收入"账户可根据管理上的需要采用不同的方法设置二级明细账户。

3. 旅游经营业务收入的调整

旅行社向客户收取的旅游经营业务收入通常是价税合计金额,也就是含税收入,因此至月末就需要进行调整,将含税收入中的销项税额分离出来,使"主营业务收入"账户反映企业真正的销售额,含税收入的调整公式如下:

$$销售额 = \frac{含税收入}{1+增值税率}$$

$$销项税额 = 含税收入 - 销售额$$

【例 2-6】 琴岛国际旅行社月末"主营业务收入"账户余额为 344 550 元,增值税税率为 6%,调整本月份旅游经营业务收入,计算结果如下:

$$销售额 = \frac{344\ 500}{1+6\%} = 325\ 000(元)$$

$$销项税额 = 344\ 500 - 325\ 000 = 19\ 500(元)$$

根据计算的结果,作分录如下:

借:主营业务收入   19 500.00

   贷:应交税费——应交增值税(销项税额)   19 500.00

2.3 旅游经营业务成本的核算

2.3.1 旅游经营业务成本概述

旅行社为旅游者提供服务的过程中会发生各种直接费用,这些直接费用构成了旅游经营业务成本。按直接费用的内容不同,可分为以下七个大类(见表 2-3)。

表 2-3   旅行社经营业务成本

成本内容	含　义
综合服务成本	指接待由组团社组织的包价旅游团(者),按规定开支的住宿费、餐饮费、车费、组团费和接团费等
组团外联成本	指各组团社组织的外联团、外国旅游团,按规定开支的住宿费、餐饮费、综合服务费、国内城市间交通费等

（续表）

成本内容	含　义
零星服务成本	指旅行社接待零星旅客和接受代办事项等,按规定开支的委托费、手续费、导游接送费、车费、托运服务费和其他支出
劳务成本	指非组团旅行社为组团社派出的翻译导游人员参加全程陪同,按规定开支的各项费用
票务成本	指各地旅行社代办国际联运客票和国内客票等,按规定开支的各项手续费、退票费等
地游及加项成本	指各地旅行社接待的小包价旅游,或因游客要求增加游览项目而按规定开支的综合服务费、超公里费、游江费和风味费等
其他服务成本	指不属于上述各项的其他服务成本

2.3.2 旅游经营业务成本核算

1. 组团社经营业务成本的核算

接团社和组团社的成本和收入有着紧密的联系,组团社的拨付成本就是接团社的营业收入。组团社的经营业务成本由两个部分构成:一部分是拨付支出,即拨付给接团社的综合服务费、住宿费、餐费、车费等支出,属于代收代付;另一部分是为组团而发生的外联费用和全陪人员的部分费用支出,属于组团社的服务性支出。

组团社开展出境游经营业务,通常先按合同规定的比例预付境外旅行社部分旅游费。等旅游结束后,在确认旅游经营业务收入的同时,确认旅游经营业务成本。届时,再汇付剩余的旅游费。

【例2-7】 琴岛国际旅行社与美国千岛旅行社签订组团合同,由美国千岛旅行社承办A1986团30人10月15～28日赴美国14日全景游事宜,琴岛国际旅行社应付其在美国境内的旅游费70 000美元。

（1）10月11日,向东方航空公司购买A1986旅游团往返中美的机票30张,计300 000元人民币,票款当即签发转账支票支付,作分录如下:

借:主营业务成本　　　　　　　　　　　　　　　　　　　300 000.00
　贷:银行存款　　　　　　　　　　　　　　　　　　　　　300 000.00

（2）10月12日,向银行购汇28 000美元汇付美国千岛旅行社旅游费的40%,当日美元卖出价为USD1＝RMB 6.76,作分录如下:

借:预付账款(USD28 000×6.76)　　　　　　　　　　　189 280.00
　贷:银行存款　　　　　　　　　　　　　　　　　　　　　189 280.00

（3）10月28日,A1986旅游团游程结束,安全返回。确认已发生的旅游经营业务成本,并向银行购汇42 000美元,汇付美国千岛旅行社其余60%的旅游费,当日美元卖出价为USD1＝RMB 6.75,作分录如下:

借:主营业务成本　　　　　　　　　　　　　　　　　　　472 500.00
　财务费用——汇兑损失　　　　　　　　　　　　　　　　　280.00
　贷:预付账款　　　　　　　　　　　　　　　　　　　　　189 280.00
　　银行存款　　　　　　　　　　　　　　　　　　　　　283 500.00

组团社除出境游外，通常是先收费后接待，接团社则是先接待后向组团社收费，这样，两者之间就形成了一个结算期。这种结算期经常是跨月的，这给旅行社准确、及时地核算带来了困难。为了使实现营业收入能与营业成本相配比，应按计划成本先行结转。

【例 2-8】 蓝天旅行社(组团社)到了规定的 10 月 31 日结算日，仍没收到黄河旅行社(接团社)报来的"旅游团费用拨款结算通知单"。

(1) 10 月 31 日，按计划成本 43 800 元入账，其中：综合服务成本 36 250 元，地游及加项成本 4 080 元，劳务成本 2 920 元，其他成本 550 元，作分录如下：

借：主营业务成本——综合服务成本   36 250.00
     ——地游及加项成本   4 080.00
     ——劳务成本   2 920.00
     ——其他服务成本   550.00
  贷：应付账款——黄河旅行社   43 800.00

(2) 11 月 2 日，接到黄河旅行社(接团社)报来"旅游团费用拨款结算通知单"，共计金额 43 850 元，其中：综合服务费 36 200 元，地游及加项费 4 160 元，全程陪同劳务费 2 950 元和其他费用 540 元，经审核无误，当即将账款汇付对方，作分录如下：

借：主营业务成本——综合服务成本 | 50.00 |①
     ——地游及加项成本   80.00
     ——劳务成本   30.00
     ——其他服务成本 | 10.00 |
  应付账款——黄河旅行社   43 800.00
  贷：银行存款   43 850.00

如果组团社组织的旅游团旅游开始和结束分属不同的会计年度，不仅要采用完工百分比法确认本年度的经营业务收入，同时，还应按照计划成本确认其本年度的经营业务成本。届时借记"主营业务成本"账户，贷记"应付账款"账户。

【例 2-9】 琴岛国际旅行社组织一个 32 人的 A5543 旅游团去法国、瑞士和意大利旅游 12 天，旅游日程为 2×18 年 12 月 24 日至 2×19 年 1 月 4 日，该旅游团的计划成本为 408 000 元，确认本年度的经营业务成本，作分录如下：

借：主营业务成本——组团外联成本   272 000.00
  贷：应付账款   272 000.00

2. 接团社经营业务成本的核算

接团社经营业务成本是指为了给旅游团提供服务而由各宾馆、饭店、餐馆、车队等接待单位发生的实际支出，这些支出是付给各种接待单位的。一家接待单位有可能为不同旅游团提供相同的服务。因此接团社在与各接待单位办理结算时，要按成本的核算对象加以归集，记入成本明细账。

【例 2-10】 9 月 25 日，西安旅行社在接待京都旅行社 B1124 旅游团过程中，支付宾馆

---

① □ 表示红字。

的住宿费 37 500 元,餐饮费 8 420 元,风味小吃费 6 000 元;支付全程陪同费 2 130 元。作分录如下:

借:主营业务成本——京都旅行社——综合服务成本　　　　　　　　　45 920.00
　　　　　　　　——京都旅行社——地游及加项成本　　　　　　　　　6 000.00
　　　　　　　　——京都旅行社——劳务成本　　　　　　　　　　　　2 130.00
　　贷:银行存款　　　　　　　　　　　　　　　　　　　　　　　　　54 050.00

同样,各接待单位是先提供服务,后与接团社办理结算,因此对于结算期较长的款项,接团社也应当按计划成本入账,具体校算方法与组团社相同,不再重述。

"主营业务成本"是损益类账户,用以核算企业确认销售商品、提供劳务等主营业务时应结转的成本。企业确认应结转的主营业务成本时,记入借方;企业期末将其余额结转"本年利润"账户时,记入贷方。"主营业务成本"账户应设置与"主营业务收入"账户相对应的二级明细账户。

📁 知识拓展 2-1

国外旅行社

欧美国家中旅行社主要分为两大类:旅游批发经营商,旅游零售商。

旅游批发经营商是指主要经营批发业务的旅行社或旅游公司。所谓批发业务是指旅行社根据自己对市场需求的了解和预测,大批量地订购交通运输公司、饭店、目的地经营接待业务的旅行社、旅游景点等有关旅游企业的产品和服务,然后将这些单项产品组合成为不同的包价旅游线路产品或包价度假集合产品,最后通过一定的销售渠道向旅游消费者出售。

旅游零售商是指主要经营零售业务的旅行社。旅游零售商主要以旅游代理商为典型的代表,当然也包括其他有关的代理预定机构。一般来讲,旅游代理商的角色是代表顾客向旅游批发经营商及各有关行、宿、游、娱方面的旅游企业购买其产品;反之,也可以说旅行代理商的业务是代理上述旅游企业向顾客销售其各自的产品。

重 要 概 念

组团社　　接团社　　旅游经营业务收入　　旅游经营业务成本

本 章 练 习

一、单项选择题

1. (　　)是指接团社向旅游者收取的包括市内交通费、导游翻译费、住宿费、用餐费、文娱活动费、杂费等费用在内的应向组团社收取的服务费。

　　A. 综合服务收入　　　　B. 零星服务收入　　　　C. 劳务收入　　　　D. 其他服务收入

2. (　　)是指非组团旅行社为组团社派出的翻译导游人员参加全程陪同,按规定开支的各项费用。

　　A. 综合服务费　　　　　B. 零星服务成本　　　　C. 劳务成本　　　　D. 其他服务成本

3. 半包价旅游与包价旅游的主要区别是(　　)。

　　A. 不含早餐　　　　　　B. 不含晚餐　　　　　　C. 不含导游服务费　　D. 不含市内乘车费

4. (　　)是选择性很强的旅游产品,也称为可选择性旅游产品。

A. 半包价旅游产品 B. 小包价旅游产品

C. 零包价旅游产品 D. 组合旅游产品

5. 组团社预收旅游款时,应借记"银行存款"等账户,贷记(   )账户。

A. 主营业务收入 B. 主营业务成本 C. 预收账款 D. 应收账款

二、多项选择题

1. 按照旅行社经营范围的不同,可分为(   )。

A. 组团社 B. 接团社 C. 国际旅行社 D. 国内旅行社

2. 采用完工百分比法确认提供的劳务收入必须同时满足的条件是:收入的金额能够可靠地计量、(   )。

A. 相关的经济利益很可能流入企业

B. 交易的完工进度能够可靠地计量

C. 交易中已发生和将发生的成本能够可靠地计量

D. 交易中已发生的成本能够可靠地计量

3. 按照旅行社为旅游者提供的服务形式不同,旅游企业可分为(   )。

A. 组团社 B. 接团社 C. 国际旅行社 D. 国内旅行社

4. 下列各项中,属于组团包价内容的有(   )。

A. 综合服务费 B. 住宿费 C. 餐费 D. 专项附加费

5. 旅行社的下列收入中,属于综合服务收入的有(   )。

A. 行李托运费 B. 全程交通费 C. 游江费 D. 地方风味费

三、判断题

1. 国际旅行社主要经营入境旅游业务和出境旅游业务;国内旅行社主要经营国内旅游业务。(   )

2. 组团包价是指由组团社根据成团人数、等级、路线、时间和提供服务的质量等制定的价格。(   )

3. 如果旅游团的旅游开始和结束分属不同的会计年度,应当采用完工百分比法确定提供的劳务收入。(   )

4. 组团社通常先收款,后接待;而接团社通常先接待,后收款。(   )

5. 接团社和组团社的成本和收入有着紧密的联系,组团社的成本就是接团社的营业收入。(   )

四、简答题

1. 旅行社按其为旅游者提供的服务形式不同分为哪几类?

2. 旅行社的经营业务收入有哪些内容?

3. 旅行社如何确认旅游经营业务收入?

五、业务题

1. 上海新光国际旅行社系组团社,与美国南加州旅行社签订组团合同,由其承办赴南加州 9 日游,报价为每人 2 200 美元(不含中美往返机票款)。当日美元的中间价为 USD1＝RMB 6.35,中美往返机票价为 6 030 元,外加 18% 毛利,确定该出境游项目的销售价格为 23 800 元人民币。2×19 年 12 月份发生下列有关的经济业务:

(1) 5 日,A2235 旅游团本月 11 日赴美国南加州 9 日游,陆续收取 28 名旅游者旅游费,每人 23 800 元,收取现金,计 666 400 元人民币,存入银行。

(2) 12 日,B1198 旅游团本月 19 日赴云南 8 日游,陆续收取 38 名旅游者旅游费,每人 7 200 元,收取现金,计 273 600 元人民币,存入银行。

(3) 16 日,B1198 旅游团周大成先生等 4 人因故要求退出旅游团,今按合同规定,扣除其预付旅费 10% 的手续费后,以现金退还其剩余的款项。

(4) 19 日,A2235 旅游团旅程结束,已安全返回,确认已实现的旅游经营业务收入。

(5) 22 日,A2236 旅游团本月 27 日赴美国南加州 9 日游,陆续收取 24 名旅游者旅游费,每人 23 800 元,收取现金,计 571 200 元人民币,存入银行。

(6) 26 日,B1198 旅游团已安全返回,确认已实现的经营业务收入。

(7) 31 日,按提供劳务与应提供劳务总量的比例,确认本月 27 日出发的 A2236 旅游团本年度实现的经营业务收入。

2. 上海新光国际旅行社系组团社,与美国南加州旅行社签订组团合同,由其承办赴南加州 9 日游,报价每人 2 200 美元(不含中美往返机票款),合同规定,旅游团出发前 3 日预付旅游费的 40%。2×17 年 12 月发生下列有关的经济业务:

(1) 6 日,向东方航空公司购买 A2235 旅游团赴加州旅游的中美往返机票 29 张,每张 6 030 元,计 174 870 元人民币,票款签发转账支票付讫。

(2) 8 日,向银行购汇 24 640 美元,汇付美国南加州旅行社 A2235 旅游团 28 名旅游者 40% 的旅游费。当日美元卖出价为 USD1＝RMB 6.36。

(3) 16 日,向上海航空公司购买 B1198 旅游团赴云南旅游的上海至昆明往返机票款 68 000 元人民币,签发转账支票支付。

(4) 19 日,A2235 旅游团游程结束,已安全返回,确认已发生的旅游经营业务成本,并向银行购汇 36 960 美元,汇付美国南加州旅行社其余 60% 的旅游费,当日美元卖出价为 USD1＝RMB 6.36。

(5) 23 日,向东方航空公司购买 A2236 旅游团赴加州旅游的中美往返机票 25 张,每张 6 040 元,计 151 000 元人民币,票款签发转账支票支付。

(6) 24 日,向银行购汇 21 120 美元,汇付美国南加州旅行社 A2236 旅游团 24 名旅游者 40% 的旅游费,当日美元卖出价为 USD1＝RMB 6.35。

(7) 31 日,本月 26 日返回的 B1198 旅游团已到规定的结算日,仍没有接到云南旅行社(接团社)报来的"旅游团费用拨款结算通知单",现按计划成本 201 000 元人民币入账。其中:综合服务成本 182 440 元,地游及加项成本 13 100 元,劳务成本 4 800 元,其他服务成本 660 元。

(8) 31 日,本月 27 日出发去美国旅游 9 日的 A2236 旅游团,其计划旅游成本为 496 080 元人民币,按提供劳务与应提供劳务总量的比例,确认 A2236 旅游团本年度发生的经营业务成本。

(9) 次年 1 月 2 日,接到云南旅行社报来的"旅游团费用拨款结算通知单",共计金额 200 830 元人民币,其中:综合服务成本 182 650 元,劳务成本 4 500 元,地游及加项成本 12 800 元,其他服务成本 880 元,经审核无误,账款当即全部汇付对方。

第 3 章　饮食经营业务的核算

内容提要

本章主要讲解了饮食经营业务的核算,包括饮食制品原材料的核算、饮食制品成本的核算和饮食制品销售的核算。

重点难点

本章重点为饮食制品成本的核算;难点为饮食制品销售方式及收入的核算。

学习目标

通过本章学习,学生应了解饮食经营业务的特点、饮食制品原材料的分类,掌握原材料购进、内部调拨、委托加工、原材料的发出及储存的核算,掌握饮食制品的成本计价方法、饮食制品售价的制定,以及掌握饮食企业销售货款结算的几种方式及核算。

知识框架

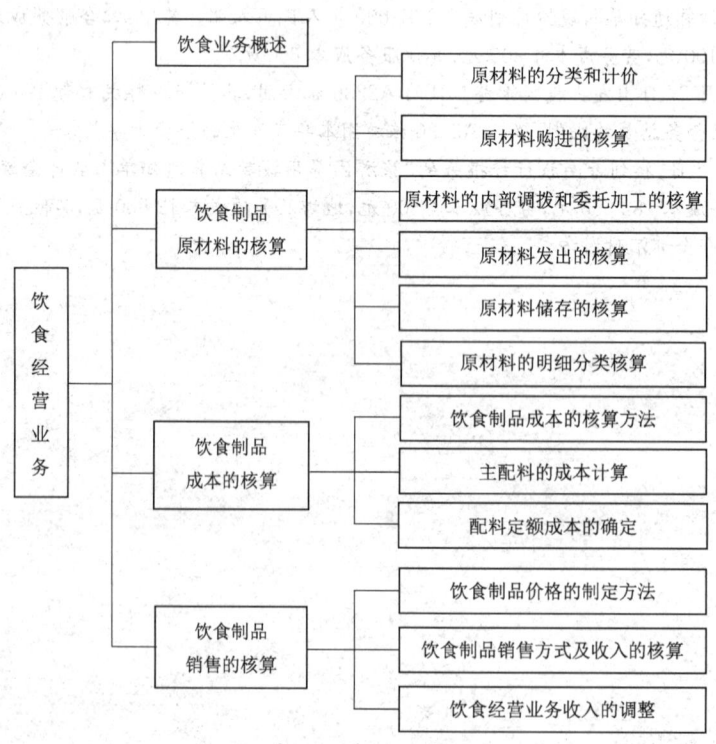

引入案例 很多失败的餐饮老板,到死也没明白他输在:菜品定价

很多餐饮企业生意不好的老板,总会纠结于店铺的选址、装修特色、菜肴的口味,而很容易忽略一个非常重要的环节:定价。

菜品价格定得合理,哪怕菜肴口味 70 分也能活;

菜品价格不合理,哪怕菜品口味 90 分,可能也得死。

那么菜品价格怎么算合理呢?

有餐饮老板吐槽:饿了么外卖平台上有商家搞活动满 25 减 19,满 30 减 24,这价格太夸张了,简直是亏本赚吆喝。

我如果说,可能按这个价格,人家老板还赚钱,你相信吗?

首先,网上的单价可能已经比堂吃的价格提升了不少,相当于商场节日里提高原价再打折的套路;

其次,人家老板可能是把自己贴的钱,当成一种营销投入,把单量、排名短期内刷起来,效果立竿见影,这个比花钱去让某些餐饮大号写软文,要好很多,可能还更省钱。

最关键的,人家老板的进货渠道牛,成本便宜到你想象不到,所以赚了吆喝,也赚钱。

餐饮老板定价格,最该考虑的是目标消费群体的可接受、愿意花的价格。至于自我定位的档次、装修,可能是锦上添花,但绝对没大用。

消费者来吃饭,不会算你装修花了多少钱,营销花了多少钱,他只看菜品质量和价格,最多加点服务。

餐饮菜品定价,不是低就一定好,也不是高就能活。关键要消费者买账。

那么餐饮菜品到底如何定价? 通过本章学习,大家将了解到饮食制品成本如何核算以及饮食制品售价是如何定制的。

3.1 饮食业务概述

饮食业又称餐饮业,是指从事加工烹制饮食品,当即供应给顾客食用的行业,如各种类型的酒家、餐厅、面馆、小吃店等,是一个分布面广、影响面大、涉及千家万户的行业。饮食业销售的产品大多是自己烹制的,现制现售,对卫生的要求极高,稍有不慎,会直接影响到顾客的身体健康。因此,饮食业制作工场的卫生条件和从业人员的身体状况要达到国家规定的标准。

饮食业与商业、工业相比较有其独有的经营特点。

从饮食制品要经过的生产阶段看,饮食业既类似工业企业又不同于工业企业:首先,工业企业生产的产品一般不直接与消费者见面,而饮食制品生产则是产品与消费者直接见面;其次,工业企业的产品是成批生产的,其机械化、电气化、自动化程度高,而饮食业的产品是单件、小批生产的,且大多是手工操作,对制作者的技艺要求高。从将饮食制品直接卖给消费者看,饮食业具有零售商业企业的性质,但又不同于零售商业企业:首先,饮食业当场制作和销售的是能直接食用的商品,对饮食制品质量标准的技艺要求复杂;其次,饮食业既要提供商品又要提供顾客消费的场所;最后,饮食业还需提供必要的服务,而且随着消费层次的提高,服务的规格正逐步走向高档化、规范化。显然,饮食业具有生产、零售和服务三种职能,但又明显区别于工业、零售业和服务业。

由于饮食业具有它独自的经营特点,相应地,在会计核算上也具有与生产、零售、服务业不同的特点。饮食业饮食制品的价格,一般要求根据配料定额成本和规定的毛利率,自行制定,并且,随着季节的变化、采购成本的不同,同一品种价格变化也较大;饮食制品质量、规格复杂,技艺要求不一,不能像工业企业那样,按产品逐次逐件进行完整的成本计算;另外,由于饮食制品生产周期短,其生产成本与销售费用划分不清,因此不要求掌握每种产品成本,一般只要求核算经营单位或经营类别耗用的原材料成本以及营业收入和各项费用支出;饮食业经营过程短,投入产出快,产品一般不需要入库管理,因此,资金周转也快。饮食业的营业收入大都是一手钱、一手货的现金收入,这样就形成了对饮食业核算上的特殊要求。

3.2 饮食制品原材料的核算

3.2.1 原材料的分类和计价

1. 原材料的分类

饮食业的原材料可以按在餐饮产品中所起的作用分类,又可以按其存放地点分类,以下将分别予以阐述。

1) 按作用分类

原材料按其在饮食产品中所起作用可分为以下四类:

(1) 粮食类,它是指制作主食品的大米、面粉和杂粮等原材料。

(2) 副食类,它是指肉、禽、蛋、水产、豆制品及各种蔬菜等原材料。副食类的品种繁多,价格高低悬殊。由于副食类材料属鲜活商品,容易变质,应做到随时采购,随时消耗。

(3) 干货类,它是指木耳、香菇、贡菜、发菜、干鱼翅、干海参、干贝、红枣、听装食品等。它们一般不易变质可以储存,采购时可适当考虑一定的库存。

(4) 其他类,它是指除粮食类、副食类、干货类以外的各种材料,如食油、盐、酱、醋、糖、味精、香料等。

2) 按存放地点分类

原材料按其存放地点可分为以下两类:

(1) 入库管理,适用于购进量大、能较长时间储存的材料。例如,粮食类、干货类和其他类材料。在购进时应办理验收入库的手续,由专人保管,设置材料明细账,建立领料制度,保持合理的储备数量。

(2) 不入库管理,适用于购进量少,且不能长时间储存的材料,如副食类鲜活商品。采取随购随用,购入时直接交厨房验收后使用。

2. 原材料的计价

为了正确计算原材料的成本,必须对原材料进行合理的计价,原材料的计价分外购原材料的计价和自制原材料的计价两种。

1) 外购原材料成本

旅游、饮食、服务企业的原材料,应以其在采购过程中实际发生的成本为依据,其实际成本应由买价和采购费用两部分组成。

(1) 买价是指购进原材料时发票上列明货物的金额。

(2) 采购费用由运杂费、运输途中的合理损耗和税金组成。

运杂费是指为采购原材料而发生的运输费、装卸费、包装费和仓储费。

运输途中的合理损耗是指购入原材料在运输途中发生的定额范围内的损耗。

税金是指进口原材料支付的进口关税和进口消费税。

2）自制原材料成本

自制原材料成本包括耗用的材料、工资、其他费用，一般不包括管理费用。委托外部加工材料的实际成本，由被加工材料成本、加工费和往返运费构成。

3.2.2 原材料购进的核算

我国税法规定，企业销售货物或者提供应税劳务和应税服务的要缴纳增值税。增值税是价外税，不包括在货物货款或者应税劳务收入和应税服务收入之中。增值税的纳税人与负税人是分离的。纳税人是销售货物或者提供应税劳务和应税服务的单位和个人，负税人却是消费者。因此，企业在购进货物或者接受应税劳务和应税服务时，除了要支付货款或者劳务费和服务费外，还要为消费者垫支增值税。这部分垫支的增值税，在企业转售货物或者对外提供应税劳务和应税服务后，按期缴纳增值税时，予以抵扣。旅游、饮食、服务企业在购进原材料或者接受应税劳务和应税服务时，必须取得增值税专用发票（后文简称专用发票）的发票联和抵扣联两联单据。发票联作为入账的依据，抵扣联则作为日后抵扣增值税的依据。

采购原料及主要材料的有饮食业和服务业。饮食业和服务业购进原材料，通常有两种方法：一种是以生产部门（厨房、生产加工车间）提出的"原材料请购单"为依据，采购员购进后将原材料直接交生产部门，由其验收签字后，交采购员转交财会部门入账；另一种是由仓库保管员按照定额管理的要求提出的以"原材料请购单"为依据，采购员采购后交仓库验收，填写"入库单"后交财会部门入账。

企业购进原材料收到专用发票时按照其列明的金额（买价），借记"在途物资"账户；按照列明的税额，借记"应交税费"账户；按照列明的价税合计金额，贷记"银行存款"或"应付账款"账户。原材料运到验收入库时，再借记"原材料"账户，贷记"在途物资"账户。

【例3-1】 琴岛饭店向新疆土特产公司采购枸杞100千克，每千克120元，计货款12 000元，增值税额1 200元，运杂费100元，增值税额10元，采用托收承付结算。

（1）银行转来新疆土特产公司托收凭证，并附来2份专用发票的发票联和抵扣联，审核无误后，当即承付，作分录如下：

借：在途物资——枸杞　　　　　　　　　　　　　　　　　　　　　　　12 100
　　应交税费——应交增值税（进项税额）　　　　　　　　　　　　　　　1 210
　　贷：银行存款　　　　　　　　　　　　　　　　　　　　　　　　　　13 310

（2）上项材料运到，由仓库验收入库，根据仓库送来的入库单审核无误后，作分录如下：

借：原材料——干货类　　　　　　　　　　　　　　　　　　　　　　　12 100
　　贷：在途物资——枸杞　　　　　　　　　　　　　　　　　　　　　　12 100

饮食业和服务业的原材料主要是在同城采购的，往往是钱货两清。为了简化核算手续，也可以不通过"在途物资"账户，直接在"原材料"账户核算。

饮食业购入的原材料如直接交生产加工部门耗用的，可以不通过"原材料"账户核算，将其采购成本直接记入"主营业务成本"账户。

【例3-2】 琴岛饭店2月2日发生以下业务：

(1) 向第六粮店购进粳米取得专用发票,列明粳米 500 千克,单价 5.60 元,金额 2 800 元,增值税额 280 元,货款尚未支付,粳米已验收入库,另以现金支付粳米运杂费 100 元,增值税额 10 元,作分录如下:

借:原材料——粮食类	2 900
应交税费——应交增值税(进项税额)	290
贷:应付账款——第六粮店	3 080
库存现金	110

(2) 向浩然水产公司购进河虾,取得专用发票,列明河虾 10 千克,单价 80 元,计金额 800 元,增值税额 80 元,账款以现金支付;河虾已由厨房直接领用。作分录如下:

借:主营业务成本——餐饮业务	800
应交税费——应交增值税(进项税额)	80
贷:库存现金	880

3.2.3　原材料的内部调拨和委托加工的核算

1. 原材料内部调拨的核算

企业内部不独立核算的单位之间原材料的调拨是原材料的内部移库,在核算上原材料总账的金额不发生增减变动,仅在明细账上反映为此增彼减的会计分录。

(1) 内部仓库之间的调拨。内部仓库之间的调拨,调整原材料保管部门的明细账户。

【例 3-3】　由中餐厅仓库调拨给西餐厅仓库一批原材料,计价 5 600 元,根据内部调拨单,作分录如下:

借:原材料——西餐厅	5 600
贷:原材料——中餐厅	5 600

(2) 内部厨房之间的调拨。因厨房的原材料已从"原材料"账户转入"主营业务成本"账户,因此对"原材料"账户所属明细账户不作调整,仅调整"主营业务成本"账户所属明细账。

【例 3-4】　由第一厨房拨给第二厨房副食品一批,计 3 500 元,作分录如下:

借:主营业务成本——第二厨房	3 500
贷:主营业务成本——第一厨房	3 500

2. 委托加工材料的核算

委托加工材料是所有权仍属企业所有,加工时暂时由加工单位负责保管,加工完毕后再运回本企业验收入库,因而健全委托加工材料的交接手续,是保证委托加工材料安全完整的重要步骤。

委托外单位加工材料时,要由业务部门与加工单位签订合同,填制委托加工发料单。委托加工发料单一式数联,一联交仓库据以发料和登记保管账,其余各联随加工材料送交委托单位签收,签收后退回两联:一联由业务部门留存据以对委托加工材料进行管理;一联交财会部门进行核算。其格式如表 3-1 所示。

表3-1 　　　　　　　　　　　**委托加工发料单** 　　　　　　　发料编号:321

接受加工单位:南市豆制品厂 　　　　　　2×19年3月21日 　　　　发料仓库:甲仓　金额单位:元

材料编号	材料名称及规格	单位	数量	单价	金额	加工后产品		
						名称	单位	数量
	黄豆	千克	400	8.00	3 200.00	豆腐衣	千克	50
	合计				3 200.00			

【例3-5】 琴岛饭店委托南市豆制品厂加工豆腐衣50千克,发出黄豆400千克,每千克8元,开出委托加工发料单如表3-1所示。

(1) 根据委托加工发料单,作分录如下:

借:委托加工物资——加工豆腐衣 　　　　　　　　　　　　　　　　　3 200

　贷:原材料——粮食类 　　　　　　　　　　　　　　　　　　　　　　　　3 200

(2) 以现金支付运费100元、增值税额10元时,作分录如下:

借:委托加工物资——加工豆腐衣 　　　　　　　　　　　　　　　　　　100

　　应交税费——应交增值税(进项税额) 　　　　　　　　　　　　　　　10

　贷:库存现金 　　　　　　　　　　　　　　　　　　　　　　　　　　　　110

(3) 以转账支票支付豆腐衣加工费用600元,增值税额96元,作分录如下:

借:委托加工物资——加工豆腐衣 　　　　　　　　　　　　　　　　　　600

　　应交税费——应交增值税(进项税额) 　　　　　　　　　　　　　　　96

　贷:银行存款 　　　　　　　　　　　　　　　　　　　　　　　　　　　696

委托加工材料收回时,由业务部门填制"委托加工材料入库单"一式两联,一联由仓库验收后留存;另一联交由财会部门入账。其格式如表3-2所示。

表3-2 　　　　　　　　　　　　　**委托加工材料入库单**

收料部门:乙库 　　　　　　　　　2×19年3月30日 　　　　　　　　　金额单位:元

收回原材料名称	单位	数量	耗用原材料				加工费用	往返费用	总成本
			名称	单位	数量	金额			
豆腐衣	千克	50	黄豆	千克	400	3 200.00	600.00	100.00	3 900.00
合计									3 900.00

【例3-6】 豆腐衣50千克已加工完成并已验收入库,收到委托加工材料入库单(见表3-2),豆腐衣的加工总成本为3 900元,作分录如下:

借:原材料——干货类 　　　　　　　　　　　　　　　　　　　　　　3 900

　贷:委托加工物资——加工豆腐衣 　　　　　　　　　　　　　　　　　3 900

3.2.4　原材料发出的核算

饮食企业发出原材料时,借记"主营业务成本"账户,贷记"原材料"账户。由于各种原材料一般都是多批购进,每批购进的单价常会因季节、调价等原因而各不相同,因此,在发出原材料时应先确定其单价。通常发出材料的计价方法有个别计价法、加权平均法、先进先出法等。计价方法一经确定,在同一会计年度内不得随意变更。

？相关思考3-1

我国企业会计准则为什么不允许采用后进先出法?

后进先出法是以后入库的存货先发出去这一存货成本流转假设为前提,对先发出的存货成本计量按后入库的存货单位成本计价,后发出的存货成本计量按先入库的存货单位成本计价,据以确定本期发出存货和期末结存存货成本的一种方法。

按照后进先出法,期末存货的成本是按早期购货成本确定的,因此脱离了目前市场价值,不能真实反映资产(存货)状况。

因此我国企业会计准则规定不允许采用后进先出法。

生产部门(厨房、生产车间)根据生产需要领用原料及主要材料时,应填制领料单据以领料,如领料单数量较多,可由仓库定期编填"领料单汇总表"交财会部门。

【例3-7】 2月17日,琴岛饭店厨房领用粳米400克,单价5.80元,金额2 320元,作分录如下:

借:主营业务成本——餐饮业务　　　　　　　　　　　　　　　　　　2 320
　　贷:原材料——粮食类　　　　　　　　　　　　　　　　　　　　　　2 320

3.2.5　原材料储存的核算

这是指对购进原料及主要材料尚未投入生产加工之前储存阶段进行的核算。原料及主要材料储存是保证生产加工持续进行的重要条件和开展业务经营的物质基础。库存原料及主要材料应分类存放、分档管理、经常检查、妥善保管,对发生的原料及主要材料收发业务应及时记账,一般每月盘点一次。

发生原料及主要材料盘盈、盘亏或毁损时,应由仓库保管员填写"原材料盘点短缺(溢余)报告单"或"原材料报损单"报有关部门,在查明原因前,财会部门据以将原料及主要材料的缺溢或毁损金额记入"待处理财产损溢"账户,以做到账实相符。查明原因后,应区别不同情况,结转有关账户。

【例3-8】 琴岛饭店对库存原料及主要材料盘点以后,送交财会部门的原材料盘点短缺(溢余)报告单如表3-3所示。

表3-3　　　　　　　　　　　　**原材料盘点短缺(溢余)报告单**　　　　　　金额单位:元

品名	计量单位	单价	账存数量	实存数量	短缺		溢余		原因
					数量	金额	数量	金额	
粳米	千克	5.80	500	495	5	29.00			待查
香菇	千克	80.00	10	10.5			0.5	40.00	待查
合计						29.00		40.00	

(1) 2月25日,财会部门审核无误后,据以调整原料及主要材料账面结存数额,作分录如下:

 借：待处理财产损溢   29
    贷：原材料——粮食类   29

 借：原材料——干菜类   40
    贷：待处理财产损溢   40

（2）2月28日，查明盘缺的粳米5千克系发料过程中的差错，经领导批准，予以转账，作分录如下：

 借：营业外支出——盘亏损失   29
    贷：待处理财产损溢   29

（3）2月28日，查明盘盈的香菇0.5千克系自然升溢，经领导批准，予以转账，分录如下：

 借：待处理财产损溢   40
    贷：营业外收入——盘盈利得   40

"待处理财产损溢"是资产类账户，用以核算企业已发生的各项财产物资的盘亏、盘盈、短缺、溢余、收益和损失。企业发生盘亏、短缺、损失以及转销盘盈、溢余、收益时，记入该账户借方；企业发生盘盈、溢余、收益以及转销盘亏、短缺、损失时，记入该账户贷方，该账户应在期末结账前处理完毕，处理完毕后应无余额。

3.2.6 原材料的明细分类核算

对原材料进行明细分类核算，这有利于对原材料进行管理，可以使管理者清楚地了解、掌握各种原材料的收入、发出和结存情况，便于进行账实核对，保证原材料的安全。因此，各饮食企业无论其规模大小或采取何种管理方式，都必须设置一套既有数量又有金额的明细账。

饮食企业原材料明细账的设置可分为以下两种：

一种是将整套明细账设置在仓库，由仓库保管员根据原材料出入库单登记原材料收发的数量和金额，并负责在月底结出各种原材料的余额。财会部门则可按仓库设立的原材料二级明细账，对仓库原材料的金额起到控制和监督的作用。

另一种是仓库仅设置原材料数量明细账，而不登记原材料的金额。采用这种方法同样由保管员登记原材料收发数量账，并结出库存数量，同时由财会部门平行地设置一套原材料数量、金额明细账。这样财会部门对仓库原材料的数量和金额可进行双重控制，但核算的工作量较大。

3.3 饮食制品成本的核算

3.3.1 饮食制品成本的核算方法

就理论而言，饮食制品成本应是产品制作加工过程中活劳动与物化劳动耗费的总和。但因饮食制品的品种多，数量零星，制作工艺要求不同，多数产品的生产、销售、服务融为一体，发生的成本费用既有生产、流通性质又有劳务服务性质，因此在实际工作中很难将它们加以区分,也很难按饮食制品品种分配各种流通和服务费用进行完整的成本计算。故而,饮食制品成本只是饭店一定时期内耗用的原材料、调料和配料总成本。对于产品加工制作过程中耗费的人工费、固定资产折旧费、企业管理费用等不计入产品成本,而作为期间费用分别计入销售费用或管理费用。饮食制品成本的核算,关系到饮食制品的规格、质量及销售价格,是核算企业财务成果的前提条件,做好此项工作具有重要意义。

饮食制品成本计算的核心是核算饮食制品耗费直接材料(即原材料、调料和配料)的进价成本。由于饮食制品的生产过程与销售过程相连,产品品种、花样繁多,单位用料杂而零星,产品间工艺技术过程差异较大,既有一料多用也有数料合烹,还有单一品种或配套桌菜等等。如果按每一菜(或主食品)核算其单位成本,其成本计算工作繁杂,也无必要,加之饮食制品烹饪工艺技术的特点,计算出来的单位成本很难做到准确。为此,从会计核算角度,饮食制品成本一般是按饮食制品全部或大类计算。饮食制品总成本的计算与结转可分别采用"永续盘存法"和"实地盘存法"。

1. 永续盘存法

永续盘存法是指按厨房实际领用的原材料数额计算与结转已销餐饮产品总成本的一种方法。这种方法适用于设置领料制的饭店企业,在永续盘存法下,企业可增设"在产品"账户。每次领料根据领料单借记"在产品"账户,贷记"原材料"账户。通过"在产品"账户,厨房已经领用的全部原材料,"在产品"账户月末余额即尚未加工完毕或未销售的餐饮产品成本。月末厨房各班组,需将未耗用或未销售的原材料、半成品和产成品盘点,填制盘存表交存财会部门计价,确定其结存余额。"在产品"账户月初余额与本期发生额合计、扣除期末结存余额的差额即为本期营业成本数额。计算出已销产品成本时,编制借记"主营业务成本"账户,贷记"在产品"账户的会计分录。若领用的原材料直接在"主营业务成本"账户核算,则应根据领料单随时或定期记入"主营业务成本"账户,编制借记"主营业务成本"账户,贷记"原材料"账户的会计分录,通过"主营业务成本"账户反映原材料投入生产加工过程以及饮食产品成本形成的情况。

【例 3-9】 琴岛饭店餐饮部设有中餐和西餐两个餐厅,原材料均实行领料制。本月从库房领用原材料情况如下:中餐厅 77 480 元;西餐厅 60 700 元,财会部门根据库房领料汇总表等有关凭证,编制如下会计分录:

借:主营业务成本——中餐厅　　　　　　　　　　　　　　　　　　77 480
　　主营业务成本——西餐厅　　　　　　　　　　　　　　　　　　60 700
　贷:原材料　　　　　　　　　　　　　　　　　　　　　　　　　138 180

注:为讲述方便,将日常领料均集中在一个会计分录中说明。

饭店餐饮部门一般在月末一次计算成本,月末根据"主营业务成本"账户可以取得领用原材料的总额资料,据以确定当月已销饮食产品成本。如果厨房将当月领用的原材料全部耗用,产品也全部售出,领用原材料的合计金额(即"主营业务成本"账户借方发生额)为本月已销餐饮产品总成本;若当月领用的原材料在月份内未用完,则在计算餐饮产品总成本时,必须将其扣除,据以正确反映已销餐饮产品耗用原材料的实际成本。此时已销餐饮产品成本可用下列公式计算:

$$\text{已销餐饮产品成本} = \text{月初"主营业务成本"账户余额} + \text{本月"主营业务成本"账户发生额} - \text{月末厨房剩余原材料盘存额}$$

"月末厨房剩余原材料盘存额"(包括已领未用原材料、未售出半成品、产成品),按照规定应办理退库手续,从"主营业务成本"账户予以扣除,以求得已销餐饮产品的实际成本,并保证账实相符。在会计实务中对厨房剩余原材料的盘存额有两种处理方法。

第一种方法,仍保留在"主营业务成本"账户,根据上述公式计算出已销餐饮产品成本,从"主营业务成本"账户转出,以"主营业务成本"账户余额控制厨房月末盘存的实物。

第二种方法,办理"假退料"手续,即原材料实物不动,仍存放在厨房,只是填制一份本月份的退料单,表示该余料已经退库;同时编制一份下月的领料单,表示该项余料又作为下月份的领料出库。财会部门根据各用料部门填制"红字领料单"(表示退料),编制如下会计分录:

借:主营业务成本 　　　　　　　　　　　　　　　　　×××

　　贷:原材料 　　　　　　　　　　　　　　　　　　　×××

通过上述结转,"主营业务成本"账户余额即是当月已销餐饮产品的总成本。

【例 3-10】 琴岛饭店设置中餐、西餐两餐厅。各餐厅进行餐饮产品生产而领用的各种原材料直接计入"主营业务成本"账户,2×19 年 12 月份两餐厅"主营业务成本"账户和厨房月末各种原材料结存额等有关资料如表 3-4、表 3-5、表 3-6、表 3-7 所示,成本计算表如表 3-8 所示。

表 3-4 　　　　　　　　　　　　　**主营业务成本**

编制单位:中餐厅 　　　　　　　　　　　　　　　　　　　　　　　　　　单位:元

2×19年		凭证编号	摘要	对方科目	借方	贷方	借或贷	余额
月	日							
12	1		上月结存				借	3 269.10
	10		领用主料		49 120		借	52 389.10
	19		领用辅料		16 700		借	69 089.10
	22		领用燃料		8 410		借	77 499.10
	29		领用调料		3 250		借	80 749.10
	30		原材料退库		4 609.54		借	76 139.56

表 3-5 　　　　　　　　　　　　　**主营业务成本**

编制单位:西餐厅 　　　　　　　　　　　　　　　　　　　　　　　　　　单位:元

2×19年		凭证编号	摘要	对方科目	借方	贷方	借或贷	余额
月	日							
12	1		上月结存				借	2 372.60
	9		领用主料		4 920		借	7 292.60
	16		领用辅料		38 690		借	45 982.60
	22		领用燃料		12 710		借	58 692.60
	29		领用调料		4 380		借	63 072.60
	30		原材料退库		2 532.40		借	60 540.20

月末根据"主营业务成本表"账户,"厨房盘存表"等资料,计算两个餐厅已销餐饮产品成本,其计算过程如下:

中餐厅已销餐饮产品成本 = 3 269.10 + 77 480 - 4 609.54 = 76 139.56(元)

西餐厅已销餐饮产品成本 = 2 372.60 + 60 700 - 2 532.40 = 60 540.20(元)

表3-6　　　　　　　　　　　　　**厨房盘存表**　　　　　　　　　金额单位:元

编制单位:中餐厅　　　　　　　　2×19年12月31日　　　　　　　　第×页

编号	品名	牌号及规格	数量	单位	单价	金额	备考
(略)	粉丝	(略)	4.5	千克	4.20	18.90	
	海米		5	千克	31.00	65.00	
	麻酱		18	千克	1.98	107.60	
	标准粉		32	千克	1.20	38.40	
	黄瓜		12	千克	0.80	9.60	
	鸡肉		10	千克	8.20	82.00	
	猪肉		16	千克	8.00	128.00	
	煤		2	吨	80.00	160.00	
	……					……	
	……					……	
合　　　计						4 609.54	

(有关人员签字盖章)

表3-7　　　　　　　　　　　　　**厨房盘存表**　　　　　　　　　金额单位:元

编制单位:西餐厅　　　　　　　　2×19年12月31日　　　　　　　　第×页

编号	品名	牌号及规格	数量	单位	单价	金额	备考
(略)	鸡蛋	(略)	15	个	0.22	3.30	
	鸡肉		28	千克	8.20	229.60	
	火腿		10	千克	7.60	76.00	
	番茄		13	千克	1.80	23.40	
	面包		19	个	1.50	28.50	
	黄油		6	千克	8.60	51.60	
	煤		1.5	吨	80.00	120.00	
	……					……	
	……					……	
合　　　计						2 532.40	

(有关人员签字盖章)

表 3-8

成本计算表

2×19 年 12 月份

单位:元

部门	"主营业务成本"账户余额			厨房月末盘存额	已销售餐饮产品成本
	期初余额	本期发生额	合计		
1	2	3	4=2+3	5	6=4-5
中餐厅	3 269.10	77 480	80 749.10	4 609.54	76 139.56
西餐厅	2 372.60	60 700	63 072.60	2 532.40	60 540.20
合计	5 641.70	138 180	143 821.70	7 141.94	136 679.76

月末根据"成本计算表"和"厨房盘存表"用红字作假退料转账编制如下会计分录:

借:主营业务成本——中餐厅   4 609.54

        ——西餐厅   2 532.40

  贷:原材料   7 141.94

将上述会计分录记入"主营业务成本"账户,求出中西餐厅"主营业务成本"账户余额,即为本月已销餐饮产品成本。

假退料数额在次月 1 日原数冲回,编制与上述会计分录相同的蓝字会计分录:

借:主营业务成本——中餐厅   4 609.54

        ——西餐厅   2 532.40

  贷:原材料   7 141.94

2. 实地盘存法

实地盘存法是按照实际盘存原材料的数额,倒挤本期已销餐饮产品所消耗原材料的一种方法。这种方法只适用于小型会计核算比较简单的餐饮企业。在这些企业,平时购进原材料无论是入库管理还是直接交由厨房保管使用,在会计核算上全部记入"原材料"账户,领用原材料时,不办理领料核算手续,财会部门也不进行领料账务处理。待月末,对库存原材料和厨房剩余已领未用原材料、半成品和未出售产成品进行盘点折算后,计算出月末实际剩余原材料总额,然后采取"以存计耗"的办法运用下列计算公式:

本期已销餐饮产品成本 = 期初原材料结存金额 + 本期原材料购进金额 - 期末原材料盘存金额

求出本期已销餐饮产品耗用原材料成本总额,根据计算结果进行相应账务处理,编制借记"主营业务成本"账户,贷记"原材料"账户的会计分录。

【例 3-11】 琴岛饭店月初原材料结存金额为 12 800 元,本月购进原材料 19 260 元,月末盘点库存原材料 5 610 元,厨房已领未消耗原材料和待售产品 1 290 元,餐饮产品成本计算方法如下:

本月已销餐饮产品成本 = 12 800 + 19 260 - (5 610 + 1 290) = 25 160(元)

财会部门根据计算结果,编制如下会计分录:

借:主营业务成本   25 160

  贷:原材料   25 160

通过上例计算过程可以看出,不论采用何种方法计算总成本,对于投入生产过程的原材料,在当月未全部消耗的情况下,都存在计算月末厨房已领未用,或未销售原材料结存额的问题,这个问题解决的正确与否直接影响本期已销餐饮产品成本计算的正确性,对企业当期财务成果产生重要影响。因此,企业对实物进行盘存时,应做到计价正确,数量准确,品种齐全,并对未售出半成品、产成品按配料定额和账面价值折合计算其结存金额。如月末厨房有未用酱肉 5 千克,按猪肉与酱肉 1∶1.5 的比例,折算成猪肉 7.5 千克,每千克猪肉 6.5 元,共折合金额为 48.75 元。具体折合详见厨房剩余原材料盘存表(见表 3-9)。

表 3-9 **厨房剩余原材料盘存表**

编制单位: 年 月 日 金额单位:元

名称	单位	单价	剩余原材料	半成品及产成品				合计	
				品名:		品名:			
				折合率	折合数量	折合率	折合数量	折合数量	折合金额
1	2	3	4	5	6	7	8	9=4+6+8	10=9×3

(有关人员签字盖章)

3.3.2 主配料的成本计算

1. 一料一档的计算方法

原材料经初加工后,只有一种半成品,即称为一料一档。一料一档的下脚料分为两种:一种是不可作价利用的;另一种则是可作价利用的。

下脚料不可作价利用的半成品单位成本等于购进原材料的总成本除以加工后半成品的总重量。其计算公式如下:

$$单位半成品成本 = \frac{购进原材料总成本}{加工后半成品总重量}$$

【例 3-12】 琴岛饭店购进条虾 12 千克,每千克单价为 70 元,总计 840 元,经加工后得净虾 10.5 千克,虾须等下脚料不计价。计算净虾的单位成本如下:

$$净虾单位成本 = \frac{840}{10.5} = 80(元 / 千克)$$

若有可作价利用的下脚料,则其半成品的单位成本计算公式如下:

$$单位半成品成本 = \frac{购进原材料总成本 - 下脚料金额}{加工后半成品总重量}$$

【例 3-13】 琴岛饭店厨房购进冻牛肉 40 千克,每千克购进价为 56 元,总计 2 240 元。经加工后得净牛肉 28.5 千克,牛筋 9.75 千克,损耗 1.75 千克。牛筋作价为每千克 20 元,计 195 元。计算净牛肉的单位成本如下:

$$净牛肉单位成本 = \frac{2\ 240.00 - 195}{28.5} = 71.75(元 / 千克)$$

2. 一料多档的计算方法

原材料经初加工后,产生几种半成品,即称为一料多档,需分别计算各半成品的价格。各半成品价格的总和应等于加工前原材料购进的总价。其中质量好的成本较高,质量较差的成本略低。其计算公式如下:

$$某未定价半成品单位成本 = \frac{原材料购进总值 - 其他半成品价值总和}{该项半成品重量}$$

【例 3-14】 火腿一只重 5 千克,每千克 90 元,经处理得:脚爪和脚圈 0.8 千克,每千克 21 元;下方 1.4 千克,每千克 38 元;中方 1.6 千克,每千克 123 元,计算上方的单位成本如下:

$$上方单位成本 = (5 \times 90 - 0.8 \times 21 - 1.4 \times 38 - 1.6 \times 123) \div (5 - 0.8 - 1.4 - 1.6) = 152.67(元)$$

3.3.3 配料定额成本的确定

配料定额成本是指单位饮食制品耗用原材料实物数量定额的货币价值。是由投料数量额与投料单价组成。投料数量定额一般是按每道菜试制结果,考虑不同地区饮食习惯、风味特点并结合厨师经验,经过分析研究确定;投料单价则指原材料净料单价,配料定额成本计算公式为:

$$某道菜配料定额成本 = \sum 该道菜各种原材料投放数量定额 \times 投料单位价格$$

饮食产品多为现做现卖,并且品种多,用料复杂,故很难对每一品种实际耗用原材料进行准确核算,客观上需要对各种饭菜制定一个合理的投料标准,即配料定额成本,以此作为衡量饮食产品用料,检查其质量,核算、监督并控制其成本水平的依据,也是制订单位饮食产品售价的基础。

配料定额成本确定后,应根据成本构成项目编制原材料定额成本计算单。此单是评价、考核工作质量和效果,制定单位产品售价的重要依据。单位定额成本确定以后,可以根据一定的毛利率计算餐饮产品的销售价格。

3.4 饮食制品销售的核算

为客人提供餐饮、住宿是饭店的最基本职能。就这两者而言,餐饮收入在现代饭店经营中占有越来越重要位置。与客房收入相比,饭店获取餐饮收入的潜力更大。餐饮收入包括饭店附属餐厅、酒吧、宴会厅等部门为客人出售自制和外购餐饮食品而取得的食品收入、饮料收入、香烟收入、服务费收入及其他收入等。

3.4.1 饮食制品价格的制定方法

饮食制品是一种特殊零售商品,其价格合理与否直接影响饭店及消费者的切身利益。所以,制定其价格时既要认真研究客人消费心理,考虑顾客对付出价格需要获取更多价值的要求,同时也要满足企业获取合理利润的愿望,以生产饮食制品所耗原材料成本为基础确定其价格。

实际工作中,饮食制品价格制定方法很多,常用的定价方法有成本毛利润法和销售毛利润法。

1. 成本毛利率法

成本毛利率法是以饮食制品单位配料定额成本为基础,按确定的毛利润率加成据以计算饮食制品销售价格的一种方法。其销售价格计算公式如下:

$$销售价格 = 单位产品配料定额成本 + 毛利润额 \qquad ①$$

单位产品配料定额成本是单位产品标准价格与其消耗定额的乘积。毛利润额是加在单位产品配料定额成本之上的金额,它按照下列公式计算确定:

$$毛利润额 = 单位产品配料定额成本 × 毛利润率 \qquad ②$$

将②式代入①式得:

$$销售价格 = 单位产品配料定额成本 × (1 + 毛利润率)$$

【例3-15】 琴岛饭店名菜鱼香澳洲豆的制作定额成本为15元,按规定的成本毛利润率45%作价,其销售价格计算方法为:

$$销售价格 = 15 × (1 + 45\%) = 21.75(元)$$

成本毛利率法是以成本为基础外加加成额来确定饮食制品的销售价格,所以它又称"外加法"。

2. 销售毛利率法

销售毛利率法是以饮食制品销售价格为基础,按照毛利与销售价格之间的比值关系计算确定饮食制品销售价格的一种方法。饮食制品销售价格的计算公式及其推导过程如下:

$$销售毛利率 = 毛利润额 ÷ 销售价格 \qquad ①$$

$$毛利润额 = 销售价格 × 销售毛利率 \qquad ②$$

又: $$销售价格 = 单位产品配料定额成本 + 毛利润额 \qquad ③$$

将②式代入③式,经过计算整理如下:

$$销售价格 = 单位产品配料定额成本 + 销售价格 × 销售毛利率 \qquad ④$$

$$= 单位产品配料定额成本 ÷ (1 - 销售毛利润率) \qquad ⑤$$

这种方法在餐饮业习惯称为"内扣法"。

假设该饭店确定的销售毛利率为30%,则鱼香澳洲豆的销售价格计算方法如下:

$$销售价格 = 15 ÷ (1 - 30\%) = 21.43(元)$$

上述两种方法在实际工作中都有应用,两者各有优劣:一般而言以配料定额成本求销售价格,采用成本毛利率较为方便;而根据用餐标准(销售价格)计算用料成本则以销售毛利率计算为好。因此,在实际工作中就经常需要将两种毛利率进行换算。其换算公式为:

$$成本毛利率 = \frac{销售毛利率}{1 - 销售毛利率} × 100\%$$

$$销售毛利率 = \frac{成本毛利率}{1 + 成本毛利率} × 100\%$$

3.4.2 饮食制品销售方式及收入的核算

饮食制品的销售对象为旅游、商务、会议团体或个人散客,其业务经营应本着既方便客人又便于管理与核算的原则。销售方式通常如下。

1. 先收款后就餐结算方式

采取先收款后就餐结算方式的餐饮企业,通常由收款台统一售票,顾客在用餐前先到账台购买专用的小票,或者先购买固定品名的筹码,然后凭专用定额小票或筹码领取食品;也可由服务员根据小票的编号和顾客手中的小票副联票,核对编号无误后,将餐品送至桌上。小票系一次性使用,而筹码可循环使用,因此,要加强和完善回收和领用的手续。营业结束后,收款台收款员要根据小票或销售的筹码编制"销货日报表",经服务员核对后签章确认,并根据收款情况编制"收款日报表",将其连同营业款和"销货日报表"一并送交财会部门入账。这种方式适用于小型餐饮企业。

2. 先就餐后结算的结算方式

采取先就餐后结算方式的餐饮企业,顾客入座点菜后,由服务员填写点菜单一联,列明品名和数量,其中一联转交厨房作为取菜凭证留存,一联转交收银台。顾客就餐结束后,由服务员从收款台领取结账清单,结账清单上列明品名、数量、单价、金额和合计金额,经顾客确认后,凭该单向顾客收款。营业结束后,收款台与厨房分别结算销售额和发菜额,核对相符后,收款员根据结算清单编制"销货日报表",并根据收款情况编制"收款日报表",将其连同营业款和"销货日报表"一并送交财会部门入账。这种方式适用于大、中型餐饮企业。

如若就餐顾客亦是客房宾客,客人在用餐完毕后,餐厅收款员根据"餐厅小票"填制"宾客消费挂账通知单"(见表3-10)与客人结算账款,经客人出示住房卡并在账单上签字后,收款员将其作为每日编制"餐厅营业日报表"(见表3-11)依据,一同送交总服务台或财会部门,财会部门据此作应收账款处理。若客人需要转账划拨资金结清账款时,可由客人或有关单位人员在账单上签字,作为饭店向付款方结算账款的依据。

表3-10   **宾客消费挂账通知单**

宾客姓名		房号		服务部门	
服务内容					
项目	单位	数量	单价	金额	备注
合计	(大写) 仟 佰 拾 元 角 分				￥

宾客签字: 经手人:

3. 现款现售结算方式

有些饭店为方便客人就餐制作各式快餐食品,其销售多采取一手钱一手货的方式,客人就餐可直接交款取饭。餐厅收款员于每日营业终了,根据收取的现款编制"销售(营业)日报表"连同收入的现款送交总服务台收银处或直接送交财会部门入账。

【例3-16】 2×19年12月19日,琴岛饭店餐饮部营业情况如表3-11所示。

表3-11 琴岛饭店餐饮部营业日报表

2×19年12月19日 金额单位:元

	用餐数		菜品	海鲜	主食	酒水	合计	结算				
	台数	人数						现金	挂账	餐券	应酬	合计
早餐	35	95			1 560		1 560	945		615		1 560
中餐	38	214	2 510	886	384	1 900	5 670	4 405	1 265			5 670
晚餐	51	283	4 128	1 675	384	2 746	9 059	5 524	3 180		355	9 059
本日合计	124	592	6 638	2 561	2 454	4 636	16 289	10 874	4 445	615	355	16 289
转外客												金额
											外客小计	3 479
转房客	户名		金额	户名		金额	户名		金额	户名		金额
	806 房		273	402 房		210	1 065 房		385	1 408 房		98
										房客小计		966

餐厅主管: 制表:

财务部门根据当天餐饮部"营业日报表",编制会计分录如下:

借:库存现金 10 874

应收账款(按客户名) 3 479

其他应收款——房客 966

管理费用——应酬费 355

贷:主营业务收入——菜品 6 638

——海鲜 2 561

——面点 2 454

——酒水 4 636

——房金 615

回收早餐券615元用红字冲减房金收入,是反映房价折让的收入减少。

4. 预收订金、饭后结算

这种方式大多在接受团体、个人预订宴会、酒会、晚会时采用。通常先由预订单位或个人到总服务台预订处办理预订手续,填写"宴会预订单"(见表3-12),详细填写宴会规模、标准、用餐时间等。由总服务台分送给各有关部门。饭店餐厅按事先约定时间与规模做好准备。宴会销售价格一般是以桌为计算单位,烟、酒及饮料则另行结算。

表 3-12

琴岛饭店宾馆宴会预定厅

编号：

年 月 日

订餐单位		人数		联系人	
用餐标准		用餐时间			
酒水等		用餐地点			
通知单位		备注			

由于宴会是为特定消费团体或个人订做的,若预订单位或个人在规定时间未能赴宴,已制作的餐饮产品又无法转售给其他团体或个人,饭店便会蒙受损失。为减少损失,当总服务台接受客人预订餐时,应按预订宴会桌数及销售价格的一定比例预收相当数额订金。财会部门收到总服务台交来的订金时,编制借记"库存现金"或"银行存款"账户,贷记"预收账款——宴席订金"账户的会计分录。宴会结束,其账款结算有以下方法:

若客人以现款结算,收到总服务台报来账单及现款时,按补交款借记"库存现金""银行存款"账户,按预收订金借记"预收账款——宴席订金"账户,按全部销售款贷记"主营业务收入——餐饮收入"账户。

若客人不付现款,事后采用转账结算时,则由承办宴会的单位或个人在结算账单上签字证明,总服务台连同宴会订单等一并送交财会部门据以记账。借记"应收账款""预收账款"账户,贷记"主营业务收入"账户。

【例 3-17】 琴岛饭店接受新华公司预订宴席 5 桌,预收订金 1 500 元。待宴会结束,实际结算 4 600 元,其中商品部烟、酒、饮料款 450 元,该商品部适用增值税率为 3%。账款已由该公司签字但未付,事后集中结算。财务部门编制会计分录如下:

(1)收到订金:

借:银行存款   1 500
　　贷:预收账款——宴席订金   1 500

(2)宴会结束,结算应收账款:

借:应收账款——新华公司   3 100
　　预收账款——宴席订金   1 500
　　贷:主营业务收入——餐饮收入   4 150
　　　　　　　　　　——商品部收入   436.90
　　　　应交税费——应交增值税(销项税额)   13.10

5. 售票收款、凭票就餐结算方式

一些饭店为方便店内客人就餐,餐饮销售可以采用预先收款发行内部有价票券,客人凭票就餐。

在这种就餐方式下,饭店进行会计核算时,可在"其他应付款"账户下设置"库存有价票券"和"发行有价票券"两个明细账户;也可单独设置"库存有价票券"和"发行有价票券"账户。现以第二种设账方法为例,说明企业采用出售餐券收款方式的核算。

【例 3-18】 琴岛饭店发行 30 000 元内部餐券,当月售出 27 000 元,收回 23 000 元。有关会计分录如下:

    （1）发行内部餐券：

      借：库存有价票券   30 000

        贷：发行有价票券   30 000

    （2）当月初售出餐券：

      借：库存现金   27 000

        贷：库存有价票券   27 000

    （3）月末收回餐券：

      借：库存有价票券   23 000

        贷：主营业务收入——工作餐厅   23 000

    （4）票券清点作废：

      借：发行有价票券   ×××

        贷：库存有价票券   ×××

6. 团体包餐结算方式

    一般是客人入住饭店时就与总服务台签订团体包餐合同。由总服务台餐饮接待部为厨房下达"用餐通知单"，其内容包括：包餐单位名称、包餐人数、餐别、用餐费用标准、包餐起止时间、会费方式、酒水供应种类、餐桌安排以及其他特殊要求。团体包餐一般分为早、中、晚三餐。厨房接到用餐通知单，按照要求具体安排每日菜点与酒水等内容。

    待客人离店前，由饭店结账组向该团直接结账或向其委托单位收取款项。

    除上述方式外，饭店餐饮服务还有客房服务用餐，即事先有预约，根据用餐要求，将餐饮送到客人房间等。

3.4.3　饮食经营业务收入的调整

    餐饮企业"主营业务收入"账户平时反映的均是含税收入，月末需要进行调整，将含税收入中的销项税额分离出来，使"主营业务收入"账户反映企业真正的销售额。

$$销售额 = \frac{含税收入}{1 + 增值税率}$$

$$销项税额 = 含税收入 - 销售额$$

    借：主营业务收入   ×××

        贷：应交税费——应交增值税（销项税额）   ×××

知识拓展3-1

餐饮业的税负变动

    2016年3月，国家税务总局网站发布（财税〔2016〕36号）文件，明确自2016年5月1日起，在全国范围内全面推开营业税改征增值税试点工作。建筑业、房地产业、金融业、生活服务业纳税人，由缴纳营业税改为缴纳增值税。而作为国民经济重要组成部分的餐饮业，其税负也将在"营改增"的新政之下经历一番变动。

    回顾餐饮业税收制度历史可以发现，自1994年起，餐饮行业就被纳入营业税征收范围，以营业额全额按照5%的税率全额征税。而由于营业税是价内税，实际税负作为成本是由企业从其营业额中自行作为支出,因此,在餐饮环节计税后的营业额,要在流转到下一环节在此全额征税,处于餐饮行业下游的各企业会随着流转环节的增多承受更大的税负;流转税的转嫁特性会将所有的税收负担转嫁给最终的购买方,无形之中也就提高了消费者购买餐饮商品所需支付的购买价格。对希望通过价格战来扩大市场份额的餐饮企业造成了不利影响。

随着餐饮行业的利润降低,餐饮业各界人士对餐饮业税制改制的呼声也越来越高。为坚决遏制部分经营者以"营改增"为借口哄抬价格的势头,确保重大改革决策顺利实施,国家发改委组织力量开展执法检查,一经查实企业以"营改增"为借口,捏造涨价信息、哄抬价格、扰乱市场秩序,将责令价格主管部门对其依法作出行政处罚。

对于此次"营改增"将给餐饮企业带来的变化,我们根据下述两家餐饮企业的税负变动分别进行虚拟测算。

案例1:假设酱骨头家常菜馆为增值税小规模纳税人,每月营业额20万元。则营业税应纳税额＝20×5％＝1(万元),增值税应纳税额＝不含税销售额×征收率＝20÷(1+3％)×3％＝0.58(万元)。因此,实际税率为2.91％。

根据测算,"营改增"使小规模纳税人的实际税率由5％降低至2.91％,该纳税人少纳税0.42万元。"营改增"之后,名义税率降低,因此对于小规模纳税人而言,"营改增"一定会带来节税效应。

案例2:全聚德属于增值税一般纳税人,每月营业收入为500万元,每月接受文化创意服务(包装设计服务、广告宣传服务)15万元,购买适用10％税率的面粉、油、自来水等原材料50万元,购买适用17％税率的酒水、饮料等原材料25万元,且都可以取得增值税专用发票。

"营改增"前每月应交营业税＝500×5％＝25(万元),"营改增"后每月应交增值税＝销项税额－进项税额,销项税额＝500÷(1+6％)×6％＝28.3(万元),进项税额＝50×10％+25×17％+15×6％＝10.15(万元),应纳税额＝销项税额－进项税额＝18.15(万元)。虽然该一般纳税人在"营改增"之后适用税率升高,但由于计算应纳税额是用当期销项税额减去进项税额,在本案中应纳税额仍比"营改增"前的营业税税额有所降低。

作为一般纳税人的餐饮企业,"营改增"后减税是建立在有足够多的进项抵扣的前提下。进项税额抵扣需要取得相应的增值税专用发票。如果餐饮企业能够取得其采购原材料、接受应税服务的增值税专用发票,那么税负一定会降低。否则有可能导致进项税额抵扣不足,税收负担不降反升也是有可能的。例如餐厅去菜市场采购食材,小摊的小商小贩是无法提供增值税专用发票的,所以这部分开支无法抵扣。因此,餐饮企业"营改增"之后,对一般纳税人而言,应完善财务制度,切实落实好发票的取得、使用和管理流程,最终降低整体税负。

对于餐饮企业来说,应加强自身的财务核算效果,做好每一笔财务账,以备审计及纳税工作顺利进行;同时也要改善管理工作,选择可以开具增值税专用发票的供应商采购。同时,上游非正规企业为了减少订单的流失也应该向专业化的方向靠拢。只有这样,餐饮业才会向着更为正规、专业、合理的方向发展。

重 要 概 念

一料一档 一料多档 成本毛利率法 销售毛利率法 先收款后就餐 先就餐后结算 现款现售 预收定金饭后结算 售票收款

本 章 练 习

一、单项选择题

1. 不适宜入库管理的原料是(   )。

A. 粮油　　　　　　　　B. 干货　　　　　　　C. 调味品　　　　　　　D. 肉

2. 采用销售毛利率法确定饮食制品售价的计算公式为(　　)。

A. 售价＝成本价×(1＋成本毛利率)　　　　　B. 售价＝成本价×(1＋销售毛利率)

C. 售价＝$\dfrac{原材料成本}{1-销售毛利率}$　　　　　D. 售价＝$\dfrac{原材料成本}{1-成本毛利率}$

3. 企业委托加工存货所支付的下列款项中,不可能计入委托加工存货成本的是(　　)。

A. 支付的往返运杂费　　　　　　　　　　　B. 支付的消费税

C. 支付的加工费　　　　　　　　　　　　　D. 支付的增值税

4. 餐饮企业不独立核算的内部仓库之间的原材料调拨通过(　　)账户调整。

A. "主营业务收入"　　　　　　　　　　　　B. "主营业务成本"

C. "管理费用"　　　　　　　　　　　　　　D. "原材料"

5. 饮食业在生产经营中使用的各种材料,一经领用即计入(　　),不管是否已经投入使用。

A. 营业费用　　　　　　　　　　　　　　　B. 管理费用

C. 主营业务成本　　　　　　　　　　　　　D. 生产成本

6. 新光餐厅青椒肉片每盘配料价 10 元,规定销售毛利率60%。每盘青椒肉片的售价是(　　)元。

A. 16　　　　　　B. 25　　　　　　　C. 14　　　　　　D. 20

7. 新光餐厅出售的清炒虾仁成本为 18 元,定价使用的成本加成率为50%。其售价是(　　)元。

A. 24　　　　　　B. 36　　　　　　　C. 32　　　　　　D. 27

8. 红烧海参的每份定额成本为 60 元,销售毛利率为40%,售价为 100 元,其成本毛利率应为(　　)

A. 66%　　　　　B. 40%　　　　　　C. 80%　　　　　D. 36%

9. 某饭店"原材料"账户的月初余额为 2 300 元,本月购进原材料 28 000 元,月末根据盘存数计算仓库和厨房盘存总额为 3 000 元,采用实地盘存制,计算本月耗用的原材料成本为(　　)元。

A. 30 600　　　　　　　　　　　　　　　B. 27 300

C. 33 300　　　　　　　　　　　　　　　D. 2 800

10. 下列可以计入饭店主营业务成本的项目是(　　)

A. 厨师的工资　　　　　　　　　　　　　B. 餐具消耗

C. 原材料　　　　　　　　　　　　　　　D. 燃料费

二、多项选择题

1. 以下不应计入外购原材料的成本项目有(　　)。

A. 大宗物资的市内运杂费　　　　　　　　B. 运输途中的保险费

C. 市内零星货物运杂费　　　　　　　　　D. 采购机构的经费

E. 采购人员的差旅费

2. 企业会计准则规定,发出原材料的计价应当采用(　　)。

A. 先进先出法　　　　　　　　　　　　　B. 后进先出法

C. 加权平均法　　　　　　　　　　　　　D. 移动平均法

E. 个别计价法

3. 原材料按其在餐饮产品中所起的作用可分为粮食类、(　　)。

A. 副食类　　　　　　　　　　　　　　　B. 鲜活商品类

C. 干货类　　　　　　　　　　　　　　　D. 其他类

4. 自制原材料成本由(　　)构成。

A. 耗用原材料的成本　　　　　　　　　　B. 人工费用

C. 其他费用　　　　　　　　　　　　　　D. 管理费用

5. 饮食业销售货款的结算方式有( )等。

A. 预收账款　　　　　　　　　　B. 先收款后就餐

C. 先就餐后结算　　　　　　　　D. 一手交钱一手交货

三、判断题

1. 饮食业具有生产、零售和服务三种职能,因此在会计核算上,也具有生产、零售和服务的特点。
( )

2. 委托外部加工的实际成本由被加工材料成本和加工费构成。 ( )

3. 饮食业采用实地盘存制时,月末根据厨房剩余原材料的金额、在制品的盘点金额以及库存原材料的盘存金额,倒挤耗用原材料的成本。 ( )

4. 一料多档是指原材料经初加工后,产生几种半成品,因此需分别计算各种半成品的价格。 ( )

5. 为了既满足管理上的需要,又简化计算手续,可采用换算的方法,将成本毛利率计算为销售毛利率。
( )

四、简答题

1. 什么是饮食业?它有哪些经营特点?

2. 计算饮食制品的成本有哪两种方法?分述这两种方法的定义、优缺点及适用性。

3. 分述销售毛利率法和成本毛利率法以及它们的计算公式。

4. 饮食企业销售货款结算有哪几种方式?分述这些方式的适用性。

五、业务题

1. 状元楼酒家9月份发生下列有关加工材料的经济业务:

(1) 1日,委托盛昌食品厂加工月饼馅料2 500千克,根据委托加工合同送去赤豆500千克,每千克9元;朦肉400千克,每千克22元;糖1 000千克,每千克7.20元。

(2) 3日,送往盛昌食品厂杏仁100千克,每千克68元;通心莲100千克,每千克60元。

(3) 4日,以现金支付本月1日、3日两次送货发生的运杂费200元,增值税额20元。

(4) 8日,签发8 190元转账支票,支付盛昌食品厂月饼馅料的加工费7 000元,增值税额1 120元。

(5) 10日,2 500千克月饼馅料加工完毕,退回多余赤豆50千克、糖20千克、杏仁5千克,已验收入库。

(6) 11日,以现金支付运回月饼馅料的车费200元,增值税额20元,2 500千克月饼馅料也已验收入库。

要求:根据以上资料,编制会计分录。

2. 华运饭店9月上旬发生下列有关的经济业务:

(1) 1日,收款台转来销货日报表(见表3-13)和收款日报表(见表3-14)。并交来销货现金12 588元,转账支票2 196元,信用卡签购单3 800元。信用卡手续费率为9‰,短缺现金5元,原因待查。

表3-13　　　　　　　　　　　　　　销售日报表　　　　　　　　　　　　单位:元

项目	金额	金卡优惠	应收金额
菜肴	14 780	325	14 455
点心	1 310	36	1 274
饮料	2 860		2 860
合计	18 950	361	18 589

表 3-14 　　　　　　　　　　　　收款日报表　　　　　　　　　　　　单位:元

收款方式	应收金额	实收金额	溢缺款
现金	12 593	12 588	−5
转账支票	2 196	2 196	
信用卡	3 800	3 800	
合计	18 589	18 584	−5

(2) 1 日,将销货金额解存银行。

(3) 2 日,查明 1 日营业短缺款系收款员工作中差错所造成,报经批准,由企业列支。

(4) 3 日,顾客李安先生前来预订酒席 5 桌,每桌 2 000 元,预收定金 1 000 元。李安先生以信用卡支付,信用卡手续费率为 9‰。

(5) 4 日,东风公司预订 2 月 6 日酒席 2 桌,每桌 1 600 元,预收定金 3 200 元。东风公司以现金支付。

(6) 5 日,李安先生酒席开席,除酒席每桌 2 000 元外,另加烟、酒、饮料计 1 400 元,扣除预收定金 1 000 元后,其余款项李安先生以信用卡支付,信用卡手续费率为 9‰。

(7) 6 日上午,业务部门接到东风公司通知,预定酒席因故取消。因客户违约将向客户预收定金转为企业收入入账。

要求:根据以上资料,编制会计分录。

第4章 饭店经营业务的核算

内容提要

本章主要讲解了饭店业务活动的特点,饭店营业收款的组织形式(包括一次性结账和零星结账),饭店会计核算的内容。饭店营业收入的内容(包括客房收入、餐饮收入、销售商品收入以及其他收入),饭店的成本核算。主要讲解饭店客房收入的业务程序及账务处理(包括应收制、预收制和现收制三种核算方法)。

重点难点

本章重点为客房收入的核算;难点为客房收入的账务处理。

学习目标

通过本章学习,学生应了解饭店业务活动的特点,饭店营业收款的组织形式,饭店会计核算的内容,饭店营业收入的内容;应掌握客房收入的账务处理,包括应收制、预收制和现收制三种核算方法。

知识框架

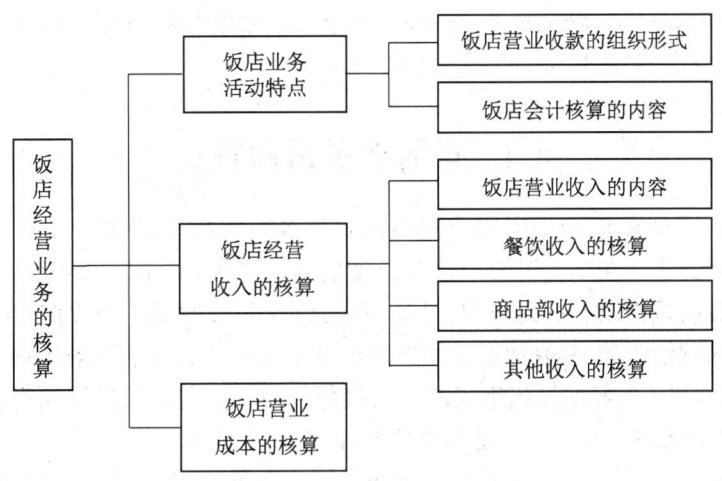

引入案例　2017年郑州市酒店会议收入稳步增长
全年总收入 25 797 多万元

目前,社会文明进步越快,人们对物质、文化交流需求越来越大,中国酒店会议产业显示出较快的发展势头,会议产业已经发展成为拉动城市经济增长、促进社会发展的新亮点。近几年,郑州经济迅速发展,已成为全国、全省政治、经济、文化、科技交流中心,越来越多的大型会议在郑州举行。据郑州市会展办对全市十区内部分限额以上住宿法人企业监测数据显示,2017年郑州市会议举办情况总体良好,会议总收入呈增长态势,会议总数量平稳增加。

按会议数量和类型来分,2017年全年举办会议6 278场次。

会议收入分为场地、住宿和餐饮收入。通常一个会议的这三项收入能够占到会议总收入的80%甚至更高。2017年全年总收入是25 797.35万元,其中全年场地收入是6 457.75万元,住宿收入是8 897.32万元,餐饮收入是9 633.22万元,2017年这三项收入占到总收入的96.86%,其中收入较大的餐饮收入占总收入的37.3%。

位置分布和基础设施决定了郑州市的酒店是河南省酒店产业发展最快的城市。一般会议酒店会选择能够承受规模较大、功能化强、服务品质高的星级酒店,郑州市四星级以上的酒店有20多家,同时郑州是中国中部地区重要的中心城市、国家重要的综合交通枢纽、河南的政治经济文化中心,全省重要性商务、政务等会议一般都会选择在此地召开。

会议时长最长和人数最多的会议分布在第四季度,其次为第二季度。由此看出,大多数的会议都会出现在年中和年末这两个时期,这个时间正是各个单位企业进行总结交流的关键时间,这应该是决定会议淡旺季的首要因素。

在经济转型产业调整的大背景下,第三产业在GDP中占有最大比例,会议产业作为一个新兴产业,也属于第三产业的范畴,需要长足的发展,同时会议酒店产业由于其投资成本高,经营风险大等特点,是一个较为脆弱的行业。从调查来看,商务会议占全年会议的82.4%,市场经济的发展对于这一产业的发展有着重要的影响。目前从宏观经济来看,经济增长持续放缓,对我国会议产业也产生了一定的影响。

业内人士认为,随着郑州这几年经济飞速发展,酒店的进一步建成投产和星级评定步伐的加快,管理与服务化水平不断提高,郑州市的接待能力也在进一步增长,同时随着会业的不断发展,酒店会议和会展的合作关系也越来越紧密,在双方达到共赢的同时,势必带来一定的经济收入。长期来看,酒店会议产业所带来的经济收入将会进一步增长,会议召开的总数量也会逐步增加。

那么,酒店的收入都包括哪些内容呢。通过本章的学习,大家将了解到酒店业务的特点、饭店收入的内容以及饭店收入核算等相关内容。

4.1 饭店业务活动特点

饭店(hotel)一词来源于法语,原指接待贵宾的乡间别墅,后来被欧美国家沿用,表示提供食宿的商业性设施。在中文里表示食宿设施的名词很多,如旅馆、宾馆、饭店、酒店等,它们可以通用。饭店是指以有形的空间、设备、产品以及无形的服务为凭借,在旅游消费服务领域从事生产和营销活动,具有法定独立性的经济实体。作为饭店一般应该具备以下条件:① 它是由建筑物和装备好的设施组成的专门接待场所;② 它必须提供住宿、餐饮和其他服务;③ 它的服务对象是公众;④ 它是商业性的,以营利为目的。

饭店是为客人提供住宿、餐饮等服务活动的综合企业,随着我国经济的繁荣及旅游事业的发展,更多的国内和境外客人或因经商,或因参加会议,或因旅游度假等光顾饭店,使饭店成为人们下榻、工作、学习、信息交流以及进行社交活动和娱乐健身的理想场所。它对创造旅游收入、提供就业机会、促进社会消费方式和消费结构的发展和变化、带动其他行业发展和社会经济发展都具有积极作用。

为充分发挥饭店住宿、餐饮、通讯、商务、娱乐以及购物等多功能为一体的综合服务作用,应加强饭店的经营管理。正确组织饭店会计核算,是搞好饭店经营管理的重要一环。

4.1.1 饭店营业收款的组织形式

饭店营业收入复杂多样,收入系统环节较多。为了保证收入的实现,一般都设有前台结账处和餐厅结账处等,负责记录、收取饭店所有的营业收入。同时针对饭店营业收入取得情况(一方面来自住店客人;另一方面来自非住店客人)。饭店营业收款的组织形式主要采取"一次性结账"和"零星结账"两种形式。

1. 一次性结账

一次性结账也称集中结账,是指对客人入住饭店期间的住宿餐饮及其他项目的消费均先采用记账形式,待宾客离店时最后一次结算。在这种收款组织方式下,饭店各营业部门需设置专职收款员。宾客在各营业点消费时,需向专职收款员出具饭店签发的住房卡,并对消费单据进行确认,而后由收款员送交总服务台结账处,由该处结账员将这些费用记录在客人的总账单上,并将各营业点转来的客人签单插入该客人的账夹内作为附件。一次性结账方式既适应宾客的消费心理,又有利于饭店扩大销售,提高营业效率。但需要加强各营业点收款员传递账单的管理,以防出现跑账、漏账。

2. 零星结账

零星结账亦称分散结账,在这种收款组织形式下,总服务台结账处只负责在宾客离店时结算其房费部分,而住店期间的其他消费,都在宾客消费时当场由各营业点结账。采用这种方式,各营业点需分别设立收款员,负责本部门的账务处理及现金出纳。

零星结账方式核算手续严谨,也便于部门经济核算;但收费分散、手续繁琐、不方便宾客消费。

4.1.2 饭店会计核算的内容

饭店会计核算的内容如表 4-1 所示。

表 4-1　　　　　　　　　　　　　饭店会计核算的内容

收入的核算	营业收入较为复杂,客房营业日报表反映的收入项目较多,一般包括房价、加床、洗衣、电话、食品、饮料、餐费和赔偿等
成本的核算	饮食制品和吧台都要核算营业成本
费用的核算	费用包括销售费用、管理费用和财务费用
	销售部门从经理到服务员的工资分别列入各个部门的销售费用;行政后勤部门从总经理到工作人员的工资列入管理费用
	电费、燃料费如果没有分部门计量的仪表,一般按各自占用经营场地面积的大小进行分配

（续表）

费用的核算	固定资产巨额投资的折旧费,可以按各部门实际占用量分配,如果无法分清占用量,则列入管理费用核算
	装修费用不但数额巨大,而且翻新间隔期较短,一般在 3 年左右就要大范围地重新装修一次。装修费用可以分月预提;如果没有预提,大额装修费用发生时,则记入"长期待摊费用"账户分期摊销
	客房的布草即床上用品等布件,由于存量应达实际用量的 2~3 倍,数量、金额很大,而且洗涤频繁,容易损耗,约 3 年左右就要大量更新一次。大批量购进时记入"长期待摊费用"账户
	服装费是较大的一项开支,由于购进时就能分清领用部门和着装对象,所以可以分别列入有关部门的费用。大批量购进时,记入"长期待摊费用"账户
	绿化费是必不可少的支出。规模大的饭店拥有大面积的树木花草场地,配有专门人员养护,费用较大;规模小的酒店也要购买或租用一定数量的花卉盆景,开支略小。绿化费按实际支出列入管理费用核算
	财务费用核算与其他行业相同,无贷款利息支出的企业,发生的存款利息收入在"财务费用"账户贷方反映,月末结转"本年利润"账户
税金的核算	主营业务要缴增值税,涉及不同的税率,纳税操作和核算都比较简单;其他涉及的税种和税率较多
	纳税方式:一种是分月预缴,查账征收,到年终按照查账核实的税额进行多退少补;另一种是酒店无论盈亏,均按照规定的所得税额进行逐月缴纳
应收账款和预收账款的核算	客人有"先付款后住店"和"先住店后付款",每天发生的各项收入都应该通过"应收账款"和"预收账款"账户进行核算
	"应收账款"中的累计发生额反映了酒店已经实现的全部收入;"预收账款"中的累计发生额反映了酒店已经收到的所有货币资金
	客房的"应收账款"和"预收账款"两个账户,分别记录应收和已收金额。"应收账款"和"预收账款"两个二级账户在年度内一直分别累计,年终相互冲减,冲减后的借方或贷方余额保留在"应收账款"或"预收账款"账户中,并结转下年
	客房收入可以根据"应收账款"和"预收账款"两个账户的动态进行考查和监控
多种核算方法	要对不同的经营项目采用不同的核算方法

4.2 | 饭店经营收入的核算

4.2.1 饭店营业收入的内容

饭店营业收入是指饭店各营业部门在经营中所取得的各项收入。在成本费用既定情况下,营业收入的大小决定了饭店的盈利水平,因此,营业收入也就成为饭店核算与管理的重要内容之一。饭店营业收入主要包括:

（1）客房收入，是指饭店为宾客提供住宿环境和服务性劳务后，向其收取的货币收入。

（2）餐饮收入，是指饭店为宾客提供饮食、酒席、宴会等服务而取得的货币收入。

（3）销售商品收入，是指饭店附设零售商场、购物中心、商品部等部门因销售商品等而取得的货币收入。

（4）其他收入，是指饭店除上述收入外而取得的货币收入，主要包括：游乐或健身服务收入、商务中心服务收入、租金收入、美容美发收入、电话费收入、游戏机收入、俱乐部收入、保龄球收入、洗衣收入、车队收入、手续费收入、会议室出租收入等。

4.2.2 客房收入的核算

1. 客房业务的特点

客房是宾客入住饭店后由企业进行综合服务的主要场所，其服务活动构成饭店整体活动的中心和枢纽。客房收入要占饭店总收入一半以上，同时，客房出租可以带动或增加其他经济收入，因为客人入住后要吃饭、娱乐、洗衣、订票等。因此，客房收入的管理和质量控制，直接影响着饭店总体经济效益。

客房业务具有三个特点：第一，客房是一种特殊的商品，不出售所有权，只出售使用权，即将同一件产品的使用权在不同时期内反复销售，客人买到的仅是某一时期的使用客房的住宿权。客房可以出租但不能储存，如在规定时间内不出租，其效用就自然消失，销售就无法实现。第二，由于客房出租率的高低主要受到旅游季节变换的影响，旅游旺季，客房供不应求，而旅游淡季，客房供过于求，从而使客房的出租价格有很大的弹性。第三，客房业务的服务过程和消费过程在时间上和空间上都是同一的。

2. 客房收入的核算

客房收入是指饭店向宾客提供房间住宿及相应的服务而取得的营业收入。企业应当按照权责发生制的要求来确认收入。凡归属于本期的收入，不论其是否收到现金，均作为本期的收入入账；反之，凡不归属于本期的收入和费用，即使已经收到现金，也不能作为本期的收入入账。饭店应以宾客办妥入住房间登记手续，即客房出租的时间，作为客房业务收入实现的时间。

客房出租的价格有标准房价、旺季价、淡季价、团队价、合同价、优惠价等多种，而标准房价和实际出租房价是旅店业的两种主要价格。

标准房价是指饭店价目表上公开列示的客房价格。这一价格通常是饭店给予零星旅客的房价。团队价通常在标准房价的基础上给予一定的折扣优惠。

实际出租房价是指饭店实际向宾客收取的客房价格。饭店对于不同时期，不同宾客实际收取的房价，是以标准房价为基础，随着供求关系的变化，在规定的幅度内上下浮动。

客房租金收入通常按天数分时段计算，自宾客入住客房之日起，至次日中午12时止，收取1天租金；至次日中午12时以后，傍晚6时以前止，加收半天租金；至次日傍晚6时以后，则加收1天租金。

在饭店，客人的接纳、安排食宿以及处理客人账务由总服务台负责办理。零散宾客入住饭店，通过总服务台服务员负责接待并先由客人填写"客人临时住宿登记表"，如表4-2所示。

表 4-2　　　　　　　　　　客人临时住宿登记表

REGISTRATION FORM OF TEMPORARY RESIDENCE FOR VISITORS

用正楷字填写(IN BLOCK LETTERS)

日期(DAILY RATE)：

房号：

姓名： FIRST NAME： SURNAME： MIDDLE NAME：	出生日期： DATE OF BIRTH：	性别： SEX：	国籍或籍贯： NATIONALITY：
入住日期： DATE OF ARRIVAL：	退房日期： DATE OF DEPARTURE：		公司名称： COMPANY NAME：

住址：HOME ADDRESS：

PLEASE NOTE： 1. CHECK OUT TIME IS 12：00 NOON. 2. VISITORS ARE REQUESTED TO LEAVE GUEST ROOMS BY 11：00 PM. 3. ROOM RATE NOT INCLUDING BEVERAGE IN YOUR ROOM.	离店时我的账目结算将由： ON CHECKING OUT MY ACCOUNT WILL BE SETTLED BY： □CASH　　　　　□T/A VOUCHER □CREDIT CARD　□COMPANY GUEST SIGNATURE：_____

以下由服务员填写 FOR CLERK USE

护照或证件名称：	号码：	签证种类：	签证号码：	签证有效期：
签证签发机关：	入境日期：	口岸：	接待单位：	

备注：REMARKS：

值班服务员签名：

CLERK SIGNATURE：

　　办妥住宿手续后,服务员当即开出一份账单(即为客人入住饭店后开立的赊欠明细账)交给服务台结账组(处),账单内容如表 4-3 所示。

　　结账组需将账单按宾客房号顺序排列在账夹内,并对客人入住期间发生的各项费用及时记入该账单内。在办妥住店手续后,总服务台为客人签发本店住房卡,宾客在饭店各营业点(通常不包括商品部)可凭其签单消费。

　　客人住店期间的消费账款,在有些饭店是在客人预订房间或在住店登记时就已付账;有些饭店则要求客人对其入住期间的每项服务直接支付现款;也有的是由旅行社或某代理人提前代为付账;但多数饭店均采用一次性结账。

表 4-3
账　单

房号		抵店日期		人数		备注
房租		离店日期		付款方式		

姓名
地址
公司名称

项目					
昨日余额					
房租					
饮食					
洗衣					
电话					
其他					
合计					
贷方	现金				
	转账				
余额					

付款单位：　　　　　　　　　　　　　　　　　　　地址：
客人姓名：

对于团体客人或零星已预订客房的散客在其到达饭店之前,由饭店营业部门按照旅行社等单位事先下达的接待计划开出"接待通知单"(见表 4-4),送交总服务台、餐饮部、客房部、财务部的前台结账组,做好接待准备。总服务台服务员按照"接待通知单"上的具体要求,按到达日期顺序安排房间,同时为客人开设账单并送交前台结账处。

表 4-4
接 待 通 知 单
年　月　日

团(姓)名						编号	
抵　离 时间、地点	月　日　时　分乘　　抵					付款 方式	
	月　日　时　分乘　　离						
人数	客人		陪同		全陪姓名		
	计　　人		计　　人		地陪姓名		
双床间				膳食	餐别		
大床间					标准		
套间					其他		
房内布置	月　日　时　分共　桌计　人,标准　元/人(含、不含)						
房费						地点：	

每日结账组根据各营业点报来的经客人签字的账单,记入该客人总账单。实行一次性结账的饭店,客人住店期间可享受短期信用,其所欠款在离店时一起结算。当宾客准备离店要求结账时,服务台结账组取出客人总账单及所附其他账单进行认真复核并和各有关部门(如客房、餐厅、商品部、游娱中心等)取得联系,检查各种账单是否均已送到。核对无误后,计算出客人在饭店期间的消费总额并请客人签字付账,收回住房卡。

3. 客房收入的账务处理

客房收入按其来源不同可分为:① 长住客人收入(即客房为宾客提供住宿期超过半年而取得的收入);② 团队收入;③ 散客收入;④ 其他收入等。客房经营收入的账务处理方法依房费收款方式不同而有所区别。各类客房营业收款主要有以下方式:

(1) 应收制。应收制即先住宿,后付款。客人进住饭店投宿时,先不支付房费,待饭店为客人提供服务后,定期(如预订住店时间)或离店时一次性向客人结清账款。采用这种方式,每日根据总服务台结账组编制的"客房营业日报表"如表4-5所示,按实际应收客房租金记入营业收入账户,借记"应收账款——客欠"账户,贷记"主营业务收入——客房收入"账户。待实际结算房费时,核销应收账款,编制借记"银行存款"账户,贷记"应收账款——客欠"账户的会计分录。

【例4-1】 琴岛饭店财务部5月5日收到服务台结账组转来的"客房营业日报表"如表5-5所示。

表4-5

客房营业日报表

2×19年5月5日　　　　　　　　　　　　　　　　金额单位:元

	主营业务收入				结欠房金	
	单人间	标准间	套间	合计		
房金	2 700	11 250	3 600	17 550	上日结欠	43 220
饮料	70	350	180	600	本日应收	18 600
食品	60	270	120	450	本日交付	18 810
其他					其中:现金	11 810
					信用卡签购单	4 000
合计	2 830	11 870	3 900	18 600	支票	3 000
出租客房间数:72 间					本日结欠	43 010
空置客房间数:6 间						

收款人:　　　　　　　　　　交款人:　　　　　　　　　　制表:

① 根据"客房营业日报表"中"主营业务收入"栏的数额,编制如下会计分录:

借:应收账款　　　　　　　　　　　　　　　　　　　　　　　　　　18 600
　　贷:主营业务收入——房金　　　　　　　　　　　　　　　　　　　17 550
　　　　　　　　　　——饮料　　　　　　　　　　　　　　　　　　　600
　　　　　　　　　　——食品　　　　　　　　　　　　　　　　　　　450

② 信用卡结算手续费率为9‰,根据"客房营业日报表"结欠房金栏的"本日交付"中各项目的数额,编制如下会计分录:

借：库存现金　　　　　　　　　　　　　　　　　　　　　11 810
　　银行存款　　　　　　　　　　　　　　　　　　　　　 6 964
　　财务费用　　　　　　　　　　　　　　　　　　　　　　　 36
　　贷：应收账款　　　　　　　　　　　　　　　　　　　　18 810

（2）预收制。预收制是为客人提供服务前，根据其拟住店日数并预收部分或全部房费，财务部门根据结账组报来的客房营业日报表及有关凭证，按预收金额和银行进账回单等，编制借记"库存现金"或"银行存款"账户，贷记"预收账款"或"应收账款"账户的会计分录；根据日报表中属于客人每日应付房费部分列作当日营业收入并核销预收款，编制借记"预收账款"或"应收账款"账户，贷记"主营业务收入"账户的会计分录。若客人已住满预订天数尚不离店时，应由其续付房费。

【例 4-2】　琴岛饭店的客房收入采用先收款后住店的核算方式，2×19 年 5 月 10 日财会部门收到前台交来"客房营业日报表"及现金等有关结算单据，如表 4-6 所示。

表 4-6

客房营业日报表

2×19 年 5 月 10 日　　　　　　　　　　　　　　　金额单位：元

	主营业务收入				预收房金	
	单人间	标准间	套间	合计		
房金	5 400	18 600	9 000	33 000	上日结存	78 000
饮料	108	276	66	450	本日应收	33 750
食品	72	174	54	300	本日交付	30 600
其他					其中：现金	24 600
合计	5 580	19 050	9 120	33 750	信用卡签购单	6 000
出租客房间数：45 间 空置客房间数：5 间					支票 本日结存	74 850

收款人：　　　　　　　　交款人：　　　　　　　　制表：

① 根据"客房营业日报表"中"主营业务收入"栏的数额，编制如下会计分录：

借：预收账款　　　　　　　　　　　　　　　　　　　　　33 750
　　贷：主营业务收入——房金　　　　　　　　　　　　　33 000
　　　　　　　　　　——饮料　　　　　　　　　　　　　　 450
　　　　　　　　　　——食品　　　　　　　　　　　　　　 300

② 信用卡结算手续费率为 9‰，根据"客房营业日报表"预收房金栏的"本日交付"中各项目的数额，编制如下会计分录：

借：库存现金　　　　　　　　　　　　　　　　　　　　　24 600
　　银行存款　　　　　　　　　　　　　　　　　　　　　 5 946
　　财务费用　　　　　　　　　　　　　　　　　　　　　　　 54
　　贷：预收账款　　　　　　　　　　　　　　　　　　　　30 600

上述两种方法手续繁琐，但能合理准确地反映当日（期）饭店的经营成果。

(3)现收制。现收制是指向客人提供服务的同时收取房费,以实际收到现款作营业收入处理。财会部门根据总服务台结账组转来的"客房营业日报表"(见表4-7)及现款作为饭店当日客房收入,编制借记"库存现金"或"银行存款"账户,贷记"主营业务收入"账户的会计分录。

注意:客房营业日报表,是根据当天已结算离店宾客的账单各项目汇总编制。预收房金(称"押金")全部留存前台,不交财务部门。每天缴交财务部门的现金仅为当天已收离店宾客的现金总额。这种方法核算手续简单,但不能合理准确地反映饭店当期的财务状况及经营成果。

【例4-3】 2×19年10月3日,琴岛饭店财会部门收到前台交来"客房营业日报表"及现金等有关结算单据,如表4-7所示。

表4-7

客房营业日报表

2×19年10月3日

今日应收		结算	
项目	金额	项目	金额
房金	6 880	收入现金	6 560
加床	200	挂账	880
酒水食品	100	合计	7 440
电话	80	挂账客户	
餐费	300	单位或姓名	金额
洗衣	50	兴中科技公司	560
赔偿	30	刘兴华	320
合计	7 440		

客房部主管: 制表:

财务部门编制会计分录如下:

① 确认收入:

借:库存现金　　　　　　　　　　　　　　　6 560
　　应收账款——兴中公司　　　　　　　　　　560
　　　　　　——刘兴华　　　　　　　　　　　320
　　销售费用——电话费　　　　　　　　　　　80
　　　　　　——洗涤费　　　　　　　　　　　50
　　　　　　——物料消耗　　　　　　　　　　30
　　贷:主营业务收入——房金　　　　　　　　6 880
　　　　　　　　　　——酒水等　　　　　　　100
　　　其他应收款——客房　　　　　　　　　　300

注意:"销售费用"有3个红字。其中:电话费80元,是收回已付电话费的一部分;洗涤费50元,是收回送洗染店代宾客洗衣的洗涤费;物料消耗30元,是收回被损坏,需要更新的物品价值。

② 收回挂账现金时：

借：库存现金	880
贷：应收账款——兴中公司	560
——刘兴华	320

③ 月末结转酒水、食品等销售成本 80 元：

借：主营业务成本——酒水等	80
贷：库存商品——客房吧台	80

4.2.3 餐饮收入的核算

详见第 3 章饮食经营业务第四节饮食制品销售的核算，不再阐述。

4.2.4 商品部收入的核算

商品部收入是指饭店为方便入住客人购物需要，在店内附设综合商场、购物中心以及商品服务部，为客人和社会提供旅游商品、食品、饮料以及其他商品所取得的货币收入。详见第 6 章，不再阐述。

4.2.5 其他收入的核算

饭店除提供住宿、餐饮、购物等服务外，一般还会提供美容美发、健身娱乐、车队服务、小酒吧、洗衣以及商务活动等服务。这些业务活动虽然不是饭店主要活动，其收入也不是饭店的主要收入来源，但它们又是饭店必不可少的服务项目，加强这些服务项目的核算也具有重要的意义。

1. 商务中心收入的核算

商务中心的服务项目通常包括：复印、打字、电传、传真、翻译、会议记录、代办邮件、会议室出租、电脑出租、代订机(车船)票等。另外，有些高级酒店的商务中心还能提供秘书、托运、商业信息查询、文件整理及装订、安排会晤等。商务中心一般不收取现金，不开具发票，商务中心为顾客提供完服务之后，通常引领客人到前台收银员处交现金开具发票。如果住店宾客进行签单，挂入房账，商务中心则应向前台确认，并请客人出示房卡，予以记账。财会部门根据商务中心交来的"商务中心营业收入日报表"入账，编制借记"库存现金""应收账款"等账户，贷记"主营业务收入"账户的会计分录。

【例 4-4】 2×19 年 10 月 5 日，琴岛饭店财务部收到商务中心转来的当日"客房营业日报表"，其营业情况如下：

传真服务收入	20 分钟	每分钟收费 20 元	计 400 元现金
复印服务收入	80 页	每页 0.5 元	计 40 元现金
打字服务收入	20 页	每页 3 元	计 60 元记账
合计			500(元)

根据"客房营业日报表"等凭证,财务部应编制如下会计分录:

借:库存现金　　　　　　　　　　　　　　　　　　440
　　应收账款——客欠　　　　　　　　　　　　　　60
　　贷:主营业务收入——商务中心收入　　　　　　　　　500

2. 洗衣收入的核算

在饭店、宾馆开设洗衣房(厂)为顾客洗涤衣物是饭店、宾馆和旅店等企业一项重要的服务内容。洗涤方式包括干洗、湿洗、烫洗等,洗涤物品不仅包括住店客人的床单(罩)、沙发套、大小桌布、衣物等和内部服务人员工作服,也包括附近居民的衣物。

收到顾客送来的洗涤衣物时,先由本人填制"洗衣单"列明洗衣的种类、单价、数量,由服务员送交洗衣房(厂)。住店客人也可填写"洗衣单"放进客房的洗衣袋,由客房服务员通知洗涤部门收取。

洗涤业务收款分为记账和现款结算两种方式。住店客人洗衣费可先记账,财会部门根据服务台转来"营业日报表"和"记账单"等凭证,按洗衣收入借记"应收账款"账户,贷记"主营业务收入"账户;客人离店结算时,一次结清。为外单位和居民洗涤收入可采取:① 收进洗涤衣服的同时,向顾客收取费用,财会部门根据"客房营业日报表"和现款数额,借记"库存现金""银行存款"账户,贷记"主营业务收入"账户;② 取衣物时收款。顾客送来洗涤衣物时,不收款,待客人取走衣物时再收取费用,其账务处理方法与①相同。

【例 4-5】 2×19 年 11 月 1 日.琴岛饭店"客房营业日报表"列明当日洗衣营业额为 678元,其中收入现金为 420 元,其余为住店客人记账的洗衣费用。财会部门根据有关凭证,编制如下会计分录:

借:库存现金　　　　　　　　　　　　　　　　　　420
　　应收账款——客欠　　　　　　　　　　　　　　258
　　贷:主营业务收入——洗涤收入　　　　　　　　　　678

客人离店结算洗衣费时,应编制如下会计分录:

借:库存现金　　　　　　　　　　　　　　　　　　258
　　贷:应收账款　　　　　　　　　　　　　　　　　258

3. 蒸气浴收入的核算

蒸气浴是饭店为顾客提供的服务项目,一般具有浴池、淋浴和蒸气浴,同时伴有助浴、按摩、修脚、踩背、推拿等保健服务。从顾客获得的蒸气浴收入要在服务技师人员与酒店之间进行分成,其比例经双方认定后签订合同据以执行。因此,饭店获得蒸气浴收入的资金,不能全部确认其收入,属于应付服务技师人员报酬部分,要确认负债,待与服务技师每月末或数日结算时,再转销负债。加强对蒸气浴营业收入的监控是蒸气浴收入核算的重要环节。为此,需要对每一顾客账单进行管理。空白账单,每天一个序号,由财务部门掌握,每天领用办签收手续。当天所领空白账单如未用完,全部交还财务部门销号。已与顾客结算收款的账单附营业日报表交财务部门审核入账。每日营业结束,蒸气浴管理人员要根据当日业务情况,编制"蒸气浴营业日报表"(见表 4-8),财务部门根据该表确认当日的营业收入。

【例 4-6】 琴岛宾馆桑拿室 2×19 年 8 月 10 日营业情况如表 4-8 所示。

表 4-8   **蒸气浴营业日报表**

2×19 年 8 月 10 日

收入项目	计价单位	单价	收入合计		其中		分成比例	备注
			服务量	金额	酒店收入	服务收入		
蒸气浴	人次	50	120	6 000	6 000			收入全部为现金
助浴	人次	30	10	300	150	150	5：5	
按摩	个钟	100	50	5 000	2 000	3 000	4：6	
修脚	人次	30	10	300	120	180	4：6	
推拿	人次	20	20	400	200	200	5：5	
踩背	人次	15	24	360	180	180	5：5	
酒水				2 400	2 400			
合计				14 760	11 050	3 710		

财务部门根据"蒸气浴营业日报表"编制如下会计分录：

确认蒸气浴收入和应付分成收入：

借：库存现金   14 760

    贷：主营业务收入——蒸气浴   6 000

              ——酒水   2 400

              ——其他   2 650

    其他应付款——应付服务分成   3 710

支付服务收入分成时：

借：其他应付款——应付服务分成   3 710

    贷：库存现金   3 710

4. 游戏机收入的核算

电子游戏机收入是饭店为客人提供娱乐设施而取得的收入。与其他营业收入相比,电子游戏机收入主要是通过金属币的售出来完成的。因此,游戏机金属币要由专人管理,建立严格的收发制度。游戏机币箱的钥匙要由稽核人员或者专人控制。金属币管理人员和稽核人员每天都要清点游戏机箱内的金属币,核对卖出数(游戏机币箱内的总数)是否等于发出数(收银员领取数)与退回数(收银员退回数)的差,将卖出金属币的应收款与实际收到的金额核对相符后,并根据剩余的金属币填制"游戏机营业收入日报表",饭店财会部门根据该表进行收入的会计处理。

【例 4-7】 琴岛酒店发行铜质游戏币 2 000 枚,每枚定价 2 元,由财务部门出纳员保管。电子游戏厅收银员领取 1 000 枚作营业周转之用。营业两天后开启游戏机存币柜,经清点共收到游戏币 800 枚,上交财务部门。收银员用所收营业收入的现金 1 400 元向财务部门换回等值游戏币 700 枚。

编制会计分录如下：

发行游戏币 2 000 枚时：

| 借：其他应收款——库存游戏币 | 4 000 |
| 贷：其他应付款——发行游戏币 | 4 000 |

电子游戏厅收银员领取周转用游戏币时：

| 借：其他应收款——游戏币周转金 | 2 000 |
| 贷：其他应收款——库存游戏币 | 2 000 |

收到电子游戏厅缴交营业收入游戏币 800 枚时：

| 借：其他应收款——库存游戏币 | 1 600 |
| 贷：主营业务收入——电子游戏 | 1 600 |

收银员用现金兑换游戏币 700 枚时：

| 借：库存现金 | 1 400 |
| 贷：其他应收款——库存游戏币 | 1 400 |

5. 车队收入的核算

车队收入是饭店所属车队为接送宾客、提供交通工具和相关服务而取得的货币收入。它包括以下两种情况：第一种情况，客车由旅行团或会务组承包，为该团（或该会议）接送宾客、游览名胜古迹等提供服务。其营业收款通常是在旅游或会议结算收取。第二种情况，对店内或社会零散客人可设点购票乘车或乘车后收费。车队票款交纳办法，根据收款方式不同而有所区别：对于设点售票服务，一般是在营业终了由收款员根据售票收款情况，编制"客房营业日报表"连同收取的现款送交财会部门，据以进行账务处理。而对于乘车购票或到达目的地再收费，一般采取承包收入方式。其内容是以单车为核算对象，测定车辆每日的收入情况，确定一个承包数额。司机每日或定期按承包额缴收入。不论什么方式，饭店财会部门收到交来车队收入时，编制借记"库存现金""银行存款"账户，贷记"主营业务收入——车队收入"账户的会计分录。

6. 代订车船机票业务核算

代订车船、机票业务一般是由订票、取票、发票环节构成。订票时由旅客填写委托单，交付票款，企业指定专人负责该项业务。旅客交纳定金后，开具"订票收据"。征得交通部门同意订购若干张票时，由服务台经办人计算票款，向财会部门领出转账支票到交通部门取票，经办员取回票，向旅客收回"订票收据"加收手续费，多退少补，连同票证分发给顾客。代办业务取得手续费收入，记入"主营业务收入"账户。

7. 租金收入的核算

为扩大业务经营范围，方便顾客，企业有时为顾客提供办公场所公寓、小宴会厅、交通车辆服务等，以满足他们的需要。一些出租业务谈妥后，双方要签订合同并收取部分押金，待结清租金后予以退回。有些业务的租金是按出租次数计算，有的则以出租时间和租用面积计算。企业取得的租金收入记入"主营业务收入"或"其他业务收入"账户。

8. 美容美发收入的核算

美容美发收入主要是指脸部护理、纹眼线、修指甲、剪发、修面、烫发、焗油、按摩等项目的收入。具体详见第 5 章，不再阐述。

4.2.6 饭店经营业务收入的调整

饭店经营业务中企业"主营业务收入"账户平时反映的均是含税收入,月末需要进行调整,将含税收入中的销项税额分离出来,使"主营业务收入"账户反映企业真正的销售额,其调整的计算方法和核算方法与饮食经营业相同,不再重述。

4.3 饭店经营成本的核算

在饭店规模一定的情况下,减少成本支出是提高饭店盈利能力的关键所在。营业成本的高低直接影响酒店的经营好坏,也对饭店的竞争能力产生巨大的影响,它反映了饭店的经营管理水平。所以,强化饭店的成本核算和财务管理是提高饭店竞争力、实现饭店经营战略目标重要内容之一。

饭店营业成本是指饭店各部门经营中所发生的直接成本。

1. 客房业务成本

客房业务成本是指经营过程中发生的各项直接耗费。一般来说,客房业务成本包括迷你吧耗用的商品、洗衣房耗用的洗涤耗料及宾客直接使用的可计算的物料用品。客房其他日常开支,如房屋及有关设备的折旧费、低值易耗品摊销、部门经营人员工资、物料消耗费、水电费、办公费、差旅费和服装费等,不能直接归属于某个特定对象成本的费用,应计入客房销售费用,详见第7章,不再阐述。

2. 饮食制品原材料成本

饮食原材料成本是指饭店制作餐饮产品所耗费的各种原材料、调料和配料的货币表现,又称餐饮成本。详见第3章,不再阐述。

3. 商品进价成本

商品进价成本是指饭店出售商品的进价成本。详见第6章,不再阐述。

4. 车队营业成本

车队营业成本是指饭店出租汽车在提供劳务过程中发生的实际成本,如司机工资、燃料费、折旧费等。

重 要 概 念

一次性结账　零星结账　应收制　预收制　现收制

本 章 练 习

一、单项选择题

1. 现收制是指饭店提供服务(　　　),向客人收取现金或银行支票(信用卡)的一种结算方式。

A. 以前

B. 后来

C. 当即

D. 提前

2. 当住店客人使用信用卡结算时,所支付的手续费应计入( )。

A. 管理费用

B. 销售费用

C. 财务费用

D. 期间费用

3. 根据企业会计准则,客房营业收入的入账时间是( )。

A. 预订时

B. 入住办妥入住手续时间

C. 住店时间随时结账

D. 离店结账时间

4. 商务中心、洗衣房、蒸气浴、游戏机业务不论采取哪种收款方式,财务部门都应于每日营业终了时,根据业务部门报送的"客房营业日报表"及收到的款项登记( )账户。

A. "应收账款"

B. "预收账款"

C. "主营业务收入"

D. "其他业务收入"

二、判断题

1. 搞好客房销售,保持良好的客房出租率,还能带动餐饮、购物、娱乐等一系列收入,对于提高饭店经济效益具有十分重要的意义。 ( )

2. 旅游饭店客房销售收入的入账时间按照收付实现制原则执行,即从客房入住时间起,就应开始计算营业收入。 ( )

3. 客房可以出租,但不能储存,如在规定的时间内不出租,其效用就自然消失,价值就无法收回,因此要加强客房业务的经营管理。 ( )

4. 客房出租的主要有标准房价、团队房价和实际出租房价。 ( )

5. 饭店的营业收入主要是指客房收入。 ( )

三、简答题

1. 客房经营业务有哪些特点?

2. 客房经营业务收款方式有哪几种? 它们各自是怎样核算的?

四、业务题

1. 琴岛宾馆2月上旬发生下列经济业务:

(1) 1日,收到105房客刘琦的预交房金1 200元。

(2) 2日,103房客王岩离店,除结清上月预交款1 000元外,补差交来现金200元,当场收讫。

(3) 6日,105房客刘琦离店,结清房金后,退还多余款项200元。

(4) 6日,203房客周兰荪来店预交房金1 000元。

(5) 8日,上月来店201客房王家伟前来结账,结清预交款2 000元后,补差交来现金500元。

(6) 10日,203房客周兰荪又预交房金500元。

要求:根据以上资料,编制会计分录。

2. 琴岛酒店实行先住店后结算方式,"客房营业日报表"资料如表4-9所示。

表4-9

客房营业日报表

2×19年5月3日   金额单位:元

	主营业务收入				结欠房金	
	单人间	标准间	套间	合计		
房金	2 500	11 750	4 000	18 250	上日结欠	95 780
饮料	60	420	160	640	本日应收	19 350
食品	50	330	80	460	本日交付	18 620
其他					其中:现金	12 620
合计	2 610	12 500	4 240	19 350	信用卡签购单	4 000
					支票	2 000
出租客房间数:72间 空置客房间数:6间					本日结欠	96 510

收款人: 交款人: 制表:

(1) 根据"客房营业日报表"中"营业收入"栏的数额入账。

(2) 信用卡结算手续费率为9‰,根据"客房营业日报表"中结欠房金栏的"本日交付"各项目的数额入账。

要求:根据以上资料,编制会计分录。

第5章 服务经营业务的核算

内容提要

本章主要讲解了服务经营业务的核算,包括广告经营业务的核算、美容美发经营业务的核算、照相经营业务的核算、娱乐经营业务的核算以及其他经营业务的核算。

重点难点

本章重点为广告经营业务的核算;难点为培训等其他经营业务的核算。

学习目标

通过本章的学习,学生应掌握服务经营业务的核算,其中涉及广告经营业务的核算、美容美发经营业务的核算、照相经营业务的核算、娱乐经营业务的核算以及其他经营业务的核算。明确经营业务收入以及成本核算的基本内容,如何进行会计处理,涉及哪些会计分录等。

知识框架

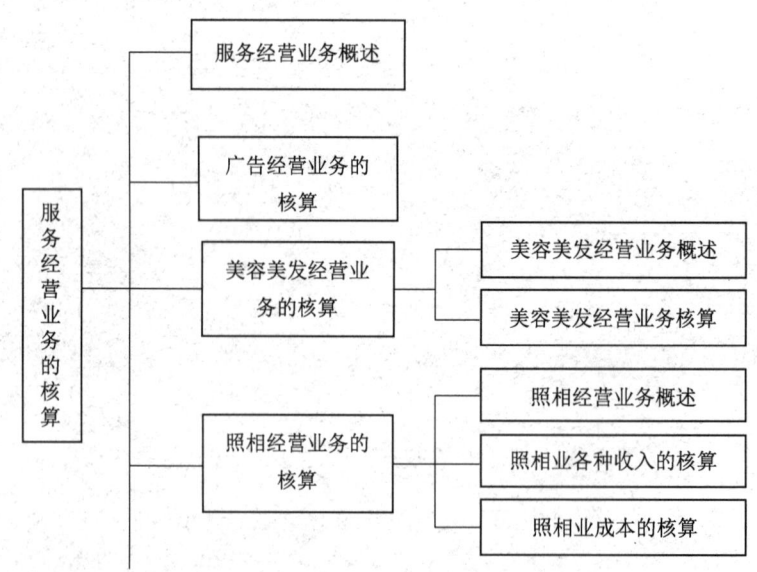

（续上）

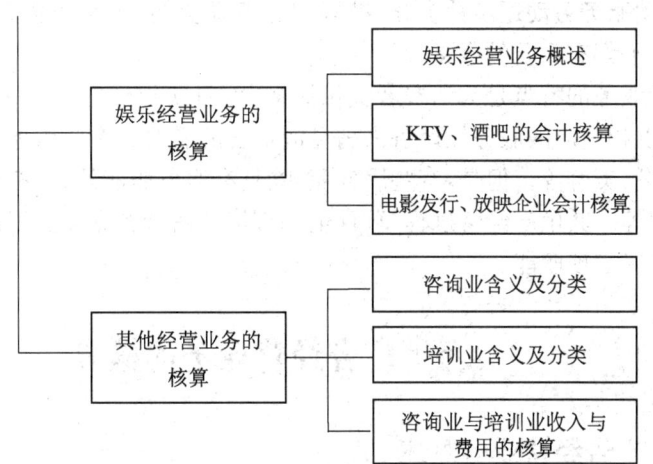

引入案例　迪士尼乐园

世界最大的传媒和娱乐巨头之一的迪士尼是一个魅力无穷的商业品牌。迪士尼品牌价值超过 600 亿美元，它的形象涉及影视、旅游、网络、服装、玩具等众多领域。而最具有代表性的迪士尼乐园更是深受全球孩子与成人的喜爱。迪士尼乐园含魔术王国、迪士尼影城和若干主题公园。它致力于提供高品质、高标准和高质量的娱乐业务，它的生命在于能否使游客欢乐。因此，给游客以欢乐是迪士尼乐园始终如一的经营理念和服务承诺。

迪士尼不仅是大人们娱乐休息的地方，更是儿童游乐的世界。景区里不仅有各种金鱼、火箭、大象等形状制作的游艺车，还有米老鼠通话世界的小房屋、小宫殿、小风车，这一切使孩子们产生了平时在学校里和城市生活中难易激发的美好神奇的幻想。乐园环形火车站台的工作人员整齐的着装，一丝不苟的认真作风都给孩子们留下深刻印象。

迪士尼致力于研究"游客学"，了解谁是游客、他们的需求是什么。在这一理念指导下，迪士尼站在游客的角度，审视自身每一项经营。为了准确把握游客需求动态，公司设立信息中心、信访部、工程部、财务部等部门。

信息中心存贮了大量关于游客需求和偏好的信息，具体有人口统计、当前市场策略评估、乐园引例分析、游客支付偏好、价格敏感分析和宏观经济走势等。其中，最重要的信息是游客离园进行的"价格、价值"随机调查。正如华特·迪士尼先生所强调的：游园时光绝不能虚度，游园必须物有所值，因为游客只愿为高质量的服务而付钱。

信访部每年要收到数以万计的游客来信，信访部的工作是尽快把信件送到责任人手中；此外，把游客意见每周汇总，及时报告管理层上层，保证顾客投诉得到及时处理。

工程部的责任是设计和开发新的游玩项目，并确保园区的技术服务质量。

那么，迪士尼乐园的财务部的职责是什么呢？它又是如何帮助迪士尼树立魅力无穷的商业品牌的呢？

5.1 | 服务经营业务概述

服务业与旅游业、饮食业同属于第三产业，是国民经济中不可缺少的一个行业，它一般是指利用一定的场所、设备和工具提供服务劳动的行业。它的经营方式多样，服务项目繁多,包括住宿、美容、沐浴、照相、洗染、娱乐和修理等。发展服务业对于满足人民群众日常的生活需要、推动家务劳动逐步社会化、减轻家庭劳动负担、丰富美化人民生活、扩大就业、提高人民生活水平都有重要的意义。

服务经营业务的特点是为消费者提供服务,而且所提供的往往是带有一定技艺的服务性劳动,并辅以相适应的服务性设备来满足消费者的需要。有些服务业,服务过程就是消费的过程,如美发、美容等。但是,有些服务业,除具有服务职能外,还有加工生产的职能,如广告、洗染、修理等。其生产经营过程短,且生产直接与消费者见面。因此,服务经营同时具有生产、服务、销售三项职能。

5.2 | 广告经营业务的核算

5.2.1 广告经营业务概述

在现代社会中,广告已经渗透到社会生活的各个方面,对整个社会生活产生越来越重要的影响。广告可以分为公益性广告和商业性广告。公益性广告是指不以营利为目的,而以促进社会经济发展和文化程度提高为目的的广告;商业性广告则相反,是指商品经营者或劳务提供者以付费的方式,通过一定的媒介和形式直接或者间接地介绍自己所要推销的商品或者所要提供的劳务。我们通常所说的广告一般指的是商业性广告。

广告经营业务涉及广告主、广告经营者和广告发布者三个方面。广告主是指为了推销商品或者提供服务,自行或者委托他人设计、制作、发布广告的法人、其他经济组织或者个人。广告经营者是指受委托提供广告设计、制作、代理服务的法人、其他经济组织或者个人。广告发布者是指为广告主或者广告主委托的广告经营者发布广告的法人或者其他经济组织。

5.2.2 广告的分类

广告按照其媒介不同可以分为如下几类:印刷媒介广告,包括报纸广告,杂志广告;电子媒介广告,包括电视广告,广播广告和电脑网络广告;户外广告,包括商品招牌广告,灯箱广告,电子屏幕广告,旗帜广告等;直邮广告,是指直接向受众即广告的接受者送达广告信息的广告形式,如订单产品目录,产品说明书,宣传画,宣传品等;售点广告,是指直接在有关销售点,采用商品陈列展示,预告等方式所发布的广告;特别广告,是指通过某些具有一定实用价值或保存价值的物品,如手提包,手提袋,挂历,台历,T恤衫等,来进行有关产品,劳务或观念的宣传。

5.2.3 广告公司的基本业务

从目前我国各广告公司的经营情况看,广告公司的经营业务主要包括如下几个方面。

1. 广告调查

广告调查是指广告公司接受广告主的委托,为掌握广告设计资料、检验广告效果等而对市场情况、消费者情况、产品情况、竞争者情况等方面所进行的调查。其包括市场调查(如消费者调查、产品调查、市场潜力调查),企业形象与舆论调查(如企业知名度调查、企业商誉调查），广告媒体调查（如报纸、杂志、广播、电视）等。

2. 广告策划

广告策划是指在广告调查的基础上通过分析研究，对广告整体活动或某一方面活动的预先设想和策划。

3. 广告设计

广告设计是指对广告活动本身的计划、设想以及把这种计划设想通过一定的手段加以视觉化的过程。广告设计的内容包括广告主题的设计、广告创意、广告文案、创作、广告形象设计等。

4. 广告制作

广告制作是指将广告设计的成果通过一定的工艺，制作成可以用于在相关媒体上发布的实物或图像等。比如，将设计成果制成可以在报纸上发表的照片，软件制作成可以在电视台播出的录像带，可以在广播电台播出的录音带等。

5. 广告发布

广告发布是指广告公司通过一定的媒介和手段，将已制作完成的广告发布出去，从而完成广告主（即广告客户）的委托。

5.2.4 广告公司会计核算的特点

广告公司会计核算的特点主要表现在如下几个方面。

1. 存货核算比较简单

广告公司作为一个服务性企业，其主要业务是向客户提供与广告业务有关的服务。与其他服务性企业相比，广告公司是一个知识技术密集型服务企业，它所提供的不是简单的、低智力的、低技术的服务，而是高度复杂的、需要很高的创造力的服务。对于广告公司而言，具有丰富的专业知识和高度创造力的人才是企业重要的资源。相反的，材料等存货在企业流动资产中比重较小，相应地其核算也比较简单，有些广告公司甚至不核算材料（纸张、胶片、胶卷、颜料），在购入时直接计入相应的成本费用。如果领用材料直接用于某一广告业务项目的调查、策划、设计、制作和发布等则可将领用材料的价值确认为营业成本；如果营业部门领用，但并不直接用于某一广告业务项目，或者无法分清用于各业务项目的具体数量，可将其确认为销售费用；如果管理部门领用则可确认为管理费用。

2. 固定资产的核算

作为技术密集型服务企业，先进的设备特别是现代化的计算机设备等，在广告公司的固定资产中占有很大的比重，这些设备的更新换代频繁，因而这些设备折旧期限较短，速度较快。相对而言，房屋等在固定资产中不占重要位置，大多数广告公司都租用营业用房和办公用房。

3. 预收账款和预付账款金额较大

在许多情况下，客户委托广告公司从事广告调查、广告策划、广告设计、广告制作、广告代理需要预付一部分费用，有的甚至预付全部费用，有些广告媒介，特别是大的电视台，报纸等，由于广告客源很多，而版面有限，广告公司要想在这些媒体上为客户发布广告，不仅费用较高，而且必须预付一部分甚至全部费用，因而预付账款在企业资产中也占有一定的比重。

4. 营业收入的核算有一定的特殊性

接受客户委托从事代理业务，并非只有广告公司。但是在大多数情况下，都是按取得的代理手续费收入确认营业收入。广告公司从事广告代理业务，应按客户支付的全部价款，包括应向广告发布者支付的广告发布费用，而不仅仅是广告公司实际取得的代理佣金来确认营业收入。

5. 成本、费用的核算也具有一定的特殊性

与营业收入的核算相适应，广告公司接受委托从事广告活动，其所发生的与该广告活动有关的各种支出，如广告的市场调查费用、广告的制作成本、支付给广告发布者的发布费用等，均应计入广告公司的营业成本，而除此之外的其他费用，则计入广告公司的期间费用。广告公司期间费用包括销售费用、管理费用和财务费用。如前所述，广告公司是一种知识技术密集型的服务性企业，因此人工费用在广告公司的期间费用特别是销售费用中占有较大比重。

5.2.5 广告经营业务收入的核算

1. 收入的分类

广告公司作为一个服务性企业，其主要业务是提供与广告活动有关的劳务，因而营业收入主要是劳务收入。当然，有时也会有一部分他人使用本企业资产实现的使用费收入、利息收入等。根据广告公司业务的性质不同，广告公司的营业收入可以分为如下几类：

（1）广告调查收入。广告调查收入是指广告公司接受广告客户的委托，从事广告的社会调查业务而向广告客户收取的价款。

（2）广告策划收入。广告策划收入是广告公司接受广告客户的委托，进行广告的策划活动而向广告客户收取的价款。

（3）广告设计收入。广告设计收入是广告公司接受广告客户的委托，进行广告的具体设计而向广告客户收取的价款。

（4）广告制作收入。广告制作收入是指广告公司接受广告客户的委托，进行广告的制作而由广告客户支付的价款。

（5）广告代理收入。广告代理收入是指广告公司接受广告客户的委托，从事广告发布的代理业务而应向广告客户收取的款项。

2. 营业收入的核算

广告公司应当设置"主营业务收入"账户，专门用来核算广告公司在经营过程中实现的各种营业收入。该账户贷方反映广告公司当期实现的营业收入，借方反映期末结转到"本年利润"账户的数额。结转后该账户无余额。为了详细反映广告公司各类业务活动的收入情况，应当在"主营业务收入"账户下按营业收入的具体类别设置二级账户或明细账户，如"市场调查收入""广告策划收入""广告设计收入""广告制作收入""广告代理收入"等，分别核算广告公司的各类业务收入的实现情况。

广告企业与广告主通过沟通，达成广告业务的初步意向后，广告企业向广告主交付设计初稿，报出简单预算，经双方协商达成一致后，再签订广告制作和发布合同。

在广告制作方面，广告企业先根据合同约定向广告主交付设计方案，报出广告制作预算，并预收一定比例的账款，借记"银行存款"账户，贷记"预收账款"账户；然后开始进行广告制作。广告制作完工,交付广告主验收合格后,确认广告经营业务收入的实现,届时填制专用发票,按已预收的款项,借记"预收账款"账户;按列明的价税合计与预收账款之间的差额,借记"应收账款"账户;按列明的销售金额,贷记"主营业务收入"账户;按列明的税额,贷记"应交税费"账户。

在广告发布方面,按合同约定的日期发布广告,收取广告发布款。月末确认收入时,填制专用发票,届时按列明的价税合计,借记"银行存款"或"应收账款"账户,按列明的销售金额,贷记"主营业务收入"账户,按列明的税额,贷记"应交税费"账户。

【例 5-1】 琴岛广告公司与金元电器公司签订合同,为其制作推销电器的灯箱广告 5 个,画面制作费用共计 10 000 元,广告的发布期为 1 年,自 2×19 年 1 月 1 日至 2×19 年 12 月 31 日。发布费用是 204 000 元,在每月发布后的月末结算。

(1) 2×18 年 11 月 01 日,预收为金元电器公司制作的电器灯箱广告画面款的 40%,当即收到转账支票 4 000 元,存入银行,编制分录如下:

借:银行存款　　　　　　　　　　　　　　　　　　　　　　　　4 000
　贷:预收账款——金元电器公司　　　　　　　　　　　　　　　　　4 000

(2) 2×19 年 12 月 01 日,电器灯箱广告的画面制作完毕,经金元电器公司验收合格,当即填制专用发票,开列销售金额 10 000 元,税额 600 元,予以入账,编制分录如下:

借:预收账款——金元电器公司　　　　　　　　　　　　　　　　　4 000
　应收账款——金元电器公司　　　　　　　　　　　　　　　　　　6 600
　贷:主营业务收入——广告制作收入　　　　　　　　　　　　　　　10 000
　　应交税费——应交增值税(销项税额)　　　　　　　　　　　　　　600

(3) 2×19 年 12 月 15 号,收到金元电器公司付来前欠电器广告画面制作账款 6 600 元的转账支票,存入银行,编制分录如下:

借:银行存款　　　　　　　　　　　　　　　　　　　　　　　　6 600
　贷:应收账款——金元电器公司　　　　　　　　　　　　　　　　　6 600

(4) 2×19 年 1 月 31 日,填制专用发票,开列金元电器公司本月份的广告发布费用 17 000 元,增值税额 1 020 元,当即收到转账支票,存入银行,编制分录如下:

借:银行存款　　　　　　　　　　　　　　　　　　　　　　　　18 020
　贷:主营业务收入——广告发布收入　　　　　　　　　　　　　　　17 000
　　应交税费——应交增值税(销项税额)　　　　　　　　　　　　　　1 020

5.2.6 广告经营业务成本的核算

1. 营业成本的分类

广告公司的营业成本,通常按照其业务种类,与营业收入的分类相对应,可以分为如下几类:

(1) 广告调查成本。广告调查成本是指广告公司接受委托从事广告调查业务所发生的各项直接支出,如调查表的印刷成本,支付有关调查机构的调查费用等。

(2) 广告策划成本。广告策划成本是指广告公司接受委托从事广告策划所发生的各种直接支出,如聘用专业人员的劳务报酬等。

(3) 广告设计成本。广告设计成本是指广告公司接受委托从事广告设计业务所发生的直接支出,如委托他人设计的设计费,设计过程中租用设备的租金,所耗费的材料支出等。

(4) 广告制作成本。广告制作成本是指广告公司接受委托从事广告制作业务所发生的各种直接支出,如委托其他单位进行制作而支付的制作费,本公司直接制作而发生的材料费,聘用人员劳务报酬支出,租用设备租金等。

(5) 广告代理成本。广告代理成本是指广告公司接受委托从事广告代理业务,而向广告发布者支付的广告发布费用。

(6) 广告发布成本。广告发布成本是指广告公司直接从事广告发布业务所发生的各项直接支出,如支付媒体的广告发布费用。

2. 营业成本的核算

广告公司应当设置"主营业务成本"账户,专门用来核算广告公司从事各项业务活动所发生的直接支出。该账户借方反映广告公司当期发生的各项营业成本,其贷方反映期末转入"本年利润"账户的营业成本,结转后本账户无余额。

为了详细地反映广告公司各项业务活动的成本,应在"主营业务成本"账户下根据业务的具体情况,设置"广告调查成本""广告策划成本""广告设计成本""广告制作成本""广告代理成本""广告发布成本"等二级账户,以具体反映各项业务的成本发生情况。

【例 5-2】 2×19 年 12 月 31 日,琴岛广告公司为金元电器公司制作电器广告画面,已安装完毕,共领用原材料 2 000 元,分配制作和安装人员的薪酬 4 000 元,发生费用 1 800 元,以银行存款支付,编制分录如下:

借:主营业务成本——广告制作成本   7 800
 贷:原材料   2 000
   应付职工薪酬   4 000
   银行存款   1 800

户外广告的发布成本有阵地费、框架制作费、户外广告登记费等。阵地费是指租用户外广告场地所发生的费用。

【例 5-3】 2×19 年,琴岛广告公司准备在国际帝都购物商场外墙设置 10 个灯箱广告。并向国际帝都购物商场管理公司租用设置灯箱广告场地,租期为 5 年,每年租用费 99 600 元,从 10 月 1 日起算,每个季度租用前预付。

(1) 9 月 1 日,向万辉公司定制灯箱广告框架 10 个,每只 9 000 元,共计金额 90 000 元,签发转账支票预付其 40% 的账款 36 000 元,编制分录如下:

借:预付账款——万辉公司   36 000
 贷:银行存款   36 000

(2) 9 月 30 日,签发转账支票支付给国际帝都购物商场管理公司第四季度租用设置灯箱广告场地费 24 900 元,增值税 1 494,编制分录如下:

借:待摊费用——国际帝都购物商场管理公司   24 900
 应交税费——应交增值税(进项税额)   1 494
 贷:银行存款   26 394

(3) 9 月 30 日,万辉公司制作的灯箱框架 10 个已竣工,验收使用,并收到万辉公司开来的增值税专用发票,列明金额 90 000 元,增值税额为 14 400 元,当即签发转账支票付清其余的账款,编制分录如下:

借:固定资产 90 000
　　应交税费——应交增值税(进项税额) 14 400
　　贷:预付账款——万辉公司 36 000
　　　　银行存款 68 400

(4) 9 月 30 日,签发转账支票支付广告管理部门户外登记费 3 000 元,编制分录如下:

借:主营业务成本——广告发布成本 3 000
　　贷:银行存款 3 000

(5) 10 月 31 日,灯箱广告框架预计使用 5 年,预计净残值为零,用直线法计提其折旧,并将租用的阵地费入账,编制分录如下:

借:主营业务成本——广告发布成本 9 800
　　贷:累计折旧 1 500
　　　　待摊费用 8 300

知识拓展5-1

如何认定广告发布成本?

如果一个广告企业接到了广告发布的业务,但是却没有适合广告主要求发布的阵地。届时,如果以广告主代理人的身份与拥有广告阵地的广告发布企业洽谈广告发布业务,洽谈成功后,请思考一下,代理广告企业支付给广告发布企业的发布费是否能成为广告发布成本。

5.3 | 美容美发经营业务的核算

5.3.1 美容美发经营业务概述

美容美发业是指为顾客进行推理、修剪、洗吹、烫发和制作各式新颖发型的行业。其业务经营范围包括男士理发(理、洗、刮、吹)、女式修剪(洗、剪、吹、梳)、烫发(电烫、化学冷烫)、染发与配制假发,美容修指甲等。

5.3.2 美容美发经营业务核算

美容美发根据企业规模大小,服务对象和服务方式不同,其营业收款手续采取以下方式。

1. 先服务后收款

先服务后收款,即为顾客服务完毕,直接向顾客收取现款,并随时记入"营业收入台账"。每日营业终了,根据"台账"加计汇总当日收入总额,与实收数核对,据以填制"营业收入日报表",连同收取的现款向财会部门报账。

2. 先收款后服务

一般大、中型美容厅设有统一收款台,由收款员专门负责收款。顾客来厅美容时,先到收款台按照自己要求的服务项目交款,收款员收款后,发给小票,顾客凭票美容美发,也可按意愿挑选服务人员进行美容美发。营业终了,收款员应将收到的现金与各个服务人员的票核对,核对无误后,填制"营业收入日报表"。"营业收入日报表"一般一式两份,一份留底,一份连同现金送交财会部门记账。

3. 预缴资金

有些美容美发企业发行消费卡,持卡的客户先预缴一定款项,消费时,从其消费卡中减去相应的消费金额。由于持有消费卡的客户一般可以享受较大幅度的折扣,发卡的单位又可以及时收回投资,因此这种结算方式发展很迅速。

在实行这种收款模式的情况下,售出消费卡时,借记"库存现金"账户,贷记"预收账款——消费卡"账户;当顾客消费之后,按照实际应该收取的款项,借记"预收账款——消费卡"账户,贷记"主营业务收入"账户。

无论采用哪种收款方式,财会部门根据"营业收入日报表"入账。营业收入日报表如表5-1所示。

【例5-4】 2×19年3月18日,琴岛美容美发公司交来现金和"营业收入日报表",如表5-1所示。

表5-1

营业收入日报表

2×19年3月18日　　　　　　　　　　　　　　　单位:元

项目	服务人次	单价	金额	备注
一、美容部收入			7 250	
其中:脸部护理	50	100	5 000	
纹眼线	10	200	2 000	
修指甲	5	50	250	
二、美发部收入			7 600	
其中:剪发	20	40	800	
吹风	20	10	200	
烫发	12	400	4 800	
焗油	8	200	1 600	
发质护理	2	100	200	
营业收入合计			14 850	

实收现金人民币壹万肆仟捌佰伍拾元整　　　长款:　　　　短款:

收款人:王世杰　　　　　　　　　　　　交款人:李亮

经审核无误,编制分录如下:

借:库存现金　　　　　　　　　　　　　　　　　　14 850
　　贷:主营业务收入——美容部收入　　　　　　　　　　7 250
　　　　　　　　　　　——美发部收入　　　　　　　　　7 600

5.4 照相经营业务的核算

5.4.1 照相经营业务概述

照相业是利用摄影艺术和造型艺术,为顾客提供人物和实物影像的经营服务型行业。照相业服务的项目有照相、扩印、代客冲洗和出售胶卷,出租礼服、首饰业务;有的照相企业还经营照相器材和相册的零售、照相机出租和修理、代客邮寄的业务。在照相业中,时下最流行的是婚纱摄影类,婚纱摄影已经由奢侈品成为结婚的必需品。

5.4.2 照相业各种收入的核算

1. 照相业务收入的核算

照相企业一般是根据拍摄要求先收款、后交件的。顾客照相、添印放大时,先到营业柜组开票交款,营业柜组收妥现款和来件时填制一式三联"工作单"。第一联交顾客凭单取件,第二联是工作凭证,第三联留作每日营业终了,将存根汇总金额与收到的现金核对无误后,填制"营业收入日存根报表"。营业收入日报表一式两联,一联留存,一联连同现金送交财会部门入账。"营业收入日报表"格式如表5-2所示。

表5-2

营业收入日报表

2×19 年 3 月 18 日 金额单位:元

项目	数量(张)	单价	金额	备注
一、原照收入			2 105	
1寸	8	10	80	
2寸	5	15	75	
8寸	10	20	200	
10寸	15	50	750	
12寸	10	100	1 000	
二、彩扩收入			185	
5寸	50	0.5	25	
6寸	70	1.0	70	
7寸	75	1.2	90	
三、其他收入			1 300	
实木相框	20	50	1 000	
影集相册	15	20	300	
营业收入合计			3 590	
实收现金人民币叁仟伍佰玖拾元整		长款:		短款:

收款人:王晓虎　　　　　　　　　　　　　　　　交款人:安嘉和

照相业各种产品,由于质量问题或者顾客提出异议,可以补照。如果顾客因时间不允许不能补照,在征得企业负责人同意后,视情况可以部分退款或全部退款;退款时需填写"退款单"。大多数照相企业是利用原工作单用红字填写,由顾客签字,再经领导签字后,退付现金,而且随同营业收入日报表送财会部门作冲减主营业务收入处理。进行账务处理时,财会部门可根据退款单,借记"主营业务收入——原照收入"账户,贷记"库存现金"账户。

【例5-5】 琴岛照相馆收到业务部交来的现金及"营业收入日报表",资料如表5-2所示,作分录如下:

借:库存现金 3 590

　　贷:主营业务收入——原照收入 2 105

　　　　　　　　　——彩扩收入 185

　　　　　　　　　——其他收入 1 300

2. 出租业务收入的核算

照相企业出租业务一般分为两种:一类是婚纱影楼拍摄婚纱照、个人写真、毕业写真等出租礼服、首饰;另一类是出租照相机。其各自特点如表5-3所示。

表5-3 照相企业出租业务

出租礼服、首饰	礼服、首饰是顾客用来拍摄照片的
	一般拍摄前由服务人员为其穿戴,然后在本企业拍摄,因此不收押金,其租费已计入拍摄费内
出租照相机	出租照相工具一般需要收取押金,顾客能当天归还的不予入账,如当天不能归还的,收取的押金在"其他应付款"账户核算,收取时,借记"库存现金"账户,贷记"其他应付款"账户
	顾客在归还照相工具时,应先扣除其租金后再退还其押金。届时,根据原收押金数额借记"其他应付款"账户;根据应收租金数额贷记"主营业务收入"账户;两者之间的差额,则是应退给顾客的现金,应贷记"库存现金"账户

3. 代办照片邮寄的核算

为了拍摄到更美的自然景观,或者更有纪念意义的建筑,现在很多人会选择在外地拍摄婚纱照、个人写真集等。于是,为满足外地游客的需要,一些照相企业还专设代办邮寄照片的业务。其核算如表5-4所示。

表5-4 代办照片邮寄的核算

代办照片邮寄	除拍摄费用外,另外收取一定的代办费用
	代办费用一般在"其他应付款"总账账户下的"暂收邮资"明细分类账户进行核算
具体核算	收取代办费时,借记"库存现金"账户,贷记"其他应付款——暂收邮资"账户
	在购买邮票、办理邮寄时,借记"其他应付款——暂收邮资"账户,贷记"库存现金"账户

5.4.3 照相业成本的核算

1. 照相业成本核算的内容及意义

只核算耗用原材料总成本,不计算每种产品的单位成本。除耗用的原材料外,发生的其他各项费用,都不计入成本,而作为销售费用处理。

照相企业因加工生产的需要耗用一定数量的原材料,而原材料一般都有一定的储存期,过期失效,其中有一些原材料或易感光,或易燃。因此,必须建立健全原材料保管制度,为及时反映原材料收发、领用、储存的数量和有效期,因此,应设置"原材料"账户分别核算。

2. 照相业成本核算的具体方法

(1)照相业原材料购进的核算。照相企业购进的胶片、相纸、显影药水的价格一般包括买价和采购费用。买价即指供货单位发票上的价格;采购费用是指能够认定的购进材料时由本企业支付的包装费、搬运费及运输费。

购入时,财会部门根据发票、运单及付款凭证,借记"原材料"账户,贷记"银行存款"账户。

【例 5-6】 琴岛婚纱摄影影楼向阿尔卑斯照相器材公司购入彩扩纸 50 盒,单价 80 元,金额 4 000 元,增值税额 640 元,并发生运费 100 元,增值税款 10 元。账款一并签发转账支票支付,彩扩纸也已验收入库。编制分录如下:

借:原材料 4 100
　　应交税费——应交增值税(进项税额) 650
　　贷:银行存款 4 750

(2)照相业原材料领用的核算。照相业的生产部门因生产、加工照片需要的相纸、药水等原材料,可由加工人员到库房去领用;领用时填写领料单,财会部门根据领料单上领用材料的金额,借记"主营业务成本"账户,贷记"原材料"账户。

为正确核算当月的实际总成本,月末生产车间要对原材料进行盘点,对当月领而未用的原材料实行假退料,财会部门根据盘存表用红数字借记"主营业务成本"账户,贷记"原材料"账户。下月初,再按原数字用蓝字冲回。

【例 5-7】 琴岛婚纱摄影影楼摄印组领用彩扩纸 10 盒,单价 80 元,金额 800 元,彩扩药水 5 瓶,单价 100 元,金额 500 元。编制分录如下:

借:主营业务成本 1 300
　　贷:原材料 1 300

5.5 | 娱乐经营业务的核算

5.5.1 娱乐经营业务概述

娱乐业是指为娱乐活动提供场所和服务的行业,包括歌厅、舞厅、音乐茶座、台球、高尔夫球、保龄球场、网吧、游艺场等。娱乐业在满足消费者娱乐需求的同时,又要有适当的盈利,这就必须加强经营管理和核算。

5.5.2 KTV、酒吧的会计核算

1. 开办费的核算

大部分 KTV 或者酒吧属于经营性租赁,签下租赁合同后根据经营业务需要进行装修,

涉及开办费,记入"管理费用——开办费"账户中。酒吧或KTV的装修费通常是一笔很大的开支,在正常营业的第一个月扣除,不能准确核算当月成本费用、利润的,开办期的支出可分成两部分进行核算。

对营业的有利影响时间较短的,如装修期间的工资、福利、差旅费、考察费、桌椅沙发、工艺品等,根据酒吧或KTV的实际情况把这些装修期间的支出先计入待摊费用,在正常经营期间的第一个月开始摊销,12个月摊销完。

对营业的影响期在1年以上,包括装修期的土木工程、水电安装工程、消防工程等转到"长期待摊费用"账户,取设备的有效使用年限与营业场所的租赁年限的时间较短者作为摊销期间。

2. 正常营业期的会计核算

娱乐业内容丰富,项目众多,其价格制定一是以费用、成本开支为依据;二是兼顾一定的毛利率和消费者能承受的消费能力。

娱乐业的毛利率根据不同的服务项目有高有低,高的可达80%以上,低的也在40%左右。其收费价格可按照以下公式计算:

$$收费价格 = \left(\frac{设施投资额}{1\,000 \times 接待能力 \times 销售率} + 每次服务的直接费用\right) \div (1 - 毛利率)$$

【例5-8】 琴岛KTV开业,购置固定资产500 000元,购进茶几、椅子、沙发等100 000元,全部装修费用200 000元,KTV接待能力为100人,门票销售率为75%,每位客人饮料成本5元,规定毛利率为65%,收费价格计算如下:

$$收费价格 = \left(\frac{500\,000 + 100\,000 + 200\,000}{1\,000 \times 100 \times 75\%} + 5\right) \div (1 - 65\%) \approx 45 元$$

一般票价取整数,所以门票价格为45元。

有些KTV或者酒吧,其饮料、酒水、小吃、果盘等都是单独收费,那么这些销售额归入营业收入。

KTV或者酒吧根据当日的收款作出"营业收入日报表",营业员都应于当晚将现金和"营业收入日报表"送交财会部门。财会部门将"营业收入日报表"与交来现金核对,核对无误后,借记"库存现金"账户,贷记"主营业务收入"账户。

5.5.3 电影发行、放映企业会计核算

电影发行企业,指以分账、买断、代理等方式取得境内外影片的发行权,并在规定时期和范围内从事为放映企业或电视台等放(播)映单位提供影片的拷贝、播映带(硬盘、光盘)、网络传输等业务活动的企业。发行收入是指以影片发行权、放映权、播映权、网络传播权等为销售对象而取得的各种收入。

电影放映企业是指拥有符合国家规定标准的电影放映设备和相应的放映场所,从事营业性电影放映业务的企业。包括采取向社会公众售票或包场方式进行电影放映的专业电影院、兼映的影剧院、文化宫(馆)以及对外开放的礼堂、俱乐部等单位。放映收入是指直接公开再现影片而取得的各种收入,包括影院票房收入以及其他直接以社会公众为受众的收入,不包括影片在电视、网络等媒介上播映收入。企业的广告收入、附设的"小商店"销售收入、

出租场地收入等于电影没有直接关系的收入都通过"其他业务收入"核算。

1. 电影发行、放映企业收入的核算

企业实现的主营业务收入,按实际收到或应收的金额入账。主营业务收入补充设置"电影发行收入""电影放映收入""音像制品收入""影片后产品收入"等明细账户,并按影片的片名、产品的名称等进行归集和核算。

"电影发行收入"核算发行企业在发行影片业务中取得的各种归属于企业的营业收入,包括分账收入、买断收入、片租收入、播映权转让收入、网络转播权转让收入、后电影开发权转让收入、影片代理收入等。

"电影放映收入"核算放映企业通过放映影片取得各种归属于企业的营业收入,包括分账收入、片租收入、包场放映费收入、出租场地加映影片收入等。

"音像制品收入"核算企业销售录像带、CD、VCD 等音像制品所取得的各种收入。

"影片后产品收入"核算企业销售除音像制品外,与影片相关的电影形象产品等取得的收入。

企业有四种结算方式,分别是分账结算、片租结算、买断结算、代理结算。分账结算是指企业按照合同、协议约定的比例,将影片发行、放映企业中取得的收入和发生的费用进行分配,与供片方共同分享和分担结算方式。片租结算是指企业按照合同、协议约定租价或定额,向供片方交付片款的结算方式。买断结算是指企业按合同、协议约定价款,向供片方买取一定时期和范围内的影片发行权、放映权,取得的收入无需与他人分享的结算方式。代理结算时企业仅收取固定代理费,影片的收益和费用均由供片方享有和承担的结算方式。

【例 5-9】 2×19 年 1 月,琴岛电影院以买断方式取得影片,取得电影放映收入 100,000元,编制分录如下:

借:银行存款   100 000

  贷:电影放映收入   100 000

2. 电影发行、放映企业成本的核算

主营业务成本补充设置"电影发行成本""电影放映成本""音像制品成本""影片后产品成本"等明细账户,并按照影片的片名、各种产品的名称等,进行归集和核算。"电影发行成本"明细账户核算企业发行影片而应结转的库存影片等实际成本。"电影放映成本"明细账户核算放映企业放映影片而结转的库存影片等实际成本。"音像制品成本"明细账户核算企业销售各种音像制品而发生的实际成本。"影片后产品成本"明细账户核算企业销售除音像制品外,与影片相关的电影形象产品等发生的实际成本。

月度终了,企业应当根据本月电影发行、放映业务取得的主营业务收入,按照有关结转销售成本的规定和办法,计算和结转主营业务成本。结转时,借记"主营业务成本"账户,贷记"库存商品""待结算业务支出"等账户。

期末,应将"主营业务成本"账户余额转入"本年利润"账户,结转后本账户应无余额。

【例 5-10】 2×19 年 3 月,琴岛影视公司,自制了一部喜剧影片花费 10 000 元,完成拍摄入库时,编制分录如下:

借:库存商品   10 000

  贷:生产成本   10 000

5.6 | 其他经营业务的核算

服务业除广告、照相、美容美发和娱乐业外，还有很多。其中，比较有代表性的是咨询业和培训业。

5.6.1 咨询业含义及分类

咨询业是对第三产业中以咨询服务为特点的各种行业的总称。咨询是指来自个体和组织外部的专业化技能，以专门的知识、信息、经验为资源，针对不同的用户需求，提供解决某一问题的方案或决策建议。咨询业的工作范围很广，内容极为丰富。以咨询业务的内容和范围为标准，可将咨询业务大致划分为五个大类：

（1）政策咨询。政策咨询又称综合咨询，即带有全局性、战略性、综合性课题的咨询，是一种跨学科、跨行业、多领域的咨询活动，主要为国家和政府部门重大问题的决策提供决策依据和可供选择的方案。政策咨询包括政治、军事、外交、科技、文化教育和环境等内容。

（2）工程咨询。工程咨询是指对各种建设项目提供的咨询服务，包括投资机会研究、工程项目建议书、可行性研究、评估咨询、工程设计方案咨询、设备选型采购咨询、施工监理监督咨询等。

（3）技术咨询。技术咨询是指咨询机构运用各类专门知识如技术、经验和信息等，为委托方提供解决复杂技术问题的系统方案。其业务范围主要是为科研开发、技术引进、设备更新等提供可行性研究或提供咨询，为技术攻关和新技术、新产品、新材料、新工艺、新设备、新流程的研制开发和利用提供咨询，为有关地区和厂矿企业提供技术经济情报或进行技术经济预测等。

（4）管理咨询。管理咨询是指由独立的合格的个人或几个人深入到企业现场，运用现代化的手段和科学方法，通过对企业的诊断、培训、方案规划、系统设计与辅导，从集团企业的管理到局部系统的建立，从战略层面的确立到行为方案的设计，对企业生产经营全过程实施动态分析，协助其建立现代管理系统，提出行动建议，并协助执行这些建议，以达到提高企业经济效益的一种业务活动。管理咨询主要包括综合管理咨询，战略管理咨询，生产、人力资源、财务、物流、市场营销、信息系统管理咨询等。

（5）专业咨询。专业咨询是指针对某一专业领域中具体问题所进行的咨询活动。这类咨询，涉及面较狭窄，专业性强，主要是针对咨询对象所提出的特定问题进行咨询，如情报咨询、税务咨询、会计咨询、审计咨询、商业咨询、贸易咨询、保险咨询、法律咨询、心理咨询、旅游咨询等。

5.6.2 培训业含义及分类

培训业是近年来逐渐兴起的一种将知识教育资源信息化的机构或网站。一般来说，这种机构或网站会包含从幼教到大学，甚至博士或者出国等各个阶段的教育信息。也有包括对现任职位的工作者或者下岗人员等类别的技能培训，是以提供教育资源和培训信息为主要内容的专门性网站或培训机构。

目前教育培训网站或机构大致分为以下六种：

（1）以教育教学知识和资源为主要内容的网站或机构。

（2）以职业教育为主要方向的相关网站或机构。

（3）以企业缺少人才的专门课程为主的网站或机构。

（4）提供再就业以及创业为主要内容的网站或机构。

（5）在线招生的信息类网站或机构。

（6）专业课程培训机构网站或机构。

5.6.3 咨询业与培训业收入与费用的核算

企业提供的培训及咨询服务,种类很多,有的一次就能完成,有的则需要花费一段较长的时间才能完成,企业提供劳务收入的确认原则因劳务完成时间的不同而不同。

1. 在同一会计期间内开始并完成的劳务

对于一次就能完成的劳务,企业应在提供劳务完成时确认收入及相关成本。对于持续一段时间但在同一会计期间内开始并完成的劳务,企业应在为提供劳务发生相关支出时确认劳务成本,劳务完成时再确认劳务收入,并结转相关劳务成本。

企业对外提供劳务发生的支出一般通过"劳务成本"账户予以归集,待确认为费用时,从"劳务成本"账户转入相应的费用类账户。

【例5-9】 琴岛会计师事务所于2×19年11月30日接受一项管理咨询服务,该服务可一次完成。合同总价款为2 000元,实际发生成本640元。假设所有款项均以银行存款结算。

借:银行存款   2 120

 贷:主营业务收入   2 000

   应交税费——应交增值税(销项税额) 120

借:主营业务成本   640

 贷:银行存款   640

2. 劳务的开始和完成分属不同的会计期间

1) 提供劳务交易结果能够可靠估计

如劳务的开始和完成分属不同的会计期间,且企业在资产负债表日提供劳务交易结果能够可靠估计的,应采用完工百分比法确认提供劳务收入。同时满足下列条件的,为提供劳务交易的结果能够可靠估计:

（1）收入的金额能够可靠地计量。收入的金额能够可靠地计量,是指提供劳务收入的总额能够合理估计。通常情况下,企业应当按照从接受劳务方已收入或应收入的合同或协议价款确定提供劳务收入总额。随着劳务的不断提供,可能会根据实际情况增加或减少已收或应收的合同或协议价款,此时,企业应及时调整提供劳务收入总额。

（2）相关的经济利益很可能流入企业。相关的经济利益很可能流入企业,是指提供劳务收入总额收回的可能性大于不能收回的可能性。企业在确定提供劳务收入总额能否收回时,应当结合接受劳务方的信誉、以前的经验以及双方就结算方式和期限达成的合同或协议条款等因素,综合进行判断。通常情况下,企业提供的劳务符合合同或协议要求,接受劳务方承诺付款,就表明提供劳务收入总额收回的可能性大于不能收回的可能性。

（3）交易的完工进度能够可靠地确定。企业可以根据提供劳务的特点，选用下列方法确定提供劳务交易的完工进度：①已完工作的测量，这是一种比较专业的测量方法，由专业测量师对已经提供的劳务进行测量，并按一定方法计算确定提供劳务交易的完工程度；②已经提供的劳务占应提供劳务总量的比例，这种方法主要以劳务量为标准确定提供劳务交易的完工程度；③已经发生的成本占估计总成本的比例，这种方法主要以成本为标准确定提供劳务交易的完工程度。只有反映已提供劳务的成本才能包括在已经发生的成本中，只有反映已提供或将提供劳务的成本才能包括在估计总成本中。

（4）交易中已发生和将发生的成本能够可靠地计量。交易中已发生和将发生的成本能够可靠地计量，是指交易中已经发生和将要发生的成本能够合理地估计。

完工百分比法是指按照提供劳务交易的完工进度确认收入和费用的方法。企业应当在资产负债表日按照提供劳务收入总额乘以完工进度扣除以前会计期间累计已确认提供劳务收入后的金额，确认当期提供劳务收入；同时，按照提供劳务总成本乘以完工进度扣除以前会计期间累计已确认劳务成本后的金额，结转当期劳务成本。用公式表示如下：

$$\text{本期确认的提供劳务收入} = \text{劳务收入总额} \times \text{本期末止劳务的完工进度} - \text{以前会计期间累计已确认的劳务收入}$$

$$\text{本期确认的提供劳务成本} = \text{提供劳务预计成本总额} \times \text{本期末止劳务的完工进度} - \text{以前会计期间累计已确认的劳务成本}$$

【例 5-10】 琴岛会计师事务所于 2×19 年 11 月 30 日与甲公司签订一项为期 3 个月的代理记账合同，合同总价款为 25 000 元；当日，收到甲公司预付合同款 12 500 元。2×19 年 12 月 31 日，经专业鉴定，确定该项工作的完工程度为 30%。截至 2×19 年 12 月 31 日，琴岛会计师事务所为完成该合同累计发生劳务成本 6 000 元，估计还将发生劳务成本 14 000 元。假定该业务属于琴岛会计师事务的主营业务，增值税税率为 6%。

① 2×19 年 11 月 30 日甲公司应编制如下会计分录：

借：银行存款   12 500
 贷：预收账款   12 500

② 2×19 年 12 月 31 日甲公司应编制如下会计分录：

本期应确认收入：25 000×30%＝7 500（元）

本期应确认成本：（6 000＋14 000）×30%＝6 000（元）

借：预收账款   7 950
 贷：主管业务收入   7 500
  应交税费——应交增值税（销项税额）   450

借：主管业务成本   6 000
 货：劳务成本   6 000

2）提供劳务交易结果不能可靠估计

如劳务的开始和完成分属不同的会计期间，且企业在资产负债表日提供劳务交易结果不能可靠估计的，即不能同时满足上述四个条件的，不能采用完工百分比法确认提供劳务收入。此时，企业应当正确预计已经发生的劳务成本能否得到补偿，分别下列情况处理：

（1）已经发生的劳务成本预计全部能够得到补偿，应按已收或预计能够收回的金额确认提供劳务收入,并结转已经发生的劳务成本。

(2) 已经发生的劳务成本预计部分能够得到补偿的,应按能够得到部分补偿的劳务成本金额确认提供劳务收入,并结转已经发生的劳务成本。

(3) 已经发生的劳务成本预计全部不能得到补偿的,应将已经发生的劳务成本计入当期损益(主营业务成本或其他业务成本),不确认提供劳务收入。

【例 5-11】 琴岛培训机构为增值税一般纳税人,培训业务适用的增值税税率为 6%。2×18 年 12 月 25 日,琴岛培训机构接受甲公司委托,为其培训一批学员,培训期为 3 个月,2×19 年 1 月 1 日开学。协议约定,甲公司应向琴岛培训机构支付不含增值税的培训费总额为 60 000 元,分三次支付,第一次在开学时预付 25 000 元,第二次在 2×19 年 2 月 28 日支付 15 000 元,第三次在培训结束时支付 20 000 元。

2×19 年 1 月 1 日,甲公司预付第一次培训费,琴岛培训机构开具的增值税专用发票上注明的培训费金额为 25 000 元,增值税额为 1 500 元。琴岛培训机构 1 月、2 月各月发生培训成本 15 000 元(假定全部为培训人员薪酬)。2×19 年 2 月 28 日,琴岛培训机构得知甲公司经营发生困难,后两次培训费能否收回难以确定。假定此时已发生纳税义务,琴岛培训机构应编制如下会计分录:

① 2×19 年 1 月 1 日收到乙公司预付的培训费:

借:银行存款		26 500
贷:预收账款	25 000	
应交税费——应交增值税(销项税额)	1 500	

② 2×19 年 1 月实际发生培训成本 15 000 元:

借:劳务成本		15 000
贷:应付职工薪酬	15 000	

③ 2×19 年 1 月 31 日确确认提供劳务收入并结转劳务成本:

借:预收账款		20 000
贷:主营业务收入	20 000	
借:主营业务成本		15 000
贷:劳务成本	15 000	

④ 2×19 年 2 月实际发生培训成本 15 000 元:

借:劳务成本		15 000
贷:应付职工薪酬	15 000	

⑤ 2×19 年 2 月 28 日确认提供劳务收入、结转劳务成本:

借:预收账款		5 000
贷:主营业务收入	5 000	
借:主营业务成本		15 000
贷:劳务成本	15 000	
借:预收账款		900
贷:应交税费——应交增值税(销项税额)	900	

重 要 概 念

开办费　预收账款　主营业务成本　主营业务收入　其他应付款　销售费用　完工百分比法

本 章 练 习

一、单项选择题

1. 广告代理收入是指(　　)。

A. 广告公司接受广告客户的委托,从事广告发布的代理业务而应向广告客户收取的款项

B. 广告公司接受广告客户的委托,进行广告的制作而由广告客户支付的价款

C. 广告公司接受广告客户的委托,进行广告的具体设计而向广告客户收取的价款

D. 广告公司接受广告客户的委托,进行广告的策划活动而向广告客户收取的价款

2. 有些美容美发企业发行消费卡,持卡的客户先预缴一定款项,消费时,从其消费卡中减去相应的消费金额。在实行这种收款模式的情况下,售出消费卡时,应(　　)。

A. 借记"预收账款"账户,贷记"库存现金"账户

B. 借记"库存现金"账户,贷记"预收账款"账户

C. 借记"预收账款"账户,贷记"主营业务收入"账户

D. 借记"主营业务收入"账户,贷记"预收账款"账户

3. 大部分KTV或者酒吧属于经营性租赁,签下租赁合同后需要根据经营业务进行装修,这里涉及开办费,开办费计入(　　)。

A. 主营业务成本　　　B. 管理费用　　　　C. 期间费用　　　　D. 预付账款

4. 下列选项中,不是电影发行、放映企业的结算方式的是(　　)。

A. 分账结算　　　　　B. 片租结算　　　　C. 买断结算　　　　D. 实时结算

5. 下列选项中,不属于服务经营业务的是(　　)。

A. 美容美发　　　　　B. 照相业　　　　　C. 房地产业　　　　D. 旅游业

6. 下列选项中,不是广告公司的基本业务的是(　　)。

A. 广告调查　　　　　B. 广告策划　　　　C. 广告设计　　　　D. 广告清理

7. 下列选项中,不是照相企业出租业务的是(　　)。

A. 出租礼服　　　　　B. 出租首饰　　　　C. 出租照相机　　　D. 出租婚庆用品

8. 2×19年11月20日,甲公司与乙公司签订一项为期3个月的劳务合同,合同总价款为70万元;当日收到乙公司预付合同款项30万元。该劳务符合按完工百分比法确认收入的条件。年末经测算,劳务的完工程度为40%。甲公司2×19年末应确认的劳务收入为(　　)万元。

A. 12　　　　　　　　B. 28　　　　　　　C. 30　　　　　　　D. 70

9. 2×19年4月12日,某企业与客户签订一项工程劳务合同,合同期为1年,合同收入总额为3 000万元,预计合同总成本为2 100万元,至2×19年12月31日该企业实际发生总成本为1 400万元,但提供的劳务交易结果不能可靠估计,估计只能从工程款中收回成本1 050万元,2×19年度该企业应确认的劳务收入为(　　)万元。

A. 1 400　　　　　　　B. 2 100　　　　　　C. 2 900　　　　　　D. 1 050

10. 2×19年11月1日,甲公司接受乙公司委托为其安装一项大型设备,安装期限为3个月,合同约定乙公司应支付安装费总额为60 000元(不含增值税)。当日收到乙公司20 000元预付款,其余款项安装结

束验收合格后一次付清。截至 2×19 年 12 月 31 日,甲公司实际发生安装费 15 000 元,预计至安装完成还将发生安装费用 25 000 元;该公司按已发生的成本占估计总成本的比例确定完工进度。不考虑其他因素,甲公司 2×19 年应确认的收入为( )元。

    A. 20 000   B. 22 500   C. 15 000   D. 60 000

二、多项选择题

1. 广告公司会计核算的特点有( )。

    A. 存货核算比较简单   B. 房屋等在固定资产中不占重要位置

    C. 预收账款和预付账款金额较大   D. 营业收入的核算有一定的特殊性

2. 下列属于电影发行、放映企业中主营业务收入明细账户的有( )。

    A. 电影发行收入   B. 电影放映收入   C. 音像制品收入   D. 影片后产品收入

3. 户外广告的发布成本有( )。

    A. 广告画面制作费   B. 框架制作费   C. 阵地费   D. 户外广告登记费

4. 具有生产、服务、销售三项职能的服务业有( )。

    A. 照相   B. 客房   C. 广告   D. 美容

5. 甲公司 2×19 年 12 月 5 日与乙公司签订为期 6 个月的劳务合同,合同总价款为 400 万元,待完工时收取。至 12 月 31 日,实际发生劳务成本 50 万元(均为职工薪酬),估计为完成该合同还将发生劳务成本 150 万元。假定该项劳务交易的结果能够可靠估计,甲公司按实际发生的成本占估计总成本的比例确定劳务的完工进度;假定该劳务不属于增值税应税劳务,并且不考虑其他相关税费。下列说法中,不正确的有( )。

    A. 甲公司应当确认收入 50 万元

    B. 甲公司应当按照完工百分比法计算当年完工进度

    C. 甲公司当年应当确认完工进度为 16.67%

    D. 甲公司该笔业务应当确认的损益为 50 万元

三、判断题

1. 服务经营同时具有生产、服务、销售三项职能。   ( )

2. 广告代理收入是指广告公司接受广告客户的委托,从事广告发布的代理业务而应向广告客户收取的款项。   ( )

3. 照相企业一般是根据拍摄要求先收款、后交件。   ( )

4. 照相企业代办照片邮寄时,借记"库存现金"账户,贷记"其他应付款——暂收邮资"账户。   ( )

5. 电影发行企业是指拥有符合国家规定标准的电影放映设备和相应的放映场所,从事营业性电影放映业务的企业。   ( )

四、简答题

1. 服务经营业务的特点有哪些?

2. 广告公司会计核算的特点有哪些?

3. 提供劳务交易结果能够可靠估计的条件是什么?

五、业务题

1. 琴岛广告公司与小布丁食品厂签订合同,为其制作推销儿童零食的灯箱广告 20 个,画面制作费为每个灯箱 10 000 元,广告发布期为 1 年,自 2×19 年 10 月 1 日至 2×20 年 9 月 30 日,发布费用为 200 000 元,在每月发布后的月末结算。

(1) 9 月 1 日,预收小布丁食品厂制作灯箱广告画面款 45%,当即收到转账支票 90 000 元,存入银行。

（2）9月30日，儿童零食广告的画面制作完毕，经小布丁食品厂验收合格，当即填制专用发票，开列销售金额200 000元，税额12 000元，予以入账。

（3）10月1日，收到小布丁食品厂付来前欠琴岛广告公司画面制作账款.

（4）10月5号，填制专用发票，开列小布丁食品厂本月发布费200 000元，增值税额为12 000，当即收到转账支票，存入银行。

根据以上资料，编制会计分录。

2. 资料：琴岛美容美发公司实行先服务后收款方式，10月1日，"营业收入日报表"如表5-5所示：

表5-5

营业收入日报表

2×19年10月01日   单位:元

项目	服务人次	单价	金额	备注
一、美容部收入			7 150	
其中:脸部护理	50	100	5 000	
纹眼线	10	200	2 000	
修指甲	3	50	150	
二、美发部收入			7 100	收款情况:
其中:剪发	20	40	800	现金: 8 000
吹风	20	10	200	信用卡
烫发	10	400	4 000	签购单: 6 250
焗油	10	200	2 000	长款:
发质护理	1	100	100	短款:
营业收入合计			14 250	

实收现金人民币壹万肆仟贰佰伍拾元整　　长款:　　　短款:

收款人:王伟　　　　　　　　　　　　　　　　交款人:刘浩

（1）信用卡结算手续费用为9‰，根据"营业收入日报表"及现金、信用卡签购单，核对无误，予以入账。

（2）填制解款单，将现金送存银行。

根据以上资料，编制会计分录。

3. 琴岛婚纱摄影公司主要经营个人写真、婚纱摄影等业务，5月份发生下列经济业务：

（1）1日，向云华公司购入相纸5箱，每箱300元，货款以银行存款付讫。另以现金60元支付其运杂费，相纸已验收入库。

（2）2日，向沪桑公司购入显、定影药水3瓶，每瓶200元。

（3）3日，摄印组领用相纸一箱计320元，显、定影药水各1瓶计220元。

4. 琴岛KTV 5月份发生下有关开办投资的经营业务：

（1）1日，购入沙发20套，每套1 000元。茶几、椅子50套，每套500元。开出转账支票，支付货款。

（2）2号，购置灯光设备一套，价格15 000元，开出转账支票1张，支付全部货款。

（3）3号，购置音响设备10套，共价值10 000元。

（4）29日，KTV装修工程结束，全部装修费用为200 500。

（5）30号，KTV正式开业，接待能力为200人，门票销售率为75%，每位客人饮料成本为5元，规定营业毛利率为80%。

根据以上资料，编制会计分录，并计算门票价格。

第6章 商场经营业务的核算

内容提要

本章主要讲述了数量进价金额核算法和售价金额核算法的具体内容,包括每种核算方式下库存商品购进、销售和存储等业务的核算。

重点难点

本章重点是数量进价金额核算法和售价金额核算法下商品购进和销售的核算。

学习目标

通过本章学习,学生应熟悉数量进价金额核算法和售价金额核算法的含义及特点;掌握每种核算方式下库存商品购进、销售和存储等业务的核算。

知识框架

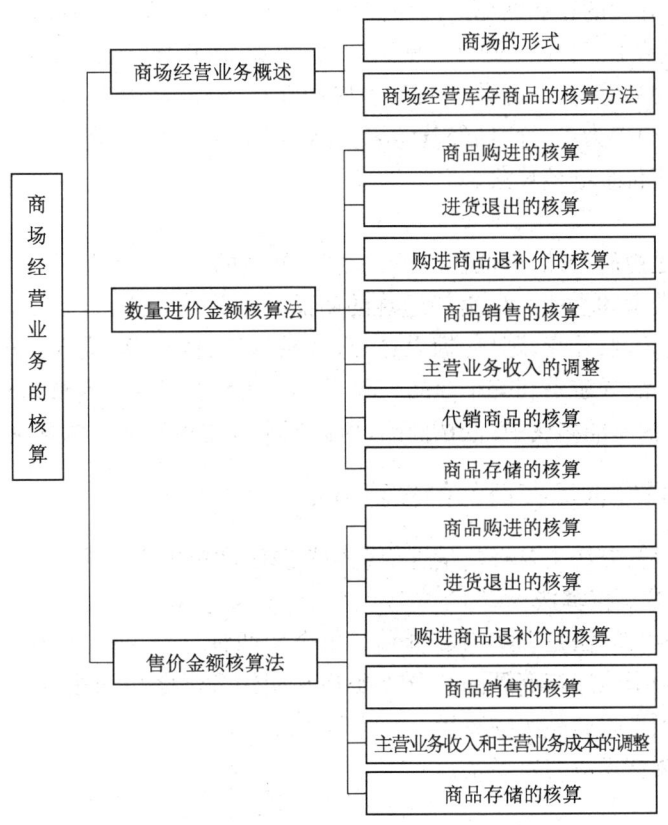

引入案例　旅游商品

　　旅游商品是指供给者为满足旅游者需求以出卖交换为目的而提供的具有使用价值和收藏价值的有形和无形服务(无形商品)的总和。旅游商品的主要类别有:旅游纪念品、旅游工艺品、旅游服饰、旅游食品、旅游营养保健、旅游活动用品及土特产等用品。旅游商品承载了满足旅游者购物需求和传播旅游地形象的双重价值,既是从事旅游活动的基础,也是旅游业经营收入的重要内容。

　　除了旅游业之外,餐饮业和服务业也会向消费者提供除日常服务外的其他商品吗?如果存在的话,旅游饮食服务业对这些商品又应如何进行核算呢?通过本章的学习,这些问题将得到解答。

6.1 ｜ 商场经营业务概述

　　商场经营业务是指旅游饮食服务企业内部开设的商场所进行的商品购销活动。除了提供日常劳动服务外,一些旅游饮食服务企业还分别开设了一些消费者需要购买商品的商场以拓展服务领域,取得额外收入。这些旅游饮食服务企业已经逐步发展成多功能服务的综合性企业。

6.1.1　商场的形式

　　当前旅游饮食服务企业开设的商场有两种形式:一种是综合性商场;另一种是小卖部。

1. 综合性商场

　　综合性商场所经营的商品品种较多,相应的场所有高级宾馆和饭店开设的高级商场;也有一般旅馆、饭店开设的普通商场。高级商场环境幽雅,商品陈列醒目整齐、地面清洁、场地装饰美观,主要经营手工艺品、文物与复制品、金银首饰、珠宝玉器、古玩、字画、名烟、名酒、旅游纪念品和日用品等,其所经营的商品多属中高档,以高档为主,价格较高。普通商场经营中低档商品,以中档为主。商场经营的名贵高档商品宜采用数量进价金额核算法,经营的一般商品宜采用售价金额核算法。

2. 小卖部

　　小卖部一般是由旅行社、中低档旅馆、饭店所开设的小型商品经营部。小卖部的开设目的主要是方便消费者的生活。小卖部经营的商品大都是生活用品,如饮食业供应酒、饮料、冷饮;旅馆业供应牙刷、牙膏、肥皂、糖果糕点、各种烟酒、饮料等;旅行社小卖部供应当地的土特产、旅游纪念品、导游书刊等小商品。除了旅行社小卖部供应贵重翡翠珠宝等首饰和古玩外,一般小卖部供应的多属中、低档商品,所以通常采用售价金额核算法。

6.1.2　商场经营库存商品的核算方法

　　库存商品的核算方法主要有数量进价金额核算法和售价金额核算法。

1. 数量进价金额核算法

　　数量进价金额核算法是以实物数量和进价金额两种计量单位,反映商品进、销、存情况的一种方法。它是指除库存商品的总分类账户和明细分类账户均按进价金额反映外,其明细分类账户还必须反映商品实物数量。

　　数量进价金额核算法的要点是:

（1）进价记账。会计部门对库存商品总账和明细账的进、销、存金额均按进价记录。

（2）库存商品明细账的设置与登记。库存商品明细分类账按商品编号、品名、规格、等级分户，随时记录商品的收入、发出和结存的数量及进价金额，数量要求进行永续盘存。

（3）商品保管账的设置。在仓库设置商品保管账，记载商品收入、发出和结存数量。

（4）商品类目账的设置。经营商品品种规格较多的商场，可以根据核算与管理的需要，在库存商品总分类账和明细分类账之间设置商品类目账，以加强库存商品的明细核算。

（5）结转成本。采用适当方法随时或定期结转销售商品成本。商品销售成本即销售商品进价。企业可根据经营商品的不同特点和业务经营的不同需要，按照会计制度的规定分别采用不同的计算和结转方法，随时或定期结转商品销售成本。

2. 售价金额核算法

售价金额核算法又称拨货计价实物负责制。它是以售价金额控制各实物负责人经营商品进、销、存情况的一种核算方法。

售价金额核算法的要点是：

（1）建立实物负责制。商场将所经营的全部商品按品种、类别及管理的需要划分为若干实物负责小组，确定实物负责人，实行实物负责制度。实物负责人对其所经营的商品负全部经济责任。

（2）售价记账、金额控制。库存商品总账和明细账都按商品售价记账，库存商品明细账按实物负责人或小组分户，只记售价金额不记实物数量。

（3）设置"商品进销差价"账户。由于库存商品按售价记账，因此需要设"商品进销差价"账户，以反映商品售价和进价之间的差额，并在期末计算和分摊已售商品的进销差价。

（4）加强商品实地盘点。由于库存商品明细分类账只反映和控制了库存商品的售价金额，因此，每月月末必须进行一次全面盘点，确定库存商品的实存数量与售价金额，并以此与账面结存金额进行核对。若两者不相符，要及时查明原因进理处理，以达到账实相符，保护企业财产安全的目的。

❓ **相关思考6-1**

数量进价金额核算法和售价金额核算法的优缺点分别是什么？

根据以上对两种方法核算特点的介绍，数量进价金额核算法能够全面反映商品进、销、存的数量和金额，便于对库存商品进行管理和控制。但是，这种方法记账工作量大，手续繁多。而售价金额核算法简化核算手续，减少工作量。但是，这种方法平日无法控制进、销、存数量，盘点发现差错不易查明原因。

6.2 | 数量进价金额核算法

数量进价金额核算法主要适用于商场经营的贵重物品，如字画、玉器、首饰等。这种方法要求库存商品明细账上既要反映数量，又要反映进价金额。它既可随时结出每日库存商品的余额，加强商场对商品的管理；同时因为记录了商品的数量，便于对商品进行盘点，加强企业对商品的管理。

6.2.1 商品购进的核算

旅游饮食服务业附设的商品部购进商品,可以从本地批发企业或生产厂家购进,也可以从外地购进。购进商品的交接货方式有提货制、送货制和发货制三种。不论采用哪种方式,商品部都应于商品运到时做好验收工作,由实物负责人按照发票所列内容逐一核对无误后,填制"商品验收单"一式数联,并签字盖章。其中一联随同供货单位的发票一起送财务部门审核入账。

商品购进环节只涉及"在途物资"账户(见图 6-1)和"库存商品"账户(见图 6-2)。

借方	在途物资	贷方
期初余额 ① 购进原材料、商品等支付的货款 ② 应计入成本的采购费用	③ 原材料、商品等验收入库	
期末余额:尚未入库的原材料、商品成本		

图 6-1 "在途物资"账户

"在途物资"账户是资产类账户,核算企业购入原材料、商品等的实际成本。

借方	库存商品	贷方
期初余额 ① 商品购进入库	② 商品销售出库	
期末余额:库存商品结存数额		

图 6-2 "库存商品"账户

"库存商品"账户是资产类账户,核算企业库存商品等的实际成本。

商场一般向生产企业和个人或批发公司购进商品,货款通常以转账支票和商业汇票结算,财会部门将购货的专用发票审核无误后,根据专用发票编制会计分录如下:

借:在途物资
　　应交税费——应交增值税(进项税额)
　　贷:银行存款/应付票据等

待商品验收入库后,应编制会计分录如下:

借:库存商品
　　贷:在途物资

特别提示 6-1

企业购进商品,如果支付货款和库存商品验收入库在同一天完成,也可以根据专用发票直接记入"库存商品"账户核算,不通过"在途物资"账户。编制会计分录:

借:库存商品
　　应交税费——应交增值税(进项税额)
　　贷:银行存款/应付票据等

【例6-1】 琴岛宾馆附设商场从市百货站购进小百货100件,收到增值税专用发票。专用发票上列明商品单价200元,计价款20 000元,增值税为3 200元,价税合计23 200元。

(1)3月4日,签发转账支票23 200元,支付市百货站全部货款,编制会计分录如下:

借:在途物资   20 000
　应交税费——应交增值税(进项税额)   3 200
　　贷:银行存款   23 200

(2)3月6日,商场转来收货单,小百货已验收入库,编制会计分录如下:

借:库存商品   20 000
　　贷:在途物资   20 000

📁 **特别提示6-2** ··

如果企业从异地采购商品发生运杂费等采购费用,通常列入"销售费用"账户。但若购进商品发生的采购费用金额较大,也可以计入商品采购成本。

6.2.2 进货退出的核算

进货退出是指商品购进验收入库后,因质量、品种、规格不符,再将商品退回原供货单位。

企业发生进货退出业务时,由供货单位开出红字专用发票,然后由商场有关部门据以填制"进货退出单"发运商品,并通知财会部门进行进货退出核算。

【例6-2】 琴岛宾馆附设商场从市百货站购进小百货100件,每件单价200元,货款已付讫。今复验商品,发现其中20件质量不符合要求,经联系后同意退货。

(1)3月7日,收到市百货站退货的红字增值税专用发票,开列退货款4 000元,增值税640元。小百货也已退还,编制会计分录如下:

借:应付账款   4 640
　　贷:库存商品   4 000
　　　应交税费——应交增值税(进项税额)   640

(2)3月9日,收到对方退货款及增值税的转账支票4 640元,编制会计分录如下:

借:银行存款   4 640
　　贷:应付账款   4 640

6.2.3 购进商品退补价的核算

商场购进商品,有时因供货单位的计价错误或按暂作价计算等原因,需要调整商品价款,因此发生了商品退补价的核算。退价或补价时,应由供货单位填制更正专用发票交给购货单位,经业务部门审核验收,再送财务部门,据以办理退、补价的核算。

1. 购进商品退价的核算

进货退价是指应计的进价低于已结算的进价,应由供货单位退还给进货单位的差价款。在会计核算上,如果商品尚未售出或虽已售出但尚未结转商品销售成本,根据供货单位

的更正发票编制会计分录如下:

> 借:银行存款/应付账款
>   贷:库存商品
>   应交税费——应交增值税(进项税额)

需要说明的是,如果商品已售出且已结转商品销售成本,则需调整"主营业务成本"账户。

> 借:银行存款/应付账款
>   贷:主营业务成本
>   应交税费——应交增值税(进项税额)

【例6-3】 琴岛宾馆附设商场向上海餐具厂购入餐具20套,每套单价300元,货款已付讫。今收到该厂更正发票,列明该餐具每套价格应为250元,应退货款1 000元,增值税额160元。经查,20套餐具尚未售出。所退款项尚未收到。编制会计分录如下:

> 借:应付账款   1 160
>   贷:库存商品   1 000
>   应交税费——应交增值税(进项税额)   160

2. 购进商品补价的核算

进货补价是指应计的进价高于已结算的进价,应由进货企业补付货款差额。

在会计核算上,如果商品尚未售出或虽已售出但尚未结转商品销售成本,根据供货单位的更正发票编制会计分录如下:

> 借:库存商品
>   应交税费——应交增值税(进项税额)
>   贷:银行存款/应付账款

如果商品已售出且已结转商品销售成本,也需调整"主营业务成本"账户。编制会计分录如下:

> 借:主营业务成本
>   应交税费——应交增值税(进项税额)
>   贷:银行存款/应付账款

【例6-4】 琴岛宾馆附设商场向上海餐具厂购入餐具20套,每套单价300元,货款已付讫。今收到该厂更正发票,列明该餐具每套价格应为350元,应补付货款1 000元,增值税额160元。经查,20套餐具尚未售出。所补款项尚未支付。编制会计分录如下:

> 借:库存商品   1 000
>   应交税费——应交增值税(进项税额)   160
>   贷:应付账款   1 160

6.2.4 商品销售的核算

商场经营贵重商品采用数量进价金额核算时,由于购货对象主要是个人消费者,对每笔成交的销售业务,一般都要填制普通发票,增值税额不单独列出,而是包含在货款之中。

商品部销货收款方式主要有直接收款和集中收款两种。直接收款方式也就是"一手交钱一手交货"的售货方式,销货时不需填制销售凭证,销货与收款均由营业员一人经手;集中收款方式,则是由专设的收银台或收银人员负责收款,营业员只管货不管钱,每笔交易先由营业员填制销售凭证,消费者据以向收款台交款,然后由消费者凭盖有收银台的"现金收讫"印章的销货凭证向营业员领取商品。

无论采用哪种收款方式,每日营业终了,商场根据销货发票编制"销货日报表"(见表6-1),并根据收款情况编制"收款日报表"(见表6-2)。然后将这两张报表连同销售商品收取的现金和结算凭证一并送交财务部门。

表6-1
销货日报表
2×19年6月1日　　　　　　　　　　　　　金额单位:元

货号	品名	计量单位	数量	单价	金额	发票张数
1001	龙井绿茶	千克	10	80	800	4
1002	茉莉花茶	千克	4	100	400	2
1003	祁门红茶	千克	10	90	900	5
	合计				2 100	11

表6-2
收款日报表
2×19年6月1日　　　　　　　　　　　　　单位:元

业务项目	金额	结算方式	金额	发票张数
销售收入	2 100	现金	500	6
		转账支票	600	4
		信用卡	1 000	1
合　计	2 100	合　计	2 100	11
销货溢款		销货短款		

财会部门根据"收款日报表"上现金、转账支票和信用卡结算的金额以及"销货日报表"上的金额,编制会计分录如下:

借:库存现金/银行存款等
　　财务费用　　　　　　　　　　　　　　　　　　　　【按信用卡手续费金额】
　　贷:主营业务收入
借:主营业务成本
　　贷:库存商品

【例6-5】 琴岛宾馆附设商场自营商品部6月1日食品柜销售收入2 100元。其中,现金结算500元,转账支票结算600元,信用卡结算1 000元,信用卡结算的手续费为9‰,该宾馆为信用卡特约结算单位。

(1) 财务部门根据各柜组交来的现金及交款单,审核无误后编制会计分录如下:

借:库存现金　　　　　　　　　　　　　　　　　　　　　　　　　　500
　　银行存款　　　　　　　　　　　　　　　　　　　　　　　　　1 591
　　财务费用　　　　　　　　　　　　　　　　　　　　　　　　　　　9
　　贷:主营业务收入——商品销售业务　　　　　　　　　　　　　　2 100

（2）将现金存入银行后编制会计分录如下：

借：银行存款　　　　　　　　　　　　　　　　　　　　　　500
　　贷：库存现金　　　　　　　　　　　　　　　　　　　　　　　　500

经计算，该批商品的进价成本为 1 450 元。

（3）结转库存商品的销售成本，编制会计分录如下：

借：主营业务成本——商品销售成本　　　　　　　　　　　　1 450
　　贷：库存商品—食品柜　　　　　　　　　　　　　　　　　　　1 450

6.2.5　主营业务收入的调整

由于商场销售商品时增值税额包含在货款之内，因此"主营业务收入"账户反映的是含税收入，至月末需要进行调整，将含税收入中的销项税额分离出来，使"主营业务收入"账户反映商场真正的销售额。调整含税收入的计算公式如下：

$$销售额 ＝ 含税收入 ÷ (1 ＋ 增值税税率)$$
$$销项税额 ＝ 含税收入 － 销售额$$

【例 6-6】　琴岛宾馆附设商场月末"主营业务收入——商品销售业务"账户余额为 46 400 元，增值税税率为 16%，调整本月份的主营业务收入，计算的结果如下：

$$销售额 ＝ 46 400 ÷ (1 ＋ 16\%) ＝ 40 000(元)$$
$$销项税额 ＝ 46 400 － 40 000 ＝ 6 400(元)$$

根据计算的结果，编制会计分录如下：

借：主营业务收入——商品销售业务　　　　　　　　　　　　6 400
　　贷：应交税费——应交增值税（销项税额）　　　　　　　　　　6 400

6.2.6　代销商品的核算

对于价格高，占用资金多、消费面窄的高级工艺品、字画等商品，商场可以采用代销的方式，以有效地利用供货方的资金开展经营业务。委托代销是指委托方根据协议，委托受托方代销商品的一种销售方式。委托代销可分为视同买断方式和支付手续费两种方式。商场一般采用的是支付手续费方式的委托代销。

商场采用代销方式时，必须与供货方订立"商品委托代销合同"，合同上应注明结算方式、接受价格、销售价格、货款结算时间、商品保管的要求及双方承担的责任等。

采用支付手续费代销方式下，委托方在发出商品时，商品所有权上的主要风险和报酬并未转移给受托方，委托方在发出商品时通常不应确认销售商品收入，而应在收到受托方开出的代销清单时确认销售商品收入，同时将应支付的代销手续费计入销售费用；受托方应在代销商品销售后，按合同或协议约定的方法计算确定代销手续费，确认劳务收入。

支付手续费委托代销方式下主要涉及"受托代销商品""受托代销商品款"两个账户（见图 6-3、图 6-4）。

借方	受托代销商品	贷方
期初余额 ① 收到代销商品	② 销售代销商品	
期末余额:尚未销售的代销商品		

图 6-3　"受托代销商品"账户

"受托代销商品"是资产类账户,核算企业接受其他单位委托代销的商品。

借方	受托代销商品款	贷方
期初余额 ② 销售代销商品	① 收到代销商品	
	期末余额:尚未销售的代销商品	

图 6-4　"受托代销商品款"账户

"受托代销商品款"是负债类账户,核算企业接受其他单位委托代销的商品货款。

(1)商场在收到代销商品时,不作购进处理,编制会计分录如下:

借:受托代销商品
　贷:受托代销商品款

(2)销售代销商品时,编制会计分录如下:

借:库存现金等　　　　　　　　　　　　　　　　　　　　　　【按照实际收到款项】
　贷:应付账款　　　　　　　　　　　　　　　　　　　　　　【实现的销售收入】
　　应交税费——应交增值税(销项税额)　　　　　　　　　　【按应交增值税额】

借:受托代销商品款
　贷:受托代销商品　　　　　　　　　　　　　　　　　　　　【按接受价格】

借:应交税费——应交增值税(进项税额)
　贷:应付账款

(3)结算货款和手续费时,编制会计分录如下:

借:应付账款
　贷:银行存款
　　其他业务收入　　　　　　　　　　　　　　　　　　　　　【按手续费收入】

【例 6-7】　琴岛宾馆附设商场根据委托代销合同,接受精工工艺品厂委托销售某工艺品 200 件,合同约定商场应按每件 100 元对外销售,工艺品厂按售价的 10% 支付手续费。该商场对外实际销售 100 件,开出的增值税专用发票上注明的销售价款为 10 000 元,增值税额为 1 600 元,款项已经收到。

① 收到商品时【按照协议价确认】,编制会计分录如下:

借:受托代销商品　　　　　　　　　　　　　　　　　　　　　20 000
　贷:受托代销商品款　　　　　　　　　　　　　　　　　　　　20 000

② 对外销售时【不确认收入】,编制会计分录如下:

借:银行存款   11 600
   贷:应付账款   10 000
      应交税费——应交增值税(销项税额)   1 600

③ 收到增值税专用发票时【视同购进】,编制会计分录如下:

借:应交税费——应交增值税(进项税额)   1 600
   贷:应付账款   1 600

借:受托代销商品款   10 000
   贷:受托代销商品   10 000

④ 支付货款并计算代销手续费时,编制会计分录如下:

借:应付账款   11 600
   贷:银行存款   10 600
      其他业务收入   1 000

知识拓展6-1

视同买断方式下委托代销的账务处理

视同买断方式是指委托方和受托方签订合同或协议,委托方按协议价格收取委托代销商品的货款,实际售价可由受托方自定,实际售价与协议价之间的差额归受托方所有的销售方式。

由于这种销售本质上仍是代销,委托方将商品交付给受托方时,商品所有权上的风险和报酬并未转移给受托方,因此,委托方在交付商品时不确认收入,受托方也不作购进商品处理。受托方将商品销售后,应按实际售价确认为销售收入,并向委托方开具代销清单。委托方收到代销清单时,再确认本企业的销售收入。其账务处理如表6-3所示。

表6-3   视同买断方式下委托代销的账务处理

情形	账务处理	
	委托方	受托方

交付商品	借:委托代销商品
	  贷:库存商品
		借:受托代销商品
		  贷:受托代销商品款

受托方实际销售商品,委托方收到代销清单	① 借:应收账款——受托方
	  贷:主营业务收入
	    应交税费——应交增值税(销项税额)
		① 借:银行存款
		  贷:主营业务收入
		    应交税费——应交增值税(销项税额)

		② 借:主营业务成本 贷:受托代销商品

	② 借:主营业务成本
	  贷:委托代销商品
		③ 借:受托代销商品款
		    应交税费——应交增值税(进项税额)
		  贷:应付账款——委托方

结算货款	借:银行存款
	  贷:应收账款——受托方
		借:应付账款——委托方
		  贷:银行存款

6.2.7 商品存储的核算

旅游饮食服务业附设的商品部在商品储存过程中,易出现商品溢余和短缺及调价、削价等情况,企业会计部门应对这些情况认真组织核算,正确处理商品存储中出现的各种问题。为了加强对商品储存的核算和管理,财会部门必须与有关各部门密切配合,定期盘点商品,以达到账实相符的目的。

1. 商品盘点短缺和溢余的核算

采用数量进价金额核算的商场对商品要经常清查盘点。财会部门在商品清查盘点前,应将有关商品收发业务的凭证全部登记入账,并结出库存商品余额,以便与柜台盘点的实存数量进行核对。商品盘点后,由商品保管人员负责填制"商品盘存表"。"商品盘存表"上账存数与实存数如不相符,应填制一式数联的"商品盘点短缺溢余报告单"。将其中一联转交财会部门后,财会部门据以将商品短缺或溢余金额转入"待处理财产损溢"账户,待查明原因后,再区分情况进行处理。

购进商品发生溢余和短缺,在未查明原因以前,先按商品实收数入库,并根据"商品盘点短缺溢余报告单"将溢余或短缺商品先以"待处理财产损溢——待处理流动资产损溢"账户处理。

【例6-8】 琴岛宾馆附设商场根据盘点结果,填制"商品盘点短缺溢余报告单"如表6-4所示。

表6-4 商品盘点短缺溢余报告单 金额单位:元

品名	计量单位	单价	账存数量	实存数量	短缺		溢余		原因
					数量	金额	数量	金额	
男鞋	双	200	21	30			9	1 800	待查
女鞋	双	300	15	10	5	1 500			待查
合计						1 500		1 800	

(1)财会部门审核无误,据以调整库存商品结存额,根据盘盈盘亏金额,分别编制会计分录如下:

借:待处理财产损溢——待处理流动资产损溢　　　　　　　　　　　　　　1 500
　　贷:库存商品——女鞋　　　　　　　　　　　　　　　　　　　　　　　　1 500

借:库存商品——男鞋　　　　　　　　　　　　　　　　　　　　　　　　1 800
　　贷:待处理财产损溢——待处理流动资产损溢　　　　　　　　　　　　　　1 800

(2)今查明溢余9双男鞋系供货单位多发商品,现已补来增值税专用发票,开列货款1 800元,增值税额288元。款项当即以转账支票付讫,编制会计分录如下:

借:待处理财产损溢——待处理流动资产损溢　　　　　　　　　　　　　　1 800
　　应交税费——应交增值税(进项税额)　　　　　　　　　　　　　　　　288
　　贷:银行存款　　　　　　　　　　　　　　　　　　　　　　　　　　　2 088

(3)今查明短缺5双女鞋是销售过程中漏收货款,经领导批转50%由责任人负责赔偿,其他作为企业损失。编制会计分录如下：

借：营业外支出   750

  其他应收款   750

  贷：待处理财产损溢——待处理流动资产损溢   1 500

相关思考6-2

你了解"待处理财产损溢"账户吗？

"待处理财产损溢"账户属资产类账户，核算企业已经发生而未查明原因等待处理的各项资产的盘盈、盘亏、溢余和短缺。其下设"待处理固定资产损溢"和"待处理流动资产损溢"两个明细账户。"待处理财产损溢"账户的借方登记商品短缺发生数和商品溢余转销数；贷方登记商品溢余发生数和商品短缺转销数；借方余额表示尚未处理的商品短缺数额；贷方余额表示尚未处理的商品溢余数额。企业清查的各项盘盈盘亏应在期末结账前清理完毕，该账户期末结账后应无余额。如果期末尚未批准则进行预处理，待批准后再进行调整。

2. 商品削价的核算

商场期末在对库存商品进行清查盘点时，如果发现由于商品遭受毁损或陈旧过时等原因使商品可变现净值低于成本，这时应根据谨慎性会计信息质量要求，计提存货跌价准备。其中，商品的可变现净值计算公式如下：

可变现净值 ＝ 商品估计售价 － 估计销售费用 － 相关税费

企业计算出商品可变现净值低于成本时，要计提存货跌价准备。如已计提跌价准备商品的价值以后又得以恢复，应冲减原来已计提的存货跌价准备。已减值的商品售出时，要结转相应的已计提存货跌价准备金额。这里主要涉及"存货跌价准备"账户（见表6-5）。

借方	存货跌价准备	贷方
期初余额 ② 存货价值恢复，转回已计提存货跌价准备 ③ 结转已计提的存货跌价准备	① 存货减值，计提存货跌价准备	
	期末余额：已计提尚未转销的存货跌价准备	

图6-5 "存货跌价准备"账户

"存货跌价准备"是资产的备抵账户，核算企业存货的减值金额。

（1）期末可变现净值低于成本时，编制会计分录如下：

借：资产减值损失——存货跌价损失

 贷：存货跌价准备

（2）已计提跌价准备的商品价值以后又得以恢复时，编制会计分录如下：

借：存货跌价准备

 贷：资产减值损失——存货跌价损失

（3）减值商品售出，结转相应存货跌价准备时，编制会计分录如下：

借：存货跌价准备

　　贷：主营业务成本

【例6-9】 琴岛宾馆附设商场月末对商品进行清查盘点,发现女式背包50个陈旧过时,每个售价经批准削价为34.8元,内含增值税税额4.80元,其成本为50元,估计销售费用为1元。

(1)4月30日,商品可变现净值=50×(30−1)=1 450(元),成本=50×50=2 500(元)

减值金额=2 500−1 450=1 050(元)

计提存货跌价准备,编制会计分录如下：

借：资产减值损失——存货跌价损失　　　　　　　　　　　　　　　1 050

　　贷：存货跌价准备　　　　　　　　　　　　　　　　　　　　　　　1 050

(2)5月15日,销售削价的女包10个,收到现金,反映商品销售收入,编制会计分录如下：

借：库存现金　　　　　　　　　　　　　　　　　　　　　　　　　　348

　　贷：主营业务收入——商品销售业务　　　　　　　　　　　　　　　300

　　　　应交税费——应交增值税(销项税额)　　　　　　　　　　　　　48

同时,结转商品销售成本,结转相应存货跌价准备,编制会计分录如下：

借：主营业务成本——商品销售成本　　　　　　　　　　　　　　　　500

　　贷：库存商品　　　　　　　　　　　　　　　　　　　　　　　　　500

借：存货跌价准备　　　　　　　　　　　　　　　　　　　　　　　　210

　　贷：主营业务成本　　　　　　　　　　　　　　　　　　　　　　　210

6.3 │ 售价金额核算法

商场经营的除高档贵重商品外的其他商品,品种繁多,交易次数频繁。为了提高工作效率和服务质量,方便顾客购买,一般采用"一手交钱,一手交货"的销货方式。这种方式并不一定都要填制销货凭证,其核算一般采用售价金额核算法。

6.3.1　商品购进的核算

商场到供货单位挑选商品,取得供货单位的专用发票,据以将商品验收入库后,送交财会部门办理结算,以转账支票、商业汇票等支付账款;也可以根据管理的需要,另行填制收货单,一式数联,待商品验收入库后,将其中一联连同供货单位的专用发票一并送交财会部门入账。其中,收货单的格式如表6-5所示。

表6-5

收 货 单

供货单位：美农土特产批发厂　　　　　　2×19年6月1日　　　　　　进货部门：食品柜

品名	单位	数量	进价	售价	商品进销差价
腰果	袋	50	55	60	250
无花果	袋	40	25	30	200
合计					450

财会部门根据专用发票及结算凭证入账。这里主要涉及"在途物资""库存商品"以及"商品进销差价"三个账户。其中,"在途物资"账户核算商品进价,"库存商品"账户核算商品售价,"商品进销差价"账户(见表6-6)核算商品进价和售价之间的差额。

借方	商品进销差价	贷方
	期初余额	
③ 月末分摊已销商品应分摊的进销差价,商品加工付出、出租转出应分摊的进销差价	① 购进、加工收回、销货退回商品售价大于进价的差价	
④ 商品调价减值以及商品短缺而转销的进销差价	② 商品调价以及商品溢余增加的进销差价	
	期末余额:库存商品的进销差价	

图 6-6 "商品进销差价"账户

"商品进销差价"是资产类账户,是"库存商品"账户的抵减账户。期末"库存商品"账户余额,减去"商品进销差价"账户余额,就是库存商品的进价余额。

采用售价金额核算法购进商品的会计分录如下。

(1) 进行商品采购时,编制会计分录如下:

借:在途物资
　　应交税费——应交增值税(进项税额)
　　贷:银行存款等

(2) 商品验收入库时,编制会计分录如下:

借:库存商品　　　　　　　　　　　　　　　　　　　　　　　　【商品售价】
　　贷:在途物资　　　　　　　　　　　　　　　　　　　　　　【商品进价】
　　　　商品进销差价　　　　　　　　　　　　　　　　　【售价与进价的差额】

【例 6-10】 琴岛宾馆附设商场转来玩具厂的增值税专用发票,开列小玩具 100 件,每个进价 16 元,计进价金额 1 600 元,增值税额 256 元。

(1) 6 月 1 日,专用发票经审核无误,当即签发转账支票 1 856 元,支付全部款项,编制会计分录如下:

借:在途物资　　　　　　　　　　　　　　　　　　　　　　　　　　1 600
　　应交税费——应交增值税(进项税额)　　　　　　　　　　　　　　 256
　　贷:银行存款　　　　　　　　　　　　　　　　　　　　　　　　 1 856

(2) 6 月 5 日,商品已由商场百货柜验收入库。该批小玩具单位售价为 18.6 元。收货单审核无误后,编制会计分录如下:

借:库存商品　　　　　　　　　　　　　　　　　　　　　　　　　　1 860
　　贷:在途物资　　　　　　　　　　　　　　　　　　　　　　　　 1 600
　　　　商品进销差价　　　　　　　　　　　　　　　　　　　　　　　 260

6.3.2 进货退出的核算

商场购进商品后,如果发现商品的品种、规格、质量与专用发票所列不符,可与供收货单位协商,征得对方同意后退出商品,由供货单位开出退货的红字专用发票,商场作进货退出处理。

(1) 收到红字专用发票,按退货处理,编制会计分录如下:

借:应付账款　　　　　　　　　　　　　　　　　　　　　　　　【商品进价】
　　商品进销差价　　　　　　　　　　　　　　　　　　　　　【售价与进价的差额】
　　贷:库存商品　　　　　　　　　　　　　　　　　　　　　　　　【商品售价】

(2) 冲减进项税额,编制会计分录如下:

借:应付账款
　　贷:应交税费——应交增值税(进项税额)

【例6-11】　琴岛宾馆附设商场购进小玩具一批,已由商场百货柜验收入库。今发现其中 50 个玩具质量不符合要求,与该厂联系后,对方同意退货。该玩具每个进价 16 元,应退货款 800 元,退增值税 128 元,单位售价为 18.6 元。

(1) 收到红字专用发票,按退货处理,编制会计分录如下:

借:应付账款　　　　　　　　　　　　　　　　　　　　　　　　　800
　　商品进销差价　　　　　　　　　　　　　　　　　　　　　　　130
　　贷:库存商品　　　　　　　　　　　　　　　　　　　　　　　930

(2) 冲减进项税额,编制会计分录如下:

借:应付账款　　　　　　　　　　　　　　　　　　　　　　　　　128
　　贷:应交税费——应交增值税(进项税额)　　　　　　　　　128

6.3.3　购进商品退补价的核算

商场购进商品后,如果供货单位发现自己之前开错发票,很可能会更正其开错的商品价款,这样就发生了购进商品退补价的核算。商品购进退补价是更正商品的购进价格,而不影响商品的销售价格,因此在核算时只需调整“商品进销差价”账户。

(1) 购进商品退价时,编制会计分录如下:

借:银行存款/应付账款
　　贷:商品进销差价
　　　　应交税费——应交增值税(进项税额)

(2) 购进商品补价时,编制会计分录如下:

借:商品进销差价
　　应交税费——应交增值税(进项税额)
　　贷:银行存款/应付账款

【例6-12】　琴岛宾馆附设商场购进小玩具 100 个,已由商场百货柜验收入库。该玩具每个进价 16 元,售价为 18.6 元。现收到供货单位的更正发票,每个玩具的购进单价为 15 元,应退货款 100 元,退增值税 16 元。编制会计分录如下:

借:银行存款　　　　　　　　　　　　　　　　　　　　　　　　　116
　　贷:商品进销差价　　　　　　　　　　　　　　　　　　　　　100
　　　　应交税费——应交增值税(进项税额)　　　　　　　　　　16

6.3.4 商品销售的核算

商场的商品销售业务,一般直接面向个人消费者,因此除少数个人采用信用卡和企事业单位采取转账结算外,商品销售收入主要是采用收取现金方式。收款方式有直接收款和集中收款两种,具体操作过程已在第二节介绍,这里不再重复。

无论直接收款还是集中收款,商场各柜组在每天营业结束后,都应按其所收销货款填制"销货收入交款单"。"销货收入交款单"的格式如表6-6所示。"销货收入交款单"一式二联,连同销货款及结算单据一并送交财会部门,财会部门点收无误后,加盖"收讫"戳记,一联退还交款柜组,作为其交款的依据;另一联作为财会部门的入账凭证。

表6-6   销货收入交款单

交款部门: 2×19年5月6日

货 款 种 类	张数	金额	货 款 种 类	张数	金额
			信用卡	3	1 500.00
现金	16	1 600.00	转账支票	1	1 950.00
其中:票面100元	6	300.00			
票面50元	16	320.00			
票面20元	20	200.00			
票面10元	23	115.00			
票面5元	10	10.00			
票面1元		5.00			
角、分币					
人民币(大写)	人民币陆仟元整	￥6 000.00			

(1)财会部门将各营业柜组交来的"销货收入交款单"及现金、转账支票和信用卡等金额,编制会计分录如下:

借:库存现金
    银行存款
    财务费用   【按信用卡手续费】
    贷:主营业务收入   【按含税售价】

(2)现金解缴银行后,编制会计分录如下:

借:银行存款
    贷:库存现金

(3)每天结转库存商品成本,编制会计分录如下:

借:主营业务成本   【按售价金额】
    贷:库存商品

【例6-13】 琴岛宾馆附设商场5月6日各柜组销售情况如下:百货柜销货收入为3 450元,食品柜销货收入为2 550元,在货款结算中现金为2 550元,转账支票为1 950元,信用卡为 1 500 元,信用卡的结算手续费率为 9‰,该酒家为信用卡特约结算单位。

(1) 财会部门根据各柜组交来的销货收入交款单及现金,转账支票和信用卡签购单已解存银行,编制会计分录如下:

借：库存现金   2 550
  银行存款   3 436.5
  财务费用   13.5
 贷：主营业务收入——商品销售业务(百货柜)   3 450
      ——商品销售业务(食品柜)   2 550

(2) 将现金集中解存银行,取得解款回单,编制会计分录如下:

借：银行存款   2 550
 贷：库存现金   2 550

(3) 结转库存商品成本,编制会计分录如下:

借：主营业务成本——商品销售业务(百货柜)   3 450
     ——商品销售业务(食品柜)   2 550
 贷：库存商品——百货柜   3 450
    ——食品柜   2 550

6.3.5 主营业务收入和主营业务成本的调整

由于商场平时所做的收入均为含税收入,所以,月末需将平时含税的销售收入分解为全月不含税的销售收入,并将其中的销项税额转入"应交税费——应交增值税(销项税额)"账户。具体计算方法与数量进价金额法相同,这里不再重复。

商场采用售价金额核算库存商品,平时每天按照商品售价结转主营业务成本。月末,为了核算商品销售业务的经营成果,需要计算和结转已销商品的进销差价,将其调整为进价成本。已销商品进销差价的计算方法有综合差价率推算法,分类(组)差价率推算法和实际进销差价计算法三种。各企业可以按自己业务经营特点分别选择不同的方法计算。

1. 综合差价率推算法

综合差价率推算法是根据企业经营的全部商品存销比例,平均分摊进销差价的一种方法。其具体计算步骤是:

(1) 计算综合平均差价率:

$$综合差价率 = \frac{结转前"商品进销差价"账户余额}{期末"库存商品"账户余额 + 本期商品销售收入} \times 100\%$$

(2) 计算已销商品进销差价

$$本期已销商品进销差价 = 本期商品销售收入 \times 综合差价率$$

(3) 根据计算出来的已销商品应分摊的进销差价,编制会计分录如下:

借：商品进销差价
 贷：主营业务成本

【例 6-14】 琴岛宾馆附设商场 6 月 30 日有关账户资料如下：

月末分摊前"商品进销差价"账户余额：16 000 元

"库存商品"账户余额：28 600 元

本月"主营业务收入——商品销售收入"账户余额：35 400 元

计算综合差价率并结转已销商品进销差价如下：

综合差价率 = 16 000 ÷ (28 600 + 35 400) × 100% = 25%

本期已销商品进销差价 = 35 400 × 25% = 8 850(元)

根据计算结果，编制会计分录如下：

借：商品进销差价   8 850

  贷：主营业务成本——商品销售业务   8 850

用综合差价率推算法计算的手续最为简便，但计算的结果不够准确。综合差价率推算法主要适用于商场规模较小，分柜组计算差价率确有困难的企业。

2. 分柜组差价率推算法

分柜组差价率推算法是根据商场的各营业柜组商品存销比例，推算本期已销商品应分摊进销差价的一种方法。计算方法与综合差价率推算法基本相同，只是计算的范围已缩小，它要求各营业柜组分别计算其差价率，将各柜组已销商品进销差价进行汇总，即形成企业全部商品的进销差价。

【例 6-15】 琴岛宾馆附设商场采用分柜组差价率推算法计算进销差价，12 月 31 日有关各明细账户的资料计算各柜组已销商品进销差价如表 6-7 所示。

表 6-7   已售商品进销差价计算表   单位：元

营业柜组名称	月末结转前商品进销差价余额	月末库存商品余额	本月主营业务收入发生额	差价率	已销商品进销差价	期末商品进销差价
①	②	③	④	⑥=②/(③+④)	⑦=④×⑥	⑧=②-⑦
服装组	16 000	38 800	19 800	27.30%	5 405.40	10 594.6
百货组	18 900	43 200	57 020	18.86%	10 753.97	8 146.03
食品组	5 800	4 850	9 200	41.28%	3 797.76	2 002.24
合计	40 700	86 850	86 020	—	19 957.13	20 742.87

根据以上计算结果，编制会计分录如下：

借：商品进销差价——服装组   5 405.40

          ——百货组   10 753.97

          ——食品组   3 797.76

  贷：主营业务成本——服装组   5 405.40

          ——百货组   10 753.97

          ——食品组   3 797.76

分柜组差价率推算法的计算较为简单，推算的结果较为准确，但与实际相比仍有一定的偏差。这种方法主要适用于商场规模较大、需要分柜组核算其经营成果的企业。

3. 实际进销差价计算法

实际进销差价计算法是通过实际盘点,先计算出期末商品的进销差价,进而逆算求得已销商品进销差价的一种方法。其计算程序为,期末由各营业柜组通过商品盘点,编制"库存商品盘存表"。根据各种商品的实存数量,分别乘以销售单价和购进单价,计算出期末库存商品的售价金额和进价金额。其计算公式如下:

期末库存商品进销差价 = 期末库存商品售价总金额 − 期末库存商品进价总金额

已销商品进销差价 = 结转前"商品进销差价"账户余额 − 期末库存商品进销差价

【例 6-16】 琴岛宾馆附设商场采用实际进销差价计算法,7 月 31 日有关资料如下:结转前"商品进销差价"账户余额为 13 200 元,"库存商品"账户期末余额为 16 300 元,经盘点该实物负责人所经营的商品售价金额账实相符,库存商品进价总金额为 10 175 元。

则进销差价计算如下:

库存商品的进销差价 = 16 300 − 10 175 = 6 125(元)

已销商品的进销差价 = 13 200 − 6 125 = 7 075(元)

根据计算结果,编制会计分录如下:

借:商品进销差价　　　　　　　　　　　　　　　　　　　　　　7 075

　　贷:主营业务成本——商品销售成本　　　　　　　　　　　　　　7 075

采用实际进销差价计算法,月末库存商品进销差价和已销商品进销差价计算的结果都很准确。但由于这种方法要根据每种商品的盘存数量,分别计算其售价金额和进价金额,因此,计算工作量大,主要适用于经营商品品种较少的企业,或者在企业需要反映其期末库存商品实际价值时采用。

6.3.6　商品存储的核算

1. 商品调价的核算

商品调价是指商场根据市场供需情况或国家物价政策,对某些正常商品价格进行适当地调高或调低。通常情况下,商场应在规定调价日期的前一天营业结束后,由核价人员、财务人员和各营业柜组对调价商品进行详细盘点,按照实际库存数量由营业柜组填制"商品调价差额调整单"一式数联,其中一联交财务部门,其余联次交付有关部门,如表 6-8 所示。财务部门复核无误后,将调价差额全部体现在商品经营损益中。由于商品进价无变动,因此只需调整"库存商品"和"商品进销差价"账户。

(1)对调高售价金额的库存商品,编制会计分录如下:

借:库存商品

　　贷:商品进销差价

(2)对调低售价金额的库存商品,编制会计分录如下:

借:商品进销差价

　　贷:库存商品

【例6-17】 琴岛宾馆附设商场根据市场价格变化,将部分商品价格从7月1日起调整零售价格,百货柜组经过盘点,编制"商品调价差额调整表"如表6-8所示。

表6-8　　　　　　　　　　　　　　**商品调价差额调整单**

填报部门:百货柜　　　　　　　　　2×19年7月1日　　　　　　　　　　　单位:元

品名	计量单位	盘存数量	零售价格		调整单位差价		调高金额	调低金额
			新价	原价	增加	减少		
保温杯	个	200	55	50	5		1 000	
雨伞	个	300	30	25	5		1 500	
合　计		—	—	—	—	—	2 500	

财务部门根据"商品调价差额调整单"编制会计分录如下:

借:库存商品——百货组　　　　　　　　　　　　　　　　　2 500
　　贷:商品进销差价——百货组　　　　　　　　　　　　　　　　　　2 500

2. 商品盘点短缺和溢余的核算

商场在按售价金额核算的条件下,一般没有数量记载。零售商品在销售和储存过程中,由于商品性质不同以及经营管理方面等主客观因素,往往使商品的实存数量与账面数量发生差异,出现溢余或短缺的情况。

商场为加强对库存商品的管理,每月至少全面盘点一次,如发生部门实物负责人调动、商品调价等情况,还要进行不定期的全面盘点或局部盘点。

商场各实物负责小组对其所经营的商品进行盘点时,一般要填列商品盘存表,表内列明商品品名、编号、规格、数量、售价等项目。查明账实不符的原因后,将其中一联报送领导审批,另一联送交财会部门作为记账的依据。"商品盘点短缺溢余报告单"格式如图表6-9所示。

商品盘点短缺或溢余是以商品的售价金额来反映的,在"商品盘点短缺溢余报告单"中,还要将其调整为进价金额,财会部门在缺溢商品未查明原因前,应将短缺或溢余商品的进价金额先记入"待处理财产损溢"账户,将短缺或溢余商品的售价金额记入"库存商品"账户;两者之间的差额记入"商品进销差价"账户。待查明原因后,根据领导批复的意见,再将其转入"营业外支出"或"其他应收款"等账户。

【例6-18】 琴岛宾馆附设商场7月31日进行商品盘点时发现食品组短缺200元,填制"商品盘点短缺溢余报告单",如表6-9所示。

表6-9　　　　　　　　　　　　　　**商品盘点短缺溢余报告单**

部门:食品组　　　　　　　　　　　2×19年7月31日　　　　　　　　　　　单位:元

账存金额	36 455	溢余价格		溢余短缺原因	销货差错
实存金额	36 255	短缺价格	200		
上月本柜组差价率			23%		
溢余商品差价		溢余商品进价			
短缺商品差价	46	短缺商品进价	154		
领导批复		部门意见		要求作为企业损失	

（1）财务部门收到"商品盘点溢余短缺报告单"，编制会计分录如下：

借：待处理财产损溢——待处理流动资产损溢   154

     商品进销差价——食品组   46

  贷：库存商品——食品组   200

（2）31日，经相关调查批复，将商品短缺作为企业损失，编制会计分录如下：

借：营业外支出   154

  贷：待处理财产损溢——待处理流动资产损溢   154

3. 商品削价的核算

商品削价是对库存中呆滞、冷背、残损、变质的商品所做的降价处理。商品削价后，如果可变现净值高于成本，则根据削价减值金额借记"商品进销差价"账户，贷记"库存商品"账户，以调整其账面价值。商品削价后，可变现净值低于成本时，除了根据削价减值金额作销价处理以调整其账面价值外，还应同时计提存货跌价准备。

（1）按削价金额，编制会计分录如下：

借：商品进销差价

  贷：库存商品

（2）按可变现净值低于成本的差额，编制会计分录如下：

借：资产减值损失——存货跌价准备

  贷：存货跌价准备

（3）售出已削价产品时，结转相应的存货跌价准备，编制会计分录如下：

借：存货跌价准备

  贷：主营业务成本

【例6-19】 琴岛宾馆附设商品百货组，月末有100件购入的男士衬衣削价处理，该服装原售价174元，经批准削价为116元。原进价为120元，销售费用1元/件，增值税税率为16%，对该服装削价进行会计处理。

商品削价后售价减少金额 = $(174-116)\times100 = 5\,800$(元)

男士衬衣削价后不含税售价 = $116\times100\div1.16 = 10\,000$(元)

男士衬衣可变现净值 = $10\,000-100\times1 = 9\,900$(元)

男士衬衣可变现净值低于成本价格的差额 = $120\times100-9\,900 = 2\,100$(元)

（1）根据削价减少的售价，调整库存商品的账面价值，编制会计分录如下：

借：商品进销差价——服装组   5 800

  贷：库存商品——服装组   5 800

（2）同时，根据可变现净值低于商品成本的差额计提存货跌价准备，编制会计分录如下：

借：资产减值损失——存货跌价准备   2 100

  贷：存货跌价准备   2 100

4. 库存商品的明细分类核算

采用售价金额核算法库存商品明细分类账是按营业柜组设置的,在账户中反映各营业柜组库存商品的售价金额,通常采用三栏金额式账页登记。各营业柜组为了掌握本部门商品进、销、存的动态和销售预算的完成情况,便于向财会部门报账,每天营业结束后,应根据商品经营的各种原始凭证,编制"商品进销存日报表"(见表6-10)。此表一式数联,营业柜组自留一联,一联连同有关的原始凭证送交财会部门,经复核无误后,据以入账。

表6-10

商品进销存日报表

部门:食品组　　　　　　　　　　2×19 年 7 月 30 日　　　　　　　　　　单位:元

项目		金额	项目		金额
昨日结存		160 000	今日发出	销售	8 600
今日收入	购进	8 000		调价减值	
	调价增值	640		削价	450
	溢余			短缺	40
			今日结存		159 550
本日销售预算			本日销售累计		

由于"商品进销存日报表"反映了各营业柜组库存商品每天进、销、存的情况,其反映的内容与库存商品明细账反映的内容是一致的。因此,可将该表分营业组按时间顺序装订成册,代替库存商品明细账,以简化核算手续。

重 要 概 念

售价金额核算法　数量进价金额核算法　进货退出　进货退补价　调价　削价

本 章 练 习

一、单项选择题

1. 采用售价金额核算法核算时,按照售价记账的方式正确的是(　　)。

A. 只记金额,不记数量　　　　　　　　B. 只记数量,不记金额

C. 数量和金额同时记　　　　　　　　　D. 数量和金额都不记

2. 下列选项中,关于数量进价金额核算法的叙述不正确的是(　　)。

A. 会计部门对库存商品总账和明细账的进、销、存金额均按进价记载

B. 在库存商品总账控制下,按商品的品名、规格、等级和编号分户进行明细核算。

C. 把大量按种不同品种开设的库存商品明细账归并为按实物负责人来分户设置的明细账(实物负责制),定期实地盘点。

D. 设置类目账

3. 下列选项中,关于"代理业务负债"的叙述不正确的是(　　)。

A. 包括受托投资资金、受托贷款资金等

B. 代理业务资产和代理业务负债,在资产负债表中需列示

C. 属于负债类账户,在借方,表示负债的减少

D. 代理业务负债期末贷方余额,反映企业收到的代理业务资金

4. 下列选项中,关于"商品进销差价"账户的叙述不正确的是(　　)。

A. 本账户核算企业库存商品采用售价进行日常核算的,商品售价与进价之间的差额。

B. 企业无论采用当月商品进销差价率还是上月商品进销差价率计算分摊商品进销差价,均应在年度终了,对商品进销差价进行核实调整。

C. 月末分摊已销商品的进销差价,借:商品进销差价　贷:主营业务成本

D. 商品进销差价的期末借方余额,反映企业库存商品的商品进销差价

二、多项选择题

1. 售价金额核算法的要点是有(　　)。

A. 建立实物负责制　　　　　　　　B. 库存商品按售价记账

C. 设置"商品进销差价"账户　　　　D. 加强商品盘点

2. 商品盘缺根据所查明的不同的原因,经批准后转入(　　)。

A. 销售费用　　　　B. 管理费用　　　　C. 营业外支出　　　　D. 其他应收款

3. 采用售价金额核算法,月末需要调整的账户有(　　)。

A. "库存商品"　　　B. "商品进销差价"　　C. "商品销售收入"　　D. "商品销售成本"

4. 下列涉及商品进销差价的计算公式正确的有(　　)。

A. 进销差价率＝(期初库存进销差价＋本期购入商品差价)/(期初库存商品售价＋本期商品售价)×100%

B. 本期已销商品应分摊的差价＝本期商品销售收入×进销差价率

C. 本期销售商品的实际成本＝本期商品销售收入－本期已销商品的进销差价

D. 期末结存商品的实际成本＝期初库存商品的实际成本＋本期购进商品的进价成本－本期销售商品的实际成本

三、判断题

1. 商品进销差价率＝商品进销差价之和/商品的售价总额。　　　　　　　　　　(　　)

2. 本期应分摊的商品进销差价＝本期商品销售售价×商品进销差价率。　　　　(　　)

3. 采用售价金额核算法的企业发生商品短缺或溢余时,应按商品的售价记入"待处理财产损溢"账户。　　　　　　　　　　　　　　　　　　　　　　　　　　　(　　)

4. 计算已销商品进销差价是手段,调整商品销售成本才是目的。　　　　　　　(　　)

5. 采用实际进销差价计算法计算已销商品进销差价,需要根据期末"商品进销差价""库存商品"和"商品销售收入"账户余额等资料来进行。　　　　　　　　　　(　　)

四、简答题

1. 试述数量进价金额核算法的要点和适用性。

2. 试述售价金额核算法的要点和适用性。

3. 采用售价金额核算为何要在月末调整营业成本和营业收入?如何进行调整?

五、业务题

琴岛宾馆附设商场6月份发生以下经济业务,该商场对库存商品的核算采用数量进价金额核算法。

(1) 5日,购入化妆品50盒,收到增值税专用发票,列明每盒单价600元,增值税税率16%,款项以转账支票支付,尚未入库。

（2）8日，商场转来收货单，5日购进的化妆品50盒把全部验收入库。

（3）20日，收到商场交来的"销售日报表"和"收款期报表"，列明售出化妆品30盒，每盒702元。货款中转账支票结算结算为5 000元，信用卡结算10 000元，其余部分为现金结算，其中信用卡手续费率为9‰。

（4）20日，根据销售商品的进价，结转销售成本。

（5）30日，不考虑其他因素，调整本月份的主营业务收入金额。

要求：根据上述资料，编制会计分录。

六、案例题

琴岛宾馆附设商场有三个营业柜组：百货组、服装组、食品组，各组的商品期末库存商品账户金额分别为20 000元、15 000元、15 000元，本月的主营业务收入为48 000元、32 000元、20 000元，本月结转前的"商品进销差价"账户的金额为8 000元、4 000元、3 000元。

要求：

（1）计算综合差价率。

（2）计算并结转已销商品的进销差价。

（3）计算期末库存商品的进价。

第7章 期间费用和税金的核算

内容提要

本章主要讲述了期间费用的相关内容,包括销售费用、管理费用和财务费用的核算;税金的分类和核算的方法,要求掌握税金及附加的分类和内容,为旅游和餐饮企业涉及的各项税金核算奠定良好的基础。

重点难点

本章重点为销售费用、管理费用和财务费用的核算,以及税金的核算方法。

学习目标

通过本章学习,学生应理解期间费用的基本含义,掌握期间费用的主要分类和内容,并要求掌握不同种类的期间费用的核算方法;另外,学生应了解税金主要包含的内容,以及掌握不同税种的计算方法和会计分录。

知识框架

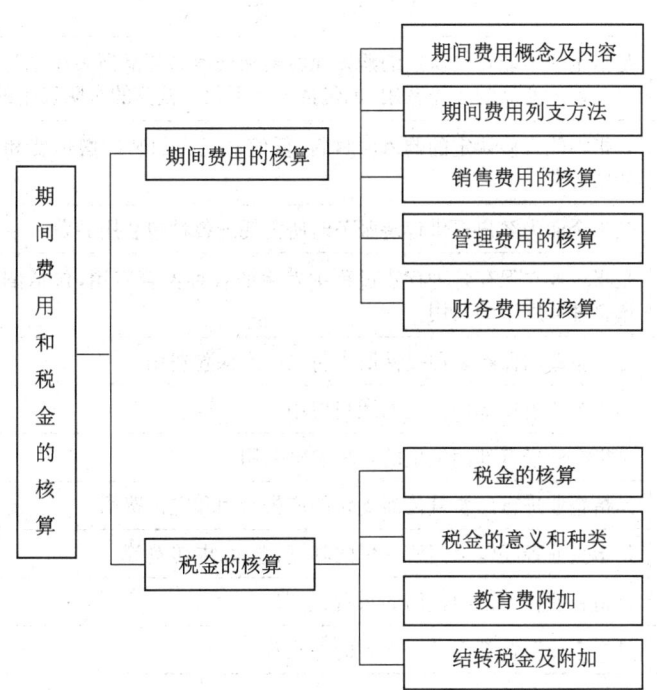

引入案例　管理型公司在期间费用核算上存在的问题

　　琴岛旅游公司成立于 2017 年 1 月,主要从事旅游管理和餐饮服务业,注册资金 2 000 万元,现有员工 200 多人。琴岛旅游公司前身是某旅游集团的项目管理部,为了使项目管理与项目具体经营相分离而独立出来的,现已具备了较为丰富的旅游项目管理经验。该公司的战略目标是把自身发展成为"以项目管理为模式、输出项目管理人才"的管理型旅游公司。但是,在期间费用管理方面,琴岛公司存在不少问题,这些问题也是旅游和餐饮企业普遍存在的问题:管理资源不能得到有效使用和调配,一方面使费用支出低效益,另一方面使资源缺少的地方得不到供给。造成这些问题的原因是什么?

7.1 | 期间费用的核算

7.1.1　期间费用概念及内容

　　期间费用是指企业当期发生的必须从当期收入得到补偿的费用。由于它仅与当期实现的收入相关,必须计入当期损益,所以被称其为期间费用。期间费用具有以下特点:一是期间费用一般不与某项收入直接联系;二是期间费用大多为共同费用;三是期间费用是均匀和经常发生的。期间费用按发生的环节和经济性质的不同可分为销售费用、管理费用和财务费用三大类。

1. 销售费用

　　销售费用是指旅游、餐饮企业各营业部门在经营过程中发生的各项费用。它包括下列各明细账户(见表 7-1)。

表 7-1　　　　　　　　　　　　　销售费用的明细账户及定义

明细账户	定　义
运输费	是指企业不能直接认定的购入原材料和低值易耗品所发生的运输各明细项目费用以及购入商品的运输费用,也包括内部不独立核算的车队发生的燃料费、养路费等
装卸费	是指不能直接认定的购入原材料、低值易耗品的装卸搬运费和购入商品发生的装卸搬运费
包装费	是指企业为客户提供包装服务时所消耗的各种包装用品费
保管费	是指企业在保存各种存货过程中发生的各种保管费用,包括倒库、晾晒、冷藏和挑选整理等发生的费用
保险费	是指企业向保险公司投保所支付的财产保险费用
燃料费	是指饭店餐饮部门耗用的燃料费用
展览费	是指企业经营部门发生的各种展览费用
广告宣传费	是指企业进行广告宣传而支付的广告费用和宣传费用
邮电费	是指企业各经营部门所支付的邮资、电报、电传费等
水电费	是指企业营业部门耗用的水费、电费
差旅费	是指企业营业部门人员出差的差旅费

（续表）

明细账户	定　义
洗涤费	是指企业营业部门洗涤工作服而发生的洗涤费
物料消耗	是指企业营业部门领用物料用品而发生的费用,物料用品主要包括日常用品、办公用品、包装物品、日常维修用材料、零配件等
折旧费	是指企业营业部门使用固定资产而发生的折旧费
修理费	是指企业营业部门使用固定资产、低值易耗品发生的修理费用
低值易耗品摊销	是指企业营业部门领用低值易耗品的摊销费用
职工薪酬	是指直接从事经营的营业部门人员的工资、奖金、津贴、补贴和福利费等
工作餐费	是指旅游饭店按规定为职工提供工作餐而支付的费用
服装费	是指旅游企业按规定为职工制作工作服而发生的费用
其他费用	是指上述各项以外的其他销售费用

2. 管理费用

管理费用是指企业为组织和管理经营活动而发生的费用以及由企业统一负担的费用。管理费用的核算内容包括两部分:一是企业为组织和管理经营活动而发生的费用;二是涉及企业若干部门,难以区分或不必区分,由企业统一负担的费用。它具体包括各明细账户(见表7-2)。

表7-2　　　　　　　　　　　**管理费用的明细账户及定义**

明细账户	定　义
公司经费	是指企业行政管理部门的行政人员工资、福利费、工作餐费、服装费、办公费、差旅费、会议费、物料消耗以及其他行政经费
工会经费	是指企业按规定根据行政人员工资总额的一定比例提取的工会经费
职工教育经费	是指企业为职工学习先进技术和提高文化水平而支付的费用
劳动保险费	是指企业支付给离退休人员的退职金,退休金及其他各项经费
待业保险费	是指企业按照国家规定交纳的待业保险基金
外事费	是指出国展览、推销、考察、实习培训和接待外宾所发生的食、宿、交通费用
租赁费	是指企业租赁办公用房、营业用房、低值易耗品的租赁费用
咨询费	是指企业向有关咨询机构进行科学技术、经营管理等咨询活动时所支付的费用,包括聘请经济技术顾问、法律顾问等支付的费用
聘请中介机构费	是指企业聘请中介机构进行查账验资,以及进行资产评估等发生的各项费用
诉讼费	是指企业因起诉或者应诉而发生的各项费用
排污费	是指企业按规定交纳的排污费用
绿化费	是指企业环卫及绿化费用
城镇土地使用费	是指企业使用城镇土地而支付的费用
土地损失补偿费	是指企业生产经营过程中破坏的国家不征税所支付的土地损失补偿费

（续表）

明细账户	定　义
技术转让费	是指企业使用非专利技术而支付的费用
研究开发费	是指企业研究开发新技术、新项目而发生的各项费用
税金	是指企业按照规定支付的房产税、车船税、土地使用税、印花税等
燃料费	是指企业行政管理部门应负担的各种燃料消耗费用。饭店的餐饮部门耗用的燃料费用计入主要包括销售费用；餐馆、浴池的燃料费用计入主营业务成本
水电费	是指企业除营业部门外的其他部门耗用的水费、电费。规模较小的企业发生的水电费也可不计入销售费用，而全部计入管理费用
折旧费	是指企业除营业部门外的其他部门按规定提取的固定资产折旧费用
修理费	是指企业除营业部门外的其他部门的固定资产、低值易耗品发生的修理费用
无形资产摊销	是指企业按规定计提的无形资产摊销费用
低值易耗品摊销	是指企业除营业部门外的其他部门领用的低值易耗品的摊销费用
开办费摊销	是指企业开办费按规定期限摊销的费用
交际应酬费	是指企业在业务交往过程中开支的业务招待费用
存货盘亏和毁损	是指企业存货盘亏和毁损而发生的费用支出
上级管理费	是指企业上交集团公司和管理公司的费用
董事会费	是指企业最高权力机构及其成员为执行其职能而发生的各项费用
其他管理费用	除上述各项以外的其他管理费用

3. 财务费用

财务费用是指企业筹集生产经营所需资金而发生的费用。它包括下列各明细账户（见表 7-3）。

表 7-3　　　　　　　　　　　　　　**财务费用的明细账户及定义**

明细账户	定　义
利息支出	是指企业短期借款利息、长期借款利息、应付票据利息金及票据贴现利息、应付债券利息、长期应付引进国外设备款利息等利息支出（除资本化的利息外）减去银行存款等的利息收入后的净额
汇兑损失	是指企业因向银行结售或购入外汇而产生的银行买入、卖出价与记账所采用的汇率之间的差额，以及月度（季度、年度）终了，各种外币账户的外币期末余额，按照期末规定汇率折合的记账人民币金额与原账面人民币金额之间的差额等
相关的手续费	是指发行债券所需支付的手续费（需资本化的手续费除外）、开出汇票的银行手续费等，但不包括发行股票所支付的手续费等
其他财务费用等	除上述各项以外的其他财务费用

7.1.2　期间费用列支方法

旅游、餐饮企业各项期间费用如销售费用、管理费用和财务费用，是伴随其经营活动而发生的一系列资金耗费,这些费用实际支出期间与应负担的归属期间,有时一致,有时相背离。一般出现以下三种情况:①本期发生,本期支付,应由本期负担的费用;②本期已付的费用不应由本期负担;③属于本期费用但尚未支付。为了正确确定盈亏,企业对一定时期内发生的各项费用支出,应按照权责发生制和收支配比原则,正确区分费用的归属期。企业期间费用列支方法,一般有以下几种形式。

1. 直接支付

直接支付是指期间费用发生时,直接以货币资金支付。属于直接支付费用的有销售费用中的运输费、装卸费、邮电费、水电费、业务人员工资等,管理费用中的咨询费、员工工资福利费等;财务费用中的金融机构手续费等。这些费用在支付时,均由本期负担,直接记入有关费用账户。但有时企业发生一些不应由本期负担,可数额较小的费用,根据重要性原则,不再将其在各个受益期内分配,则于支付时全部计入本期,由当期经营收入抵补。

2. 转账摊销

转账摊销是指应由本期负担的费用,不通过货币和结算而以转账方式摊入本期费用中。以这种方式摊入本期的费用称为转账摊销费用。这种费用列支方式的特点是,发生货币支出,只将应由本期负担,但在前期已付的货币支出,体现为本期经营支出。属于转账摊销形式列支的费用如销售费用中的固定资产折旧费、燃料费、坏账损失、存货盘亏和毁损等时,根据有关转账凭证,借记"销售费用""管理费用"账户,贷记有关账户。

3. 预付待摊

预付待摊是指将本期和前期已经发生的货币支出,摊入本期和以后各期。企业有些费用虽然是在本期支付,但此项支出产生的效益期限较长,根据收支配比原则,对于已经发生的货币支出不应一次全部作为当期费用由该经营收入抵补,而应按照该项支出受益期限,在各经营期间共同负担。这些费用发生时,借记"长期待摊费用"账户,依照各期应负担的数额,再从待摊费用账户转入有关费用账户。属于待摊性质的费用有预付的保险费,预付报刊费,一次购买印花税税额较大需分摊的数额等。

4. 预提待付

预提待付是指将属于本期应负担的费用,在本期计作费用提取列账,待实际需要支出时,再支付货币资金,以这种方式列支的费用称为预提待付费用。预提待付费用可分为两类:一类是企业发生的费用是属于固定性必要开支,但这些费用何时支付,支付多少以及具体用途,在支付前不完全清楚。按照权责发生制原则,对于应由本期负担的部分,不管以后何时支付,支付多少,均应按照规定比例逐月提存,将提存数额列入本期费用,待日后陆续支付时,在提存数额中安排支出。属于这类预提待付费用的有职工福利费、职工教育经费、固定资产修理费等。发生此类预提待付费用时,借记"销售费用""管理费用"账户,贷记"应付职工薪酬""其他应付款"等账户,支付费用时,借记"应付费用""应付职工薪酬""其他应付款"等账户,贷记"库存现金""银行存款"等账户。另一类是由企业本期负担,但在以后规定期限内实际支付,其实际支付的时间、金额、对象都具有确定性,当费用发生时企业应拥有不可推卸的支付责任和义务,如财务费用中应付各种银行借款利息,管理费用中应交房产税,车船税等。这类费用发生时,借记"财务费用""管理费用"等账户,贷记"应付费用""应交税费"等账户。支付费用时,借记"应付费用""应交税费"等账户,贷记"库存现金""银行存款"等账户。

7.1.3 销售费用的核算

旅游、餐饮企业销售费用涉及内容复杂、项目也琐碎,下面选择部分重点项目说明销售费用的核算方法。重点项目,一是指对企业经营管理有较大影响和在费用总额中占有较大比重的费用项目,如利息等;二是指会计核算内容较为复杂的费用项目,如工资支出等。旅游、餐饮企业应设置"销售费用"账户核算企业发生的各项销售费用。该账户的借方登记发生的销售费用;贷方登记期末转入"本年利润"账户的销售费用;"销售费用"账户结转"本年利润"后无余额。销售费用的明细核算,是在"销售费用"账户下,按费用项目置明细账,以反映各项费用的支出详细情况。明细账的账页格式主要有两种:一种是三栏式,另一种为多栏式。多栏式账页就是在账页的"借方"栏内按费用项目设置若干小栏,不设"贷方"栏,如发生贷方金额,可在"借方"栏用红字记载。月末,各小栏蓝字金额合计数与红字金额合计数之差,就是当月的费用净发生额。企业发生的各项销售费用,借记"销售费用"账户,贷记"库存现金""银行存款"账户等货币资金;期末,将归集的销售费用全部转入本年利润时,借记"本年利润"账户,贷记"销售费用"账户。

1. 运输费、装卸费和包装费的核算

旅游、餐饮企业支付运输费、装卸费和包装费时,借记"销售费用——运输费、装卸费、包装费"账户,贷记"库存现金""银行存款"等账户。

【例 7-1】 琴岛酒店由华夏公司购进客房装饰品一批,以银行存款支付运输费用 3 320 元,以现金支付货物装卸人员工资 380 元和包装款 560 元。根据有关凭证,编制如下会计分录:

```
借:销售费用——运输费                                                    3 320
        ——装卸费                                                      380
        ——包装费                                                      560
    贷:库存现金                                                          940
       银行存款                                                        3 320
```

【例 7-2】 琴岛饭店商品部本月 5 日由仓库领出包装商品用各种袋、绳一批,计 240 元,根据物品领料单,编制如下会计分录:

```
借:销售费用——包装费                                                      240
    贷:周转材料                                                          240
```

2. 保管费的核算

旅游、餐饮企业支付保管费,借记"销售费用——保管费"账户,贷记"库存现金""银行存款"等账户。

【例 7-3】 琴岛酒楼购进一次性牙刷 1 000 元,以银行存款支付,编制如下会计分录:

```
借:销售费用——保管费                                                    1 000
    贷:银行存款                                                        1 000
```

3. 水电费、邮电费的核算

企业发生的不论是水电费、还是邮电费,都是在接到划转的或是邮寄付款通知后,按照费用的用途、付款金额,计入销售费用或管理费用,借记"销售费用——水电费、邮电费"等账户,贷记"库存现金""银行存款"等账户。

【例7-4】 琴岛饭店本月接到供电局和邮局寄来的付款通知单,营业部门应负担水电费、邮电费金额分别为330元、450元,根据付款通知单,编制如下会计分录:

借:销售费用——水电费   330
　　　　　　邮电费   450
　　贷:银行存款   780

如果一个企业所有部门都在同一地点办公,各部门发生的水电费、邮电费难以划分清楚,可将企业发生的水电费、邮电费均记入"管理费用"账户。

4. 展览费、广告宣传费的核算

旅游、餐饮企业的经营目标是提供优质服务,销售客房、菜肴、酒水等而取得理想的经营效益。举办展览会、利用报纸杂志、广播电视、直邮、户外条幅横幅、电梯方式进行广告宣传是企业十分重要的促销举措。同时,举行新闻发布会、举办义卖、酬宾、慈善等专题活动;对学校、医院、交通等公益事业赞助;定期邀请对酒店给予支持的单位用餐;组织重大节庆活动;优惠招待老客户,扩大企业的影响,促进经济效益提高。

【例7-5】 琴岛旅行社为推销旅游产品,本月以银行存款分别付图片展览费20 000元,电视广告费120 000元。根据有关凭证,编制如下会计分录:

借:销售费用——展览费   20 000
　　　　　　广告宣传费   120 000
　　贷:银行存款   140 000

5. 服装费的核算

旅游企业是涉外窗口行业,对职工仪表、仪容及着装方面有很高要求,因此,旅游企业按规定支付职工个人的服装费可在成本费用中列支,并且按一线、二线工作人员划分档次。旅游企业由于服装费一次支出数额较大,为均衡各期成本费用,按权责发生制原则,对服装费可采取预提或待摊方式列支。

【例7-6】 2×19年1月5日,琴岛饭店委托服装厂为企业每位职工更换一套工作服。每人制装费600元,该饭店在职职工为400人,其中行政管理人员100人。服装加工费以银行存款付讫,并在两年内进行摊销。该饭店编制会计分录如下:

$$营业人员服装费 = 600 \times (400 - 100) = 180\ 000(元)$$
$$行政管理人员服装费 = 100 \times 600 = 60\ 000(元)$$
$$合计 = 180\ 000 + 60\ 000 = 240\ 000(元)$$

借:长期待摊费用   240 000
　　贷:银行存款   240 000

在两年期间,每月摊销服装费时,编制会计分录如下:

借:销售费用——服装费
　　贷:长期待摊费用——服装费

6. 职工薪酬的核算

职工薪酬是指企业为获得职工提供的服务或解除劳动关系而给予的各种形式的报酬或

补偿。职工薪酬包括短期薪酬、离职后福利、辞退福利和其他长期职工福利。企业提供给职工配偶、子女、受赡养人、已故员工遗属及其他受益人等的福利,也属于职工薪酬。

职工薪酬主要包括短期薪酬、离职后福利、辞退福利和其他长期职工福利。其中,短期薪酬是指企业在职工提供相关服务的年度报告期间结束后 12 个月内需要全部予以支付的职工薪酬,因解除与职工的劳动关系给予的补偿除外。短期薪酬包括以下几项:①职工工资、奖金、津贴和补贴;②职工福利费;③职工非货币性福利;④医疗保险、工伤保险、生育保险等社会保险费;⑤住房公积金;⑥工会经费和职工教育经费;⑦短期带薪缺勤;⑧短期利润分享计划;⑨其他短期薪酬。

企业应当通过"应付职工薪酬"账户,核算应付职工薪酬的提取、结算、使用等情况。该账户贷方登记已分配计入有关成本费用项目的职工薪酬的数额,借方登记实际发放职工薪酬的数额;该账户期末贷方余额,反映企业应付未付的职工薪酬。

"应付职工薪酬"账户应当按照"工资、奖金、津贴和补贴""职工福利费""非货币性福利""社会保险费""住房公积金""工会经费和职工教育经费""带薪缺勤""利润分享计划""设定提存计划""设定受益计划义务""辞退福利"等应付职工薪酬项目设置明细账户,进行明细核算。

1)工资的核算。

工资,是指企业使用职工的知识、技能、时间和精力而给予的一种补偿。它是企业对职工的一种负债。工资的核算包括工资结算和工资分配两方面内容:

(1)工资的结算,即正确计算和发放职工工资。企业与职工的工资结算内容有:应付职工工资的计算、代扣款项的计算及实发金额的计算和发放。每月应付职工工资额往往不等于实发金额,这是因为在职工的工资结算中,会计部门还要为有关部门代扣一些款项,如房租等。会计部门根据应付职工薪酬以及各项代扣款项,算出每人的实发工资,编制工资结算凭证进行工资结算的核算。

企业应设置"应付职工薪酬"账户核算工资结算及分配情况。该账户的贷方登记企业分配的工资费用;借方登记实际发放的工资及代扣款项;该账户期末一般无余额。

为了进行工资结算的核算,需要编制工资结算凭证作为核算的原始依据,工资结算凭证主要有"工资结算单"或"工资结算卡片"和工资结算汇总表等。

【例 7-7】 琴岛饭店 2×19 年 4 月工资结算汇总表,如表 7-4 所示。

表 7-4　　　　　　　　　　　　　　**工资结算汇总表**　　　　　　　　　　　单位:元

部门	应付职工薪酬	代扣款项			实发工资
		房租	水电	小计	
客房部	81 500	2 000	1 500	3 500	78 000
餐饮部	61 500	100	150	250	61 250
行政管理	40 000	900	350	1 250	38 750
合　　计	183 000	3 000	2 000	5 000	173 000

根据表 7-4"工资结算汇总表"编制以下会计分录。

首先,开出支票从银行提取现金,准备发放工资:

借：库存现金   173 000

    贷：银行存款   173 000

其次，用现金支付工资：

借：应付职工薪酬   173 000

    贷：库存现金   173 000

再次，结转各种代扣款项：

借：应付职工薪酬   5 000

    贷：其他应付款——房管局   3 000

               ——公用事业部门   2 000

最后，开出支票支付代扣款项：

借：其他应付款   5 000

    贷：银行存款   5 000

(2) 工资的分配，即按照工资的用途分配工资费用。企业每月发生的全部工资，不论是否在当月支付，都应该按照工资的用途分配计入本月销售费用、管理费用或由其规定的资金来源列支。

例如，管理部门人员的薪酬计入管理费用；销售人员的薪酬计入销售费用；在建工程、研发项目人员的薪酬应分别计入在建工程、研发支出。月末，一般根据"工资分配汇总表"分配本月工资费用。

【例 7-8】 承[例 7-7]月终，根据"工资结算分配表"(格式略，直接按"工资结算汇总表"应付职工薪酬数额)将本月应付职工进行分配制如下会计分录：

应计入销售费用的职工薪酬＝81 500＋61 500＝143 000(元)

应计入管理费用的职工薪酬＝40 000(元)

借：销售费用   143 000

    管理费用   40 000

    贷：应付职工薪酬   184 300

2) 应付社会保险费及住房公积金

应付社会保险费，是指企业根据有关规定提取、并为职工交纳的社会保险费，包括医疗保险费、养老保险费、失业保险费、工伤保险费、生育保险费等。住房公积金，是指为了解决职工住房问题为职工交纳的资金。企业按照规定计提社会保险费和住房公积金时，应当根据职工薪酬确认原则和计量标准处理。

【例 7-9】 承[例 7-7]，根据所在地政府规定，公司分别按照：职工工资总额的 10%、12%、2% 和 10% 计提医疗保险费、养老保险费、失业保险费和住房公积金，交纳给当地社会保险经办机构和住房公积金管理机构。

应付各种社会保险费 ＝ 183 000 × (10% ＋ 12% ＋ 2%) ＝ 43 920(元)

应付住房公积金 ＝ 183 000 × 10% ＝ 18 300(元)

借：销售费用[143 000×（10%+12%+2%+10%）]   48 620

　　管理费用[40 000×（10%+12%+2%+10%）]   13 600

　　　贷：应付职工薪酬——社会保险费   43 920

　　　　　　住房公积金   18 300

3）其他应付职工薪酬

其他应付职工薪酬，是指工会经费、职工教育经费、解除职工劳动关系补偿等。企业支付工会经费、职工教育经费用于工会运作和职工培训费时，借记"应付职工薪酬"账户，贷记"银行存款""库存现金"账户。

4）非货币性福利的核算

（1）以自产产品作为非货币性福利发放给职工。企业以其自产产品作为非货币性福利发放给职工的，应当根据受益对象，按照该产品的公允价值和相关税费，计入相关资产成本或当期损益，借记"管理费用""生产成本""制造费用"等账户，同时确认应付职工薪酬，贷记"应付职工薪酬——非货币性福利"账户。

企业实际将产品发放给职工时，应当视同商品销售，确认销售收入，结转销售成本及相关税费。按照该产品的公允价值和相关税费，借记"应付职工薪酬——非货币性福利"账户，按照该商品的公允价值，贷记"主营业务收入"账户，按照销项税额，贷记"应交税费——应交增值税（销项税额）"；同时，按照该产品的成本，借记"主营业务成本"账户，贷记"库存商品"账户。

（2）将拥有的房屋等资产无偿提供给职工使用。企业将拥有的房屋等资产无偿提供给职工使用的，应当根据受益对象，按照该住房每期应计提的折旧计入相关资产成本或当期损益，同时确认应付职工薪酬，借记"管理费用""生产成本""制造费用"等账户，贷记"应付职工薪酬——非货币性福利"账户。

每期对该资产计提折旧时，按照该住房每期应计提的折旧额，借记"应付职工薪酬——非货币性福利"账户，贷记"累计折旧"账户。

（3）租赁住房等资产供职工无偿使用。企业租赁住房等资产供职工无偿使用的，应当根据受益对象，将每期应付的租金计入相关资产成本或当期损益，并确认应付职工薪酬，借记"管理费用""生产成本""制造费用"等账户，贷记"应付职工薪酬——非货币性福利"账户。

同时企业按期支付房租时，按照应付的租金，借记"应付职工薪酬—非货币性福利"账户，贷记"银行存款"等账户。

【例7-10】　琴岛酒店股份有限公司为所属各部门经理级别以上干部每人提供一辆本田轿车免费使用，同时为副总裁以上高级管理人员每人租赁一套住房。该饭店总部共有部门经理以上干部50名，副总裁以上高级管理人员10名。假定每辆本田轿车每月计提折旧2 000元，每套住房月租金为5 000元。该企业有关非货币性福利的会计处理如下：

① 确认的应付职工薪酬：

每月应确认的应付职工薪酬 = 50×2 000＋10×5 000 = 150 000（元）

借：管理费用   150 000

　　贷：应付职工薪酬——非货币性福利   150 000

借：应付职工薪酬——非货币性福利   100 000

　　贷：累计折旧   100 000

② 每月支付住房租金：

借：应付职工薪酬——非货币性福利　　　　　　　　　　　　　50 000
　　贷：银行存款　　　　　　　　　　　　　　　　　　　　　　50 000

5）设定提存计划的核算

对于设定提存计划，企业应当根据在资产负债表日为换取职工在会计期间提供的服务而应向单独主体缴存的提存金，确认为相关的负债，并计入当期损益或计入相关资产成本。借记"管理费用""生产成本""制造费用"等账户，贷记"应付职工薪酬——设定提存计划"账户。

7. 电视收视费的核算

电视收视费一般是按每台电视机每年收费标准计算的，而且是先交后看。每年的年末便要一次性交纳下年度的电视收视费，数额较大，应于付款时作待摊费用处理，下年度分月摊销。

【例 7-11】 2×19 年 12 月 20 日，琴岛饭店交纳下年度的电视收视费 360 000 元，以银行存款支付。

（1）交纳电视收视费：

借：预付账款　　　　　　　　　　　　　　　　　　　　　　360 000
　　贷：银行存款　　　　　　　　　　　　　　　　　　　　　360 000

（2）2×19 年分月摊销：

借：管理费用——其他　　　　　　　　　　　　　　　　　　　30 000
　　贷：预付账款　　　　　　　　　　　　　　　　　　　　　　30 000

7.1.4　管理费用的核算

旅游、餐饮企业应设置"管理费用"账户核算企业发生的各项管理费用。该账户的借方登记发生的管理费用；贷方登记期末转入"本年利润"账户的管理费用；"管理费用"账户结转"本年利润"后无余额。

旅游、餐饮企业发生各项管理费用，借记"管理费用"账户，贷记"库存现金""银行存款""应付职工薪酬""累计折旧""累计摊销""应交税费""长期待摊费用"等账户。期末，将管理费用全部转入本年利润时，借记"本年利润"账户，贷记"管理费用"账户。

1. 公司经费的核算

旅游、餐饮企业的公司经费包括管理部门的行政人员工资、福利费、工作餐费、服装费、办公费、差旅费、会议费、物料消耗以及其他行政经费。企业发生公司经费，借记"管理费用——公司经费"账户，贷记"库存现金""银行存款"等账户。

1）办公费的核算

旅游、餐饮企业管理部门的办公费涉及内容广泛、复杂，主要有文具用品、信纸信封、电脑打字、复印耗材、财务账表凭证以及与银行办理结算的支票等表单、各种纸张、税务空白发票、书报费等。企业发生办公费一般直接计入管理费用。企业购置大批印刷品一般先由仓库验收，按物料用品核算与管理。

【例7-12】 2×19年10月20日,琴岛饭店总经理办公室购入文具用品200元,以现金付讫;从仓库领用办公用品300元。财务部门编制会计分录如下:

借:管理费用——办公费   500
    贷:库存现金   200
        周转材料   300

2)差旅费的核算

旅游、餐饮企业差旅费主要是工作人员因公出差的旅费、采购员(或业务员)的市内交通费、误餐费以及企业自用车辆的各项支出。企业发生差旅费一般计入管理费用。

【例7-13】 2×19年10月份,琴岛酒店发生差旅费业务如下:

(1)业务经理回单位报销差旅费1 700元,交还余款300元,原预借2 000元。

(2)以现金支付采购员本月车贴100元、因公外出报支误餐费100元。

(3)以现金支付职工自用车辆支付油料、养路费、路桥费等2 500元。财会部门编制会计分录如下:

(1)借:管理费用——差旅费   1 700
       库存现金   300
    贷:周转材料   2 000

(2)借:管理费用——差旅费   200
    贷:库存现金   200

(3)借:管理费用——差旅费   2 500
    贷:库存现金   2 500

3)工会经费、职工教育经费的核算。

为了积极支持工会开展各项活动,并为工会提供一定的财力,企业应按工资总额的2%,提取工会经费,拨交工会使用。为提高职工文化素质,适应旅游,饮食服务企业不断发展的需要,企业应按职工工资总额的2.5%提取职工教育经费,用于职工教育事业。

企业计提工会经费、职工教育经费时,借记"管理费用——工会经费、职工教育经费"账户,贷记"应付职工薪酬"账户,上交工会经费时,借记"应付职工薪酬"账户,贷记"银行存款"账户。

【例7-14】 2×19年4月份,琴岛旅游公司职工工资总额为250 000元,分别按2%、2.5%的比例计提工会经费和职工教育经费。财会部门应编制会计分录如下:

本月应提工会经费 = 250 000×2% = 5 000(元)
本月应提职工教育经费 = 250 000×2.5% = 6 250(元)

借:管理费用——工会经费   11 250
    贷:应付职工薪酬——工会经费   5 000
             ——职工教育经费   6 250

4)保险费的核算

旅游、餐饮企业参加的保险项目一般有以下几种:①财产保险综合险,在该保险项下,保险公司对火灾、爆炸、雷击、暴雨等原因造成保险财产的损失承担赔偿责任。②财产一切险,即保险财产及费用一般可包括:建筑物(包括装修)、机器设备、办公用品、仓储物品、清除残骸费用、灭火费用等。③公众责任险,主要承保被保险人在其经营的地域范围内从事生产、经营或其他活动时,因发生意外事故而造成他人(第三者)人身伤亡和财产损失,依法应由被保险人承担的经济赔偿责任。在饭店经营过程中属于公众责任险保险的事故有:客人撞到透明的玻璃而撞伤;在餐厅用餐后出现肠胃问题,或食物中毒;在客房沐浴或在游泳池摔倒等事故等。④汽车车险,简称车险,是指对机动车辆由于自然灾害或意外事故所造成的人身伤亡或财产损失负赔偿责任的一种商业保险。企业发生保险费可直接计入管理费用;但若保险费数额较大,可先计入预付账款,再分期摊入管理费用。

【例 7-15】 2×19 年 12 月中旬,琴岛酒店一次以银行存款支付 2019 年全年保险费 72 000元。该费用分 12 个月摊销。财务部门编制会计分录如下:

(1)预付保险费:

借:预付账款		72 000
贷:银行存款		72 000

(2)2×19 年分月摊销:

借:管理费用——保险费		6 000
贷:预付账款		6 000

5) 外事费的核算

企业发生外事费涉及两方面,一是企业出国展览、推销、考察、实习培训过程中,在境外发生的相关费用;二是在境内接待外宾所发生的食、宿、交通的费用。企业发生外事费一般计入管理费用。

【例 7-16】 琴岛旅行社接待外宾来访发生旅行、餐务费用 20 000 元,根据有关凭证,编制如下会计分录:

借:管理费用——外事费		20 000
贷:银行存款		20 000

6) 租赁费的核算

企业因业务经营需要租赁办公用房、营业用房低值易耗品等发生的租赁费用,应计入管理费用。租赁费数额不大,可直接计入管理费用;租赁费数额若比较大,应先计入待摊费用,再分期摊入管理费用。

【例 7-17】 琴岛宾馆为满足公司会议的需要,临时从某饭店租入会议所需桌椅一批,以现金支付租赁费用 5 000 元。财务部门编制会计分录如下:

借:管理费用——租赁费		5 000
贷:库存现金		5 000

如果所租赁的房屋能分清使用部门,则按各自占用面积分别在"销售费用"和"管理费用"账户中核算。

7) 咨询费、交际应酬费的核算

企业管理咨询活动包括企业聘请具有丰富经营管理知识和经验的专家,深入到企业现场进行针对经营管理上存在的主要问题所进行的定量及定性分析,也包括企业向有关咨询机构进行科学技术、经营管理等咨询活动,如聘请经济技术顾问、法律顾问等活动,企业开展咨询活动支付的费用计入管理费用。

⁇ 相关思考 7-1 ....

实务中的咨询费应如何编制会计分录?

琴岛旅行社经批准准备向社会公开发行 3 年期企业债券,发行前支付琴岛投资咨询公司咨询费用 60 000 元。该旅行社应该如何编制会计分录?

交际应酬费是企业因业务需要而发生的宴请或馈赠活动所发生的费用。宴请多是在本店餐厅进行,餐费反映在餐厅营业日报表的"应酬费"栏。财务部门对此项应酬项目作为餐厅的营业收入,抵扣应交的营业款。

【例 7-18】 琴岛酒店营业日报表"应酬"栏 2 000 元,其他各栏共计 18 000 元。营业收入总额 20 000 元,实收现金 20 000 元。同时,馈赠宾客中华烟两条 1 500 元从仓库发出,以银行存款临时外购茅台酒 1 瓶,每瓶 1 000 元。该饭店编制会计分录如下:

(1) 确认宴请费用:

借:库存现金		20 000
管理费用——应酬费		2 000
贷:主营业务收入——餐饮		22 000

(2) 确认馈赠费用:

借:管理费用——应酬费		2 500
贷:库存商品		1 500
银行存款		1 000

8) 聘请中介机构费的核算。

有时,企业需要聘请中介机构进行查账验资或进行资产评估等,会发生各项费用,如审计费、聘请注册会计师费、律师费、资产评估费用等。

9) 排污环保费的核算。

旅游、餐饮企业发生的排污环保费,一般是每年交纳一次,若排污环保费数额较大,应采用预提或待摊方式进行核算。

【例 7-19】 琴岛饭店已知 2×18 年全年排污环保费用为 48 000 元,并于年末一次支付。该饭店决定从 2×19 年 1 月起每月预提 4 000 元。财务部门编制会计分录如下:

(1) 每月预提排污环保费:

借:管理费用——排污费		4 000
贷:其他应付款		4 000

(2) 年度终了支付排污环保费

借:其他应付款		48 000
贷:银行存款		48 000

如企业平时未预提排污费,年末以银行存款一次支付排污费,可先记入"预付账款"账户,然后分月摊销时,从"预付账款"账户再摊入管理费用。

 知识拓展7-1

上交管理费的核算

旅游、餐饮企业根据公司章程规定,上交集团公司和管理公司的费用应计入管理费用。上交管理费时,借记"管理费用"账户,贷记"银行存款"等账户。除上述费用外,其他管理费用的核算,可参见相关章节。

7.1.5 财务费用的核算

旅游、餐饮企业应设置"财务费用"账户核算企业发生的各项财务费用。该账户的借方登记发生的财务费用;贷方登记期末转入"本年利润"账户的财务费用;"财务费用"账户结转"本年利润"后无余额。企业发生的各项财务费用,借记"财务费用"账户,贷记"银行存款""应付利息(预提费用)"等账户;企业发生利息收入、汇兑收益时,借记"银行存款"账户,贷记"财务费用"账户。期末,将本期发生的财务费用转入本年利润,借记"本年利润"账户,贷记"财务费用"账户。

【例7-20】 2×19年12月份,琴岛旅行社发生的财务费用及会计分录如下:

(1)用银行存款支付短期借款利息支出10 000元:

借:财务费用 10 000
　贷:银行存款 10 000

(2)用银行存款支付银行手续费1 500元:

借:财务费用 1 500
　贷:银行存款 1 500

(3)银行通知第四季度银行存款利息收入500元:

借:银行存款 500
　贷:财务费用 500

(4)期末结账财务费用:

借:本年利润 11 000
　贷:财务费用 11 000

👉 引例解析

管理型公司在期间费用核算上存在的问题

一是对期间费用重要性的认识不足。在利润日益压缩的今天,企业高管层已经认识到了项目成本管理的重要性,但对成本管理总的概念认识却存在着局限性和片面性,尤其是对期间费用的管理。期间费用支出不应仅看作是一种资源的耗费,而是一项有益的投资;对期间费用的管理没有事前合理筹划,使期间费用的管理很难上升到效益管理的高度。

二是期间费用计划管理工作不到位。琴岛旅游公司的期间费用总额来源是根据以往经验而定的,没有考虑企业战略目标和经营计划对期间费用的影响,这使公司的期间费用项目不能很好适应其战略发展需要。例如,基于战略发展需要的企业文化建设的投入得不到落实,企业战略目标及年度计划不能很好地在期间费用日常管理工作中得以体现等,影响了企业战略目标实现的预期效果。

7.2 税金的核算

7.2.1 税金的意义和种类

税金是国家按照税法规定的税率向企业和个人征收的税款。它是国家财政预算收一个重要组成部分,是国家以权力参与国民收入分配和再分配的一种形式。税金是国家积累资金的主要来源之一,企业通过正确核算税金,及时足额地交纳税金,为国家建设提供积累资金。

旅游、饮食、服务企业的税金主要有增值税、企业所得税、城市维护建设税、房产税、城镇土地使用税、车船税和印花税等。

1. 增值税

增值税是以商品(含应税劳务、应税行为)在流转过程中实现的增值额作为计税依据而征收的一种流转税。按照我国现行增值税制度的规定,在我国境内销售货物、加工修理修配劳务、服务、无形资产和不动产以及进口货物的企业、单位和个人为增值税的纳税人。其中,"服务"是指提供交通运输服务、建筑服务、邮政服务、电信服务、金融服务、现代服务、生活服务。

增值税的税率有基本税率、低税率和零税率三种。基本税率为16%,适用于一般商店和应税劳务,以及有形动产租赁;低税率有10%和6%两档。10%税率运用于食用植物油、食用盐、自来水、天然气、煤气、图书、报纸、杂志、音像制品、电子出版物、饲料、化肥、农药、农机、农膜和农业产品等。农业产品是指种植业、养殖业、林业、牧业、水产业生产的各种植物和动物的初级产品。同时适用于交通运输服务,邮政、基础电信、建筑、不动产租赁服务,销售不动产,转让土地使用权。6%税率适用于提供现代服务业服务(租赁除外)、增值电信服务、生活服务、销售无形资产(转让土地使用权除外);零税率适用于出口货物、劳务或者境内单位和个人发生的跨境应税行为。

知识拓展 7-2

税 率 减 并

2018年3月28日,国务院总理再一次主持召开国务院常务会议,确定深化增值税改革的措施,进一步减轻市场主体税负;决定设立国家融资担保基金,推动缓解小微企业和"三农"等融资难题;听取国务院机构改革进展情况汇报,确保机构重置、职能调整按时到位;讨论通过《国务院工作规则(修订草案)》。

会议指出,过去五年通过实施营改增累计减税2.1万亿元。按照党中央、国务院部署,为进一步完善税制,支持制造业、小微企业等实体经济发展,持续为市场主体减负,会议决定,从2018年5月1日起:

一是将制造业等行业增值税税率从17%降至16%,将交通运输、建筑、基础电信服务等行业及农产品等货物的增值税税率从11%降至10%,预计全年可减税2400亿元。

二是统一增值税小规模纳税人标准。将工业企业和商业企业小规模纳税人的年销售额标准由50万元和80万元上调至500万元,并在一定期限内允许已登记为一般纳税人的企业转登记为小规模纳税人,让更多企业享受按较低征收率计税的优惠。

三是对装备制造等先进制造业、研发等现代服务业符合条件的企业和电网企业在一定时期内未抵扣完的进项税额予以一次性退还。

2. 城市维护建设税

城市维护建设税是指对从事工商经营,交纳增值税和消费税的单位和个人征收的税款。城市维护建设税税率根据企业的所在地确定,市区的税率为 7%,县城或者镇的税率为 5%,不在市区、县城或者镇的税率为 1%。

3. 车船税

车船税是指向在我国境内的车辆和船舶的所有人或者管理人按照我国车船税法征收的税款。车船税依据车船的不同情况分别规定,载货汽车和机动船舶以净吨位为计税依据;乘人汽车、摩托车和非机动车辆以辆为计税依据;各种非机动船以载重吨位为计税依据,按年征收。

4. 房产税

房产税是指以房屋为征税对象,按照房屋的计税余值或房屋的租金收入,向房产所有人或经营人征收的税款。企业自有房屋以房产余值为计税依据,所谓房产的余值是按照房产原值一次减除其 10%~30% 后计算求得。以房产余值为依据采用比例税率,即依房产余值计算交纳的税率为 1.2%,按年计算、分季交纳。以房产出租的租金收为计税依据,比例税率为 12%,一般按月交纳。

5. 城镇土地使用税

城镇土地使用税是指以国有土地为征税对象,对拥有土地使用权的单位和个人征收的税款。其标准为:大城市 1.5~30 元/平方米/年;中等城市 1.2~24 元/平方米/年;小城市 0.9~18 元/平方米/年,具体应按不同地区、地段的档次计算征收,按年计算分期交纳。

6. 印花税

印花税是指对经济活动和经济交往中,书立、领受的应税凭证的行为为征税对象征收的税款。它属于行为税,以在签订的合同、产权转移书、营业账簿等凭证上粘贴印花税票的办法进行征税。

7.2.2 税金核算

1. 增值税的核算

增值税的计算方法有扣税法和扣额法两种,我国采用扣税法。

扣税法是指先按销售货物或者应税劳务、应税服务的销售额计算增值税额(简称增项税额),然后再按税法规定抵扣购进货物或者应税劳务、应税服务时已交纳的增值税额(简称进项税额),计算其应交增值税额的方法。

根据经营规模大小及会计核算水平的健全程度,增值税纳税人分为一般纳税人和小规模纳税人。一般纳税人是指年应税销售额超过财政部、国家税务总局规定标准的增值税纳税人。规模纳税人是指年税销售额未超过规定标准,并且会计核算不健全,不能够提供准确税务资料的增值税纳税人。

1)一般纳税人增值税的核算

(1)购进商品进项税额的确认。企业购进商品或者应税劳务、应税服务支付的进项税额并不是都能够从销项税额中抵扣的,需要确认能抵扣的进项税额。

第一,能抵扣的进项税额。企业能从销项税额中抵扣的进项税额有下列三项内容:①从销售方取得的增值税专用发票(含税控机动车销售统一发票,下同)上注明的增值税额;②从海关进口增值税专用缴款书上注明的增值税额;③购进农产品除取得增值专用发票或者海关进口增值税专用缴款书外,如用于生产税率为10%的产品,按照农产品收购发票或者销售发票上注明的农产品买价和10%的扣除率计算的进项税额;如用于生产税率为16%的产品,按照农产品收购发票或者销售发票上注明的农产品买价和10%的扣除率计算的进项税额;第四,从境外单位或者个人购进服务、无形资产或者不动产,自税务机关或者扣缴义务人取得的解缴税款的完税凭证上注明的增值税额;第五,一般纳税人支付的道路、桥、闸通行费,凭取得的通行费发票上注明的收费金额和规定的方法计算的可抵扣的增值税进项税额。

第二,不能抵扣的进项税额。企业不能从销项税额中抵扣的进项税额有下列八项内容:①购进货物或者应税劳务、应税服务未按规定取得并保存增值税扣的;②购进货物或者应税劳务、应税服务的增值税扣税凭证上未按规定注明增值税额及其他有关事项,或者虽有注明但不符合规定的;③用于非增值税应税项目的购进货物或劳务、应税服务;④用于免征增值税项目的购进货物或者应税劳务、应税服务;⑤用于集体福利或者个人消费的购进货物或者应税劳务;⑥非正常损失的购进货物相关的应税劳务;⑦非正常损失的在产品、产成品所耗用的购进货物、加工修理修配劳务和交通运输服务;⑧财政部和国家税务总局规定的其他情形。

相关思考 7-2

什么是非正常损失?

非正常损失是指企业因管理不善造成货物被盗、丢失和霉烂变质的损失,以及被执法部门依法没收或者强令自行销毁的货物。

(2) 销售商品销项税额的确认。销项税额是销售额与增值税税率的乘积。要确认销项税额,先要确定销售额。销售额是指纳税人销售货物或者提供应税劳务向购买方收取的全部价款和价外费用,但不包括收取的销项税额。

价外费用是指价外向购买方收取的手续费、补贴、基金、集资费、返还利润、奖励费、违约金(延期付款利息)、包装费、储备费、优质费、运输装卸费、代收款项,以及其他各种性质的价外费用。

凡随同销售货物或提供应税劳务向购买方收取的价外费用,无论其会计上如何核算均应计入销售额计算应纳税额。

(3) 增值税明细账户的设置。增值税是价外税,它的核算比较复杂,先在"应交税费"账户下设置"应交增值税""未交增值税"和"待抵扣增值税额"等多个二级明细分类账户。

在"应交增值税"二级明细账户下主要设置"销项税额""进项税额""销项税额抵减""进项税额转出""已交税金""减免税款""转出未交增值税"和"转出多交增值税"等三级明细账户。现将这些三级明细账户的核算内容说明如下:

"销项税额"明细账户。企业销售货物或提供应税劳务应收取销项税额时,记入该账户贷方;退回销售货物,应转销销项税额时,则用红字记入该账户贷方。

"进项税额转出"明细账户。企业在购入货物发生非正常损失,以及改变用途等原因时,其已入账的进项税额应转入该账户的该账户贷方,而不能从销项税额中抵扣。

"进项税额"明细账户。企业购入货物或接受应税劳务,支付符合从销项税额中抵扣的进项税额时,记入该账户借方;退出所购货物冲销进项税额时,则用红字记入该账户借方。

"销项税额抵减"明细账户。企业因扣减销售额而减少销项税额时,记入借方。

"已交税金"明细账户企业交纳当月发生的增值税额时,记入该账户借方;收到退回当月多交增值税额时,则用红字记入该账户借方。

"减免税款"明细账户。企业按规定获准减免增值税额时,记入该账户借方。

"转出未交增值税"明细账户。企业在月末发生当月应交未交增值税额时,记入该账户借方。

"转出多交增值税"明细账户。企业在月末发生当月多交纳的增值税额尚未退回时,记入该账户贷方。

在"未交增值税"二级明细账户下再设置"转入未交增值税"和"转入多交增值税"两个三级明细账户,现将这两个三级明细账户的核算内容说明如下:

"转入未交增值税"明细账户。企业在月末发生当月应交未交的增值税额转入时,记入该账户贷方;在以后交纳时,记入该账户借方。

"转入多交增值税"明细账户。企业在月末发生当月多交纳的增值税额尚未退回时,记入该账户借方;在以后退回时,记入该账户贷方。

增值税额的纳税期限由主管税务机关根据纳税人应纳税额的多少分别核定。

(4)增值税的计算和核算。企业应交增值税额的计算公式如下:

$$应交增值税额 = 销项税额 + 进项税额转出 + 转出多交增值税 - 进项税额 - 销项税额$$
$$- 已交税金 - 转出未交增值税$$

【例7-21】 琴岛宾馆纳税期限为1个月,2月28日应交增值税二级账户的三级明细的余额是,销项税额为20 770元,进项税额为11 250元,进项税额转出是85元,转出未交增值税为4 780元。

① 2月28日,根据上列资料计算本月应交增值税额如下:

$$应交增值税额 = 20 770 + 85 - 11 250 - 4 780 = 4 825(元)$$

根据计算的结果,编制分录如下:

借:应交税费——应交增值税(转出未交增值税)   4 825
  贷:应交税费——未交增值税(转入未交增值税)   4 825

② 3月8日,填制增值税缴款书,缴纳2月份增值税额,作分录如下

借:应交税费——未交增值税(转入未交增值税)   4 825
  贷:银行存款   4 825

如当期的销项税额小于进项税额不足抵扣时,其不足部分可结转下期继续抵扣。

2)小规模纳税人增值税的核算

小规模纳税人销售货物或者应税劳务,应税劳务所取得的销售额,按3%的征收率计算应纳税额,不得抵扣进项税额。

因此,小规模纳税人购进商品或者应税劳务、应税服务时,应将购进商品或接受应税劳务、应税服务时支付的价税合计金额作为商品或者应税劳务、应税服务的买价,记入"原材料"或"主营业务成本"等相关账户;在销售商品或者提供应税劳务,应税服务时,不得填制专

用发票,只能采用普通发票,将销售商品或者提供应税劳务、应税服务取得的收入全部记入"主营业务收入"账户。这样"主营业务收入"账户反映的是含税收入,月末就要将它调整成为真正的销售额,将增值税额从含税收入中分离出来,调整的公式如下:

$$销售额 = 含税收入 \div (1 + 征收率)$$
$$应交增值税额 = 销售额 \times 征收率$$

【例7-22】 琴岛甜品店 1 月 31 日"主营业务收入"账户余额为 87 550 元,增值税征收率为 3%,将增值税额从含税收入中分离出来,其计算的结果如下:

$$销售额 = 87\ 550 \div (1 + 3\%) = 85\ 000$$
$$应交增值税额 = 85\ 000 \times 3\% = 2\ 550$$

(1)根据计算的结果,编制分录如下:

借:主营业务收入 2 550
　　贷:应交税费——应交增值税 2 550

(2)下月初交纳增值税时,编制分录如下:

借:应交税费——应交增值税 2 550
　　贷:银行存款 2 550

旅游、饮食服务业从事修理修配业务,在购进修理用零件和配件时,应根据专用发票上列明的货款,借记"原材料"账户;按专用发票上列明的增值税额,借记"应交税费——应交增值税(进项税额)"账户;按支付的款项,贷记"银行存款"账户。将购进零配件时支付的税款作为企业的进项税额。

修理、修配业务在计算销项税额时,也需要将含税收入调整为不含税的主营业务收入。调整主营业务收入的方法,销项税额的计算方法及交纳增值税的核算方法等,均与商品销售业务相同,不再重述。

2. 城市维护建设税的核算

城市维护建设税以应缴纳的增值税和消费税为计税依据,分别乘以适用的税率来计算。其计算公式如下:

$$城市维护建设税 = 增值税 \times 适用税率$$

【例7-23】 琴岛宾馆 2 月份应交增值税额为 4 000 元,按 7% 税率计提城市维护建设税时,作分录如下:

借:税金及附加 280
　　贷:应交税费——应交城市维护建设税 280

"税金及附加"账户是损益类账户,用以核算企业经营活动发生的消费税、城市维护建设税、教育费附加及房产税、城镇土地使用税、车船税和印花税等。企业计算确定与经营活动相关的税费时,记入该账户借方;企业月末将其余额结转"本年利润"账户时,记入该账户贷方。

"应交税费"账户是负债类账户,用以核算企业按照税法等规定应缴纳的各种税费和代扣代交的个人所得税。企业发生应交纳的各种税费时,记入该账户贷方;企业交纳各种税费时,记入该账户借方;若期末余额在贷方,表示企业尚未交纳的税费,若期末余额在借方,则表示企业多交纳或尚未抵扣的税费。

3. 房产税、城镇土地适用税、车船税和印花税的核算

房产税有从价计征和从租计征两种,企业自用的房产采用从价计征。根据房产的余值,按 1.2% 的税率交纳,其计算公式如下:

$$应交房产税额 = 房产余值 \times 1.2\%$$
$$房产余值 = 房产原值 \times [1 - (10\% - 30\%)]$$

企业出租的房产,根据房产的租金收入,按 11% 的税率交纳,其计算公式如下:

$$应交房产税额 = 房产租金收入 \times 11\%$$

城镇土地使用税根据实际使用土地的面积,按税法规定的单位税额交纳。其计算公式如下:

$$应交城镇土地使用税 = 应税土地的实际占用面积 \times 适用单位税额$$

车船税按照税法规定,乘人汽车、摩托车以辆为计税标准;载货汽车以自重每吨为计税标准;船舶以净吨位为计税标准。房产税和城镇土地使用税采取按年计算,分期交纳的方法,车船税采取按年申报交纳的方法。

【例 7-24】 琴岛旅行社拥有自用房产原值 1 500 000 元,允许减除 20% 计税,房产税年税率为 1.2%;占用土地面积为 840 平方米,每平方米年税额为 16 元;有小汽车一辆,每年税额 450 元;大客车一辆,年税额 960 元;税务部门规定对房产税、城镇土地使用税和车船税在 2 月 10 日前交纳,1 月 31 日计算本月份应交各项税额如下:

$$应交房产税 = [1\ 500\ 000 \times (1 - 20\%) \times 1.2\%] \div 12 = 1\ 200(元)$$
$$应交城镇土地使用税 = (840 \times 16) \div 12 = 1\ 120(元)$$
$$应交车船税 = 450 + 960 = 1\ 410(元)$$

根据计算的结果,提取应交房产税、城镇土地使用税和车船税。编制分录如下:

借:税金及附加　　　　　　　　　　　　　　　　　　　　3 730
　　贷:应交税费——应交房产税　　　　　　　　　　　　　　　　1 200
　　　　应交税费——应交城镇土地使用税　　　　　　　　　　　　　1 120
　　　　应交税费——应交车船税　　　　　　　　　　　　　　　　1 410

印花税按照税法规定营业账簿中记载资金的账簿,根据"实收资本"和"资本公积"合计金额的 5‰税率交纳,其他账簿每件交纳 5 元;权利、许可证照每件交纳 5 元。

印花税由纳税人自行计算自行购买印花税票,自行贴花,并由纳税人在每枚税票的缝处盖戳注销。企业根据业务需要购买印花税票时,借记"税金及附加"账户,贷记"库存现金"或"银行存款"账户。

7.2.3 教育费附加

教育费附加是对应交纳增值税的单位和个人所征收的。国家征收教育费附加是为了加快教育事业的发展,扩大中小学教育经费的资金来源,以改善中小学基础教育设施和办学条件。

教育费附加以各单位和个人实际交纳的增值税额为计征依据,教育费附加率为3%,一般按月计提,次月初交纳。

【例7-25】 琴岛宾馆2月份应交增值税为4 000元,按3%征收率计提教育费附加时,编制分录如下:

借:税金及附加 120
  贷:应交税费——教育费附加 120

7.2.4 结转税金及附加

企业在"税金及附加"账户归集的税金和教育费附加在期末要结转"本年利润"账户。

【例7-26】 琴岛宾馆2月份"税金及附加"账户归集了4 400元,将其结转"本年利润"账户,编制分录如下:

借:本年利润 4 400
  贷:税金及附加 4 400

7.2.5 纳税申报

1. 增值税的纳税申报

增值税纳税申报是指纳税人按增值税纳税申报要求,计算当期应纳增值税额,填制增值税纳税申报表及附列资料,收集或整理增值税纳税申报资料,在规定的纳税申报期内向主管税务机关报送纳税申报资料,履行增值税纳税申报义务。

(1)增值税纳税申报方式。增值税纳税申报方式分为远程申报和上门申报。远程申报是指纳税人借助于网络、电话或其他手段,将申报资料传输至税务机关进行申报的一种方式;上门申报是指纳税人携带申报资料,直接到税务机关申报征收窗口进行申报的一种方式。

(2)增值税纳税申报期限。根据《增值税暂行条例》和《财政部 国家税务总局关于全面推开营业税改征增值税试点的通知》(财税〔2016〕36号)的规定,增值税的纳税期限分别为1日、3日、5日、10日、15日、1个月或者1个季度。纳税人的具体纳税期限,由主管税务机关根据纳税人应纳税额的大小分别核定。以1个季度为纳税期限的规定适用于小规模纳税人、银行、财务公司、信托投资公司、信用社,以及财政部和国家税务总局规定的其他纳税人。不能按照固定期限纳税的,可以按次纳税。

纳税人以1个月或者1个季度为1个纳税期的,自期满之日起15日内申报纳税;以1日、3日、5日、10日或者15日为1个纳税期的,自期满之日起5日内预缴税款,于次月1日起15日内申报纳税并结清上月应纳税款。

(3)增值税纳税申报资料。增值税申报资料包括纳税申报表及其附列资料和纳税申报其他资料。其中,增值税纳税申报表及其附列资料为必报资料。纳税申报其他资料的报备要求由各省、自治区、直辖市和计划单列市国家税务局确定。

我国现行增值税将纳税人分为一般纳税人和小规模纳税人,由于两类纳税人增值税的计税方法和使用的发票种类不同,适用的纳税申报表及其附列资料也有差异(见表7-5)。

表 7-5 　　　　　　　　　　　增值税纳税申报表及其附列资料

类　型	纳税申报表及其附列资料
一般纳税人纳税申报表及其附列资料	①《增值税纳税申报表(一般纳税人适用)》 ②《增值税纳税申报表附列资料(一)》(本期销售情况明细) ③《增值税纳税申报表附列资料(二)》(本期进项税额明细) ④《增值税纳税申报表附列资料(三)》(服务、不动产和无形资产扣除项目明细) 说明:一般纳税人销售服务、不动产和无形资产,在确定服务、不动产和无形资产销售额时,按照有关规定可以从取得的全部价款和价外费用中扣除价款的,需填报《增值税纳税申报表附列资料(三)》;其他情况不填写该附列资料 ⑤《增值税纳税申报表附列资料(四)》(税额抵减情况表) ⑥《增值税纳税申报表附列资料(五)》(不动产分期抵扣计算表) ⑦《固定资产(不含不动产)进项税额抵扣情况表》 ⑧《本期抵扣进项税额结构明细表》 ⑨《增值税减免税申报明细表》 ⑩《营改增税负分析测算明细表》
小规模纳税人纳税申报表及其附列资料	①《增值税纳税申报表(小规模纳税人适用)》 ②《增值税纳税申报表(小规模纳税人适用)附列资料》 说明:小规模纳税人发生应税行为,在确定服务销售额时,按照有关规定可以从取得的全部价款和价外费用中扣除价款的,需填报《增值税纳税申报表(小规模纳税人适用)附列资料》;其他情况不填写该附列资料。 ③《增值税减免税申报明细表》
纳税申报其他资料	① 已开具的税控机动车销售统一发票和普通发票的存根联 ② 符合抵扣条件且在本期申报抵扣的增值税专用发票(含税控机动车销售统一发票)的抵扣联 ③ 符合抵扣条件且在本期申报抵扣的海关进口增值税专用缴款书、购进农产品取得的普通发票的复印件 ④ 符合抵扣条件且在本期申报抵扣的税收完税凭证及其清单,书面合同、付款证明和境外单位的对账单或者发票 ⑤ 已开具的农产品收购凭证的存根联或报查联 ⑥ 纳税人销售服务、不动产和无形资产,在确定服务、不动产和无形资产销售额时,按照有关规定从取得的全部价款和价外费用中扣除价款的合法凭证及其清单 ⑦ 主管税务机关规定的其他资料

(4) 增值税专用发票的认证和报税。为了加强增值税征收管理,满足增值税防伪税控系统采集增值税专用发票数据和一般纳税人纳税申报"一窗式"管理模式的要求,一般纳税人办理增值税纳税申报不仅应按要求报送纳税申报表及附列资料和其他纳税资料,还应对其收到和开具的增值税专用发票进行认证和报税。认证、报税、纳税申报等都是税务机关受理、审核纳税人申报工作的内容,是一个有机的整体,是"一窗式"管理的核心内容。

第一,认证。用于抵扣增值税进项税额的增值税专用发票应经税务机关认证相符(国家税务总局另有规定的除外)。认证是指税务机关通过防伪税控系统对专用发票所列数据的识别、确认;认证相符是指纳税人识别号无误,专用发票所列密文解译后与明文一致。增值税专用发票认证采取发票扫描认证和登录本省增值税发票选择确认平台,查询、选择、确认用于申报抵扣或者出口退税的增值税发票信息两种方式,目前正按纳税人类型逐步将扫描认证改为登录本省增值税发票查询平台,查询、选择、确认的认证方式。纳税人当月申报抵扣的增值税专用发票认证应在纳税申报前完成认证。

第二,报税。报税是指纳税人持 IC 卡或者 IC 卡和软盘向税务机关报送开票数据电文。纳税人使用新系统开具的增值税发票,应在纳税申报期内将上月开具发票汇总情况通过增值税发票系统升级版进行网络报税;特定纳税人不使用网络报税,需携带专用设备和相关资料到税务机关进行报税。

(5)增值税纳税申报代理类型。增值税纳税申报代理根据委托人委托的服务内容不同,可以分为增值税申报准备服务、增值税代理申报服务和增值税申报准备并代理申报服务等纳税申报代理类型。

增值税申报准备服务是指税务师接受委托,依据纳税人财务核算及其提供的涉税资料,按照增值税纳税申报要求,计算纳税人当期应纳增值税额,填制增值税纳税申报表及其附列资料,并收集或整理增值税纳税申报其他申报资料的服务。

增值税代理申报服务是指税务师根据委托人填制的增值税纳税申报表及其附列资料和提供的其他纳税申报资料,以委托人的名义向主管税务机关办理增值税纳税申报的服务。

增值税申报准备并代理申报服务是指税务师既收集或整理增值税申报资料,填写增值税纳税申报表及其附列资料,又以委托人的名义向主管税务机关办理纳税申报的服务。

其中,代理计算纳税人当期应纳增值额、填制增值税纳税申报表及其附列资料和办理增值税纳税申报手续是增值税纳税申报代理的主要内容。

(6)增值税应纳税额的计算。本章前面内容已讲解过,此处不再赘述。

【例 7-27】 琴岛餐饮管理有限公司为增值税一般纳税人。2×19 年 4 月发生以下与增值税相关的经济业务,要求计算当月的应纳税额,并编制纳税申报表及附列资料。假设本例中增值税税率为 16%。

(1)收入方面

种类	发票份数	发票记账	
		金额	税额
非金属矿物制品——厨房用品	3	25 858.62	4 137.38
调味品——干货调料	10	72 863.84	11 658.21
合计	13	98 722.46	15 795.59

(2)进项税额方面

种类	发票份数	发票记账	
		金额	税额
调味品——品鲜酱油	18	172 441.62	27 590.66

(3)其他

该公司上月留抵税额为 1 954.82 元,没有预缴税款。

则当月应抵扣税额合计 = 27 590.66 + 1 954.82 = 29 545.48(元)

实际抵扣税额 = 15 795.59(元)

期末留抵税额 = 29 545.48 - 15 795.59 = 13 749.89(元)

【例7-28】 大琴苑餐饮管理公司为增值税小规模纳税人。2×19年1~3月总共取得餐饮服务收入268 567.92元,全部为增值税普通发票,没有预缴税款,要求计算当月的应纳税额,并编制纳税申报表及附列资料。

$$1 \sim 3月该公司应纳增值税 = 268\ 567.92 \div (1 + 3\%) \times 3\% = 7\ 822.37(元)$$

(7) 代理填制增值税预缴税款表。"营改增"试点政策规定,增值税纳税人(不含其他个人)跨县(市)提供建筑服务,按规定的纳税义务发生时间,应向建筑服务发生地主管国税机关预缴税款;增值税纳税人(不含其他个人)出租与机构所在地不在同一县(市)的不动产,按规定的纳税义务发生时间,应向不动产所在地主管国税机关预缴税款;房地产开发企业预售自行开发的房地产项目,应在收到预收款时向主管国税机关预缴税款。增值税纳税人在预缴税款时,应填报《增值税预缴税款表》,连同其他预缴税款资料,向国税机关提交,履行预缴增值税义务。

税务师代理填制增值税预缴税款表,应根据增值税纳税人发生相关的增值税业务情况,准确判定是否应预缴增值税;对应预缴增值税的业务,结合会计核算,收集相关资料,按照每一个应预缴增值税的项目,依照适用的预缴增值税计税方法,确定预缴增值税的纳税义务发生时间、收入金额和扣除项目金额,准确计算应预缴的增值税,准确填制增值税预缴税款表。

(8) 代理填制一般纳税人增值税纳税申报表及附列资料。税务师代理填制一般纳税人增值税纳税申报表及其附列资料,应根据纳税人发生增值税相关业务的实际情况,结合其"主营业务收入""应交税费——应交增值税""应交增值税——预交增值税""应交增值税——未交增值税""应交增值税——增值税留抵税额""应交增值税——简易计税"和"应交增值税——转让金融商品应交增值税"等明细账核算内容、增值税抵扣凭证认证、稽核比对情况、防伪税控开票子系统开具增值税专用发票的开票数据电文及其他增值税相关资料,为纳税人填制增值税纳税申报表及其附列资料。税务师在代理填制一般纳税人增值税纳税申报表及其附列资料时,应注意:

首先,根据增值税纳税申报表及其附列资料的填写说明填制增值税纳税申报表及其附列资料。

其次,按照"先附列资料后纳税申报表"的顺序填制增值税申报表及附列资料。(见表7-6至表7-13)

最后,关注与其他纳税资料间的逻辑关系。

(9) 代理填制小规模纳税人增值税纳税申报表及附列资料。税务师代理填制小规模纳税人增值税纳税申报表及附列资料,应根据纳税人发生增值税业务的实际情况,结合开具的增值税普通发票及其他收入凭证、应税服务的扣除凭证和"应交税费——应交增值税"账户核算,为纳税人填制增值税纳税申报表及其附列资料。

税务师在代理填制小规模纳税人增值税纳税申报表及其附列资料时,应注意:

首先,根据增值税纳税申报表及其附列资料的填写说明填制增值税纳税申报表及其附列资料(见表7-14、表7-15)。

其次,根据纳税人财务核算及其他纳税相关资料,准确掌握纳税人增值税征(免)税收入、可扣除的应税服务,按照征收率计算应纳增值税额,并填列到增值税纳税申报及附列资料相关栏目。在纳税人准确核算情况下,纳税申报表填列的本期应纳税额应与纳税人"应交税费——应交增值税"账户记载的数额一致。

表7-6

根据《中华人民共和国增值税暂行条例》和《交通运输业和部分现代服务业营业税改征增值税试点实施办法》的规定制定本表。纳税人不论有无销售额，均应按主管税务机关核定的纳税期限按期填报本表，并向当地税务机关申报。

税款所属时间：自2×19年4月1日至2×19年4月30日　　填表日期：2×19年5月6日　　金额单位：元至角分

增值税纳税申报表
(适用于增值税一般纳税人)

纳税人识别号		法定代表人姓名	李丽	注册地址	青岛市城阳区铁骑山路70号	所属行业：	
纳税人名称	青岛餐饮管理有限公司					营业地址：	青岛市城阳区铁骑山路70号
开户银行及账号		企业登记注册类型				电话号码：	其他未列明餐饮业

	项目	栏次	一般项目		即征即退项目	
			本月数	本年累计	本月数	本年累计
销售额	(一)按适用税率征税销售额	1	97 878.68	103 525.60	0.00	0.00
	其中：应税货物销售额	2	0.00	0.00	0.00	0.00
	应税劳务销售额	3	0.00	0.00	0.00	0.00
	纳税检查调整的销售额	4	0.00	0.00	0.00	0.00
	(二)按简易办法征收办法征税销售额	5	0.00	0.00	0.00	0.00
	其中：纳税检查调整的销售额	6	0.00	0.00	0.00	0.00
	(三)免、抵、退办法出口销售额	7	0.00	0.00	0.00	0.00
	(四)免税销售额	8	0.00	0.00	0.00	0.00
	其中：免税货物销售额	9	0.00	0.00	0.00	0.00
	免税劳务销售额	10	0.00	0.00	0.00	0.00
税款计算	销项税额	11	16 639.37	17 599.35	0.00	0.00
	进项税额	12	29 064.52	31 979.32	0.00	0.00
	上期留抵税额	13	1 954.82	0.00	0.00	0.00
	进项税额转出	14	0.00	0.00	0.00	0.00
	免、抵、退应退税额	15	0.00	0.00	0.00	0.00

（续表）

	项目	栏次	一般项目		即征即退项目	
			本月数	本年累计	本月数	本年累计
税款计算	按适用税率计算的纳税检查应补缴税额	16	0.00	0.00	0.00	0.00
	应抵扣税额合计	17=12+13+14−15+16	31 019.34	0.00	0.00	0.00
	实际抵扣税额	18(如17<11,则为11,否则为17)	16 639.37	0.00	0.00	0.00
	应纳税额	19=11−18	0.00	0.00	0.00	0.00
	期末留抵税额	20=17−18	14 379.97	0.00	0.00	0.00
	简易征收办法计算的应纳税额	21	0.00	0.00	0.00	0.00
	按简易征收办法计算的纳税检查应补征税额	22	0.00	0.00	0.00	0.00
	应纳税额减征额	23	0.00	0.00	0.00	0.00
	应纳税额合计	24=19+21−23	0.00	0.00	0.00	0.00
税款缴纳	期初未缴税额（多缴为负数）	25	0.00	0.00	0.00	0.00
	实收出口开具专用缴款书退税额	26	0.00	0.00	0.00	0.00
	本期已缴税额	27=28+29+30+31	0.00	0.00	0.00	0.00
	①分次预缴税额	28	0.00	0.00	0.00	0.00
	②出口开具专用缴款书预缴税额	29	0.00	0.00	0.00	0.00
	③本期缴纳上期应纳税额	30	0.00	0.00	0.00	0.00
	④本期缴纳欠缴税额	31	0.00	0.00	0.00	0.00
	期末未缴税额（多缴为负数）	32=24+25+26−27	0.00	0.00	0.00	0.00
	其中:欠缴税额(≥0)	33=25+26−27	0.00	0.00	0.00	0.00
	本期应补（退）税额	34=24−28−29	0.00	0.00	0.00	0.00
	即征即退实际退税额	35	0.00	0.00	0.00	0.00
	期初未缴查补税额	36	0.00	0.00	0.00	0.00
	本期入库查补税额	37	0.00	0.00	0.00	0.00
	期末未缴查补税额	38=16+22+36−37	0.00	0.00	0.00	0.00

（续表）

授权声明

为代理一切税务事宜，现授权（地址）为本纳税人的代理申报人，任何与本申报表有关的往来文件，都可寄予此人。

授权人签字：

申报人声明

此纳税申报表是根据《中华人民共和国增值税暂行条例》的规定填报的，我相信它是真实的、可靠的、完整的。

声明人签字：

收到日期：

接收人：

主管税务机关盖章：

《增值税纳税申报表（一般纳税人适用）》填写说明

（一）"税款所属时间"：指纳税人申报的增值税应纳税额的所属时间。

（二）"填表日期"：指纳税人填写本表的具体日期。

（三）"纳税人识别号"：填写纳税人的税务登记证号码。

（四）"所属行业"：按照国民经济行业分类与代码中的小类行业填写。

（五）"纳税人名称"：填写纳税人单位名称全称。

（六）"法定代表人姓名"：填写纳税人法定代表人的姓名。

（七）"注册地址"：填写纳税人税务登记证所注明的详细地址。

（八）"生产经营地址"：填写纳税人实际生产经营地的详细地址。

（九）"开户银行及账号"：填写纳税人开户银行的名称和纳税人在该银行的结算账户号码。

（十）"登记注册类型"：按纳税人税务登记证的栏目内容填写。

（十一）"电话号码"：填写纳税人可联系到纳税人的常用电话号码。

（十二）"即征即退货物、劳务和应税服务"列：填写纳税人按规定享受增值税即征即退政策即征即退货物、劳务和应税服务的征（退）税数据。

（十三）"一般货物、劳务和应税服务"列：填写除享受增值税即征即退政策以外的货物、劳务和应税服务的征（免）税数据。

（十四）"本年累计"列：一般填写本年度内各月"本月数"之和。其中，第13,20,25,32,36,38栏及第18栏"实际抵扣税额""一般货物、劳务和应税服务"列的"本年累计"分别按本填写说明第（二十七）、（三十）、（二十四）、（三十六）、（五十）、（三十二）、（三十三）条要求填写。

（十五）第1栏"（一）按适用税率计税销售额"：填写纳税人本期按一般计税方法计算缴纳增值税的销售额，包含：在财务上不作销售但按税法规定应缴纳增值税的销售额，纳税检查调整的销售额。营业税改征增值税的纳税人，应税服务有扣除项目的，本栏应填写扣除之前的不含税销售额。

本栏"一般货物、劳务和应税服务"列第9列第1至5行之和－第9列第6,7行之和；本栏"即征即退货物、劳务和应税服务"列

"本月数"=《附列资料(一)》第9列第6,7行之和。

(十六)第2栏"其中：应税货物销售额"：填写纳税人本期按适用税率计算销售额的应税货物的销售额，以及外贸企业作销售进料加工复出口货物的销售额。包含在财务上不作销售但按税法规定应缴纳增值税的视同销售的应税货物的销售额。

(十七)第3栏"应税劳务销售额"：填写纳税人本期按适用税率计算增值税的应税劳务的销售额。

(十八)第4栏"纳税检查调整的销售额"：填写纳税人因税务、财政、审计部门检查，并按一般计税方法在本期计算调整的销售额。包含纳税检查发现偷税的，不填入"即征即退货物、劳务和应税服务"列，而应填入"一般货物、劳务和应税服务"列。

营业税改征增值税的纳税人，劳务和应税服务有扣除项目的，本栏填写扣除之前的本期计算增值税的销售额。

本栏"一般货物、劳务和应税服务"列"第7列之和"第1至5行之和。

(十九)第5栏"按简易办法计税销售额"：填写纳税人本期按简易计税方法计算增值税的销售额。包含纳税检查调整按简易计税方法计算增值税的分支机构，其当期按预征率计算缴纳增值税的销售额也填入本栏。

营业税改征增值税的纳税人，劳务和应税服务有扣除项目的，本栏填写扣除之前的不含税销售额。应税服务按规定汇总计算缴纳增值税的...

本栏"一般货物、劳务和应税服务"列第9列第8至13行之和。

(二十)第6栏"其中：纳税检查调整的销售额"：填写纳税人因税务、财政、审计部门检查，并按简易计税方法在本期计算调整的销售额。经纳税检查发现偷税的，不填入"即征即退货物、劳务和应税服务"列，而应填入"一般货物、劳务和应税服务"列。

营业税改征增值税的纳税人，劳务和应税服务有扣除项目的，本栏填写扣除之前的不含税销售额。

本栏"一般货物、劳务和应税服务"列第9列第14,15行之和。

(二十一)第7栏"免、抵、退办法出口销售额"：填写纳税人本期适用免、抵、退税办法的出口货物、劳务和应税服务的销售额。

营业税改征增值税的纳税人，劳务和应税服务有扣除项目的，本栏填写扣除之前的销售额。

本栏"一般货物、劳务和应税服务"列第9列第16,17行之和。

(二十二)第8栏"免税销售额"：填写纳税人本期免征增值税的销售额和适用零税率的销售额，但零税率的销售额中不包括适用免、抵、退税办法的销售额。

营业税改征增值税的纳税人，劳务和应税服务有扣除项目的，本栏填写扣除之前的免税销售额。

本栏"一般货物、劳务和应税服务"列"本月数"=《附列资料(一)》第9列第18,19行之和。

(二十三)第9栏"其中：免税货物销售额"：填写纳税人本期按照税法规定免征增值税的货物销售额及适用零税率的货物销售额，但零税率的货物销售额中不包括适用免、抵、退税办法出口货物销售额。

(二十四)第10栏"免税劳务销售额"：填写纳税人本期按照税法规定免征增值税的劳务销售额及适用零税率的劳务销售额，但零税率的劳务销售额中不包括适用免、抵、退税办法出口劳务的销售额。

(二十五)第11栏"销项税额"：填写纳税人本期按一般计税方法计税的货物、劳务和应税服务的销项税额。

营业税改征增值税的纳税人，劳务和应税服务有扣除项目的，本栏应填写扣除之后的销项税额。

本栏"一般货物、劳务和应税服务"列"本月数"=《附列资料(一)》第10列第1,3行之和-10列第6行)+(第14列第2、4、5行之和-14列第7行)；

本栏"即征即退货物、劳务和应税服务"列"本月数"=《附列资料（一）》第 10 列第 6 行+第 14 列第 7 行。

（二十六）第 12 栏"进项税额"：填写纳税人本期申报抵扣的进项税额。

本栏"一般货物、劳务和应税服务"列"本月数"+即征即退货物、劳务和应税服务"列"本月数"=《附列资料（二）》第 12 栏"税额"。

（二十七）第 13 栏"上期留抵税额"

1. 上期留抵税额按规定挂账的纳税人是指去试点实施之日前一个税款所属期的申报表第 20 栏"期末留抵税额"一般货物、劳务和应税服务"列"本月数"大于零，且兼有营业税改征增值税的纳税人（下同）。其试点实施之日当月的申报表第 20 栏"期末留抵税额""一般货物、劳务和应税服务"列"本月数"，以下称为货物和劳务挂账留抵税额。

（1）本栏"一般货物、劳务和应税服务"列"本月数"：试点实施之日前的税款所属期按申报表第 20 栏"期末留抵税额"一般货物、劳务和应税服务"列"本月数"填写"0"；以后各期按上期申报表第 20 栏"期末留抵税额"一般货物、劳务和应税服务"列"本月数"填写。

（2）本栏"一般货物、劳务和应税服务"列"本年累计"：反映货物和劳务挂账留抵税额本期期初余额。试点实施之日的税款所属期按试点实施之日前一个税款所属期的申报表第 20 栏"期末留抵税额"一般货物、劳务和应税服务"列"本月数"填写；以后各期按上期申报表第 20 栏"期末留抵税额"一般货物、劳务和应税服务"列"本月数"填写。

（3）本栏"即征即退货物、劳务和应税服务"列"本月数"：按上期申报表第 20 栏"期末留抵税额"即征即退货物、劳务和应税服务"列"本月数"填写。

2. 其他纳税人，按以下要求填写本栏"本月数"和"本年累计"。

其他纳税人是指除上期留抵税额按规定挂账须的纳税人之外的纳税人（下同）。

（1）本栏"一般货物、劳务和应税服务"列"本月数"：按上期申报表第 20 栏"期末留抵税额"一般货物、劳务和应税服务"列"本月数"填写。

（2）本栏"一般货物、劳务和应税服务"列"本年累计"：填写"0"。

（3）本栏"即征即退货物、劳务和应税服务"列"本月数"：按上期申报表第 20 栏"期末留抵税额"即征即退货物、劳务和应税服务"列"本月数"填写。

（二十八）第 14 栏"进项税额转出"：填写纳税人已经抵扣，但按税法规定本期应转出的进项税额。

本栏"一般货物、劳务和应税服务"列"本月数"+即征即退货物、劳务和应税服务"列"本月数"=《附列资料（二）》第 13 栏"税额"。

（二十九）第 15 栏"免、抵、退应退税额"：反映税务机关按照出口货物、劳务和应税服务免、抵、退办法审批的增值税应退税额。

（三十）第 16 栏"按适用税率计算的纳税检查应补缴税额"：填写税务、财政、审计部门检查，按一般计税方法计算的纳税检查应补缴的增值税额。

本栏"一般货物、劳务和应税服务"列"本月数"+《附列资料（一）》第 8 列第 1 至 5 行之和+《附列资料（二）》第 19 栏。

（三十一）第 17 栏"应抵扣税额合计"：填写纳税人本期应抵扣进项税额的合计数。按表中所列公式计算填写。

（三十二）第 18 栏"实际抵扣税额"

1. 上期留抵税额按规定挂账的纳税人，按以下要求填写本栏的"本月数"和"本年累计"。

（1）本栏"一般货物、劳务和应税服务"列"本月数"：按表中所列公式计算填写。

（2）本栏"一般货物、劳务和应税服务"列"本年累计"：填写货物和劳务应纳税额抵减一般货物和劳务应纳税额本期实际抵减一般货物和劳务应纳税额的数额。将"货物和劳务应纳税额"列"本年累计"

其中：货物和劳务应纳税额本期抵减额=第 13 栏"上期留抵税额"一般货物、劳务和应税服务"列"上期留抵税额初余额"一般货物、劳务应纳税额的数据相比较，取二者中小的数据。

一般计税方法的一般货物及劳务应纳税额＝(第11栏"销项税额""一般货物、劳务和应税服务"列"本月数"－第18栏"实际抵扣税额""一般货物、劳务和应税服务"列"本月数"－第11栏"销项税额""一般货物、劳务和应税服务"列"本月数"×一般货物及劳务销项税额比例；

一般货物及劳务销项税额比例＝《附列资料(一)》第10列第1、3行之和÷第11栏"销项税额""一般货物、劳务和应税服务"列"本月数"×100％。

(3) 本栏"即征即退货物、劳务和应税服务"列"本月数"和"本年累计"：按表中所列公式计算填写。

2. 其他纳税人，按以下要求填写本栏的"本月数"和"本年累计"：

(1) 本栏"一般货物、劳务和应税服务"列"本月数"：按表中所列公式计算填写。

(2) 本栏"一般货物、劳务和应税服务"列"本年累计"：按表中所列公式计算填写。

(3) 本栏"即征即退货物、劳务和应税服务"列"本月数"：填写"0"。

(三十三) 第19栏"应纳税额"：反映纳税人本期按一般计税方法计算并应缴纳的增值税额。按以下公式计算填写：

1. 本栏"一般货物、劳务和应税服务"列"本月数"－第18栏"实际抵扣税额""一般货物、劳务和应税服务"列"本月数"－第11栏"销项税额""一般货物、劳务和应税服务"列"本月数"。

2. 本栏"即征即退货物、劳务和应税服务"列"本月数"：反映纳税人本期即征即退货物、劳务和应税服务"即征即退货物、劳务和应税服务"列"本月数"。

(三十四) 第20栏"期末留抵税额"：

1. 上期留抵税额按规定须挂账的纳税人，按以下要求填写本栏的"本月数"和"本年累计"：

(1) 本栏"一般货物、劳务和应税服务"列"本月数"：反映试点实施以后，一般货物、劳务和应税服务共同形成的留抵税额。按表中所列公式计算填写。

(2) 本栏"一般货物、劳务和应税服务"列"本年累计"＝第13栏"上期留抵税额""一般货物、劳务和应税服务"列"本月数"：按表中所列公式计算填写。

(3) 本栏"即征即退货物、劳务和应税服务"列"本月数"：填写"0"。

2. 其他纳税人，按以下要求填写本栏的"本月数"和"本年累计"：

(1) 本栏"一般货物、劳务和应税服务"列"本月数"：按表中所列公式计算填写。

(2) 本栏"一般货物、劳务和应税服务"列"本年累计"：反映试点实施以后，一般货物、劳务挂账留抵税额，在试点实施以后抵减一般货物、劳务和应税服务应纳税额后的余额。按以下公式计算填写：

(3) 本栏"即征即退货物、劳务和应税服务"列"本月数"：按表中所列公式计算填写。

(三十五) 第21栏"简易计税办法计算的应纳税额"：反映纳税人本期按简易计税方法计算并应缴纳的增值税额，但不包括按简易计税方法计算的纳税检查应补缴税额。按以下公式计算填写：

本栏"一般货物、劳务和应税服务"列"本月数"＝《附列资料(一)》第10列第8至11行之和＋(第14列第10行－第10列第14行)＋(第14列第12行至13行之和－第14列第15行)。

本栏"即征即退货物、劳务和应税服务"列"本月数"＝《附列资料(一)》第10列第14行＋第14列第15行。

营业税改征增值税的纳税人,应将预征增值税的销售额填入本栏。预征增值税的销售额=应预征增值税的销售额×预征率。

(三十六)第22栏"简易计税办法计算的纳税检查应补缴税额":填写纳税人本期按照税法规定、财政、审计部门检查并按简易计税方法计算的纳税检查应补缴税额。包含按照规定可在增值税应纳税额中全额抵减的增值税检查应补缴税额。

(三十七)第23栏"应纳税额减征额":填写纳税人本期按规定准予减征的增值税应纳税额。包含按照规定税控系统专用设备费用以及技术维护费。

当本期减征额小于或等于第19栏"应纳税额"与第21栏"简易计税办法计算的应纳税额"之和时,按本期减征额实际填写;当本期减征额大于第19栏"应纳税额"与第21栏"简易计税办法计算的应纳税额"之和时,按本期第19栏与第21栏之和填写。本期减征额不足抵减部分结转下期继续抵减。

纳税额"与第21栏"简易计税办法计算的应纳税额"之和时,按本表中所列公式计算填写。

(三十八)第24栏"应纳税额合计":反映纳税人本期应缴增值税的合计数。按本表中所列公式计算填写。

(三十九)第25栏"期初未缴税额(多缴为负数)":"本月数"按上一税款所属期申报表第32栏"期末未缴税额(多缴为负数)""本月数"填写。"本年累计"按上年度最后一个税款所属期申报表第32栏"期末未缴税额(多缴为负数)""本年累计"填写。

按上年度最后一个税款所属期申报表第32栏"期末未缴税额"本栏不填写。

(四十)第26栏"实收出口开具专用缴款书退税额":本栏不填写。

(四十一)第27栏"本期已缴税额":反映纳税人本期实际缴纳的增值税额,但不包括本期入库的查补税款。

(四十二)第28栏①分次预缴税额":填写纳税人本期已缴纳的准予在本期增值税应纳税额中抵减的税额。

营业税改征增值税的纳税人,应按规定汇总计算汇总缴纳增值税的总机构,其可以从本期增值税应纳税额中抵减的分支机构已缴纳的税额,按当期实际抵减数填入本栏,不足抵减部分结转下期继续抵减。

际抵减数填入本栏,不足抵减部分结转下期继续抵减。

(四十三)第29栏②出口开具专用缴款书预缴税额":本栏不填写。

(四十四)第30栏③本期缴纳上期应纳税额":反映纳税人本期缴纳上一税款所属期应纳未缴的增值税额。

(四十五)第31栏④本期缴纳欠缴税额":反映纳税人本期实际缴纳的增值税欠税额,但不包括缴纳的查补增值税额。

(四十六)第32栏"期末未缴税额(多缴为负数)":"本月数"反映纳税人本期期末应缴未缴的增值税额,但不包括应缴的查补增值税额。按表中所列公式计算填写。

公式计算填写。"本年累计"与"本月数"相同。

(四十七)第33栏"其中:欠缴税额(≥0)":反映纳税人按照税法规定已形成欠税的增值税额。按表中所列公式计算填写。

(四十八)第34栏"本期应补(退)税额":反映纳税人本期应纳税额中应补缴或应退回的数额。按表中所列公式计算填写。

(四十九)第35栏"即征即退实际退税额":反映纳税人本期因符合增值税即征即退政策规定,而实际收到的税务机关退回的增值税额。

(五十)第36栏"期初未缴查补税额":"本月数"按上一税款所属期申报表第38栏"期末未缴查补税额""本月数"填写。"本年累计"按上年度最后一个税款所属期申报表第38栏"期末未缴查补税额""本年累计"填写。

款所属期申报表第38栏"期末未缴查补税额""本年累计"填写。

(五十一)第37栏"本期入库查补税额":反映纳税人本期因税务、财政、审计部门检查并实际入库的查补增值税额。

补增值税额和按简易计税办法计算并实际入库的查补增值税额。

(五十二)第38栏"期末未缴查补税额":"本月数"反映纳税人接受纳税检查后应在本期期末缴纳而未缴纳的查补增值税额。按表中所列公式计算填写,包括按一般计税方法计算并实际缴纳的查补增值税额,

"本年累计"与"本月数"相同。

表7-7

纳税人名称:青岛餐饮管理有限公司

增值税纳税申报表附列资料(一)

(本期销售情况明细)

税款所属时间:2×19年04月01日 至 2×19年04月30日

金额单位:元至角分

项目及栏次	开具税控增值税专用发票 销售额 1	销项(应纳)税额 2	开具其他发票 销售额 3	销项(应纳)税额 4	未开具发票 销售额 5	销项(应纳)税额 6	纳税检查调整 销售额 7	销项(应纳)税额 8	合计 销售额 9=1+3+5+7	销项(应纳)税额 10=2+4+6+8	价税合计 11=9+10	服务、不动产和无形资产扣除项目本期实际扣除金额 12	扣除后 含税(免税)销售额 13=11−12	销项(应纳)税额 14=13÷(100%+税率或征收率)×税率或征收率
一般计税方法计税 全部征税项目 16%税率的货物及加工修理修配劳务 1	98 722.46	15 795.59	0	0	0	0	0	0	98 722.46	15 795.59	—	—	—	—
16%税率的服务、不动产和无形资产 2	0.00	0.00	0.00	0.00	0.00	0.00	0.00	0.00	0.00	0.00	0.00	0.00	0.00	0.00
10%税率的货物及加工修理修配劳务 3a	0.00	0.00	0.00	0.00	0.00	0.00	0.00	0.00	0.00	0.00	—	—	—	—
10%税率的服务、不动产和无形资产 3b	0.00	0.00	0.00	0.00	0.00	0.00	0.00	0.00	0.00	0.00	0.00	0.00	0.00	0.00
6%税率 4	0.00	0.00	0.00	0.00	0.00	0.00	0.00	0.00	0.00	0.00	0.00	0.00	0.00	0.00
其中:即征即退项目 即征即退货物及加工修理修配劳务 5	—	—	—	—	—	—	—	—	0.00	0.00	—	—	—	—
即征即退服务、不动产和无形资产 6	—	—	—	—	—	—	—	—	0.00	0.00	0.00	0.00	0.00	0.00

（续表）

项目及栏次		开具税控增值税专用发票		开具其他发票		未开具发票		纳税检查调整		合计			服务、不动产和无形资产扣除项目本期实际扣除金额	扣除后	
		销售额	销项(应纳)税额	销售额	销项(应纳)税额	销售额	销项(应纳)税额	销售额	销项(应纳)税额	销售额	销项(应纳)税额	价税合计		含税(免税)销售额	销项(应纳)税额
		1	2	3	4	5	6	7	8	9=1+3+5+7	10=2+4+6+8	11=9+10	12	13=11-12	14=13÷(100%+税率或征收率)×税率或征收率
二、简易计税方法计税 全部征税项目 6%征收率的货物及劳务	7	0.00	0.00	0.00	0.00	0.00	0.00	—	—	0.00	0.00	0.00	—	—	—
5%征收率的货物及加工修理修配劳务	8a	0.00	0.00	0.00	0.00	0.00	0.00	—	—	0.00	0.00	0.00	—	—	—
5%征收率的服务、不动产和无形资产	8b	0.00	—	0.00	—	0.00	—	—	—	0.00	—	0.00	0.00	0.00	0.00
4%征收率的货物及劳务	9	0.00	0.00	0.00	0.00	0.00	0.00	—	—	0.00	0.00	—	—	—	—
3%征收率的货物及加工修理修配劳务	10	0.00	0.00	0.00	0.00	0.00	0.00	—	—	0.00	0.00	—	—	—	—
3%征收率的服务、不动产和无形资产	11	0.00	0.00	0.00	0.00	0.00	0.00	—	—	0.00	0.00	0.00	0.00	0.00	0.00
其中:即征即退项目 预征率 %	12a	0.00	0.00	0.00	0.00	0.00	0.00			0.00					
预征率 %	12b	0.00	0.00	0.00	0.00	0.00	0.00			0.00					
预征率 %	12c	0.00	0.00	0.00	0.00	0.00	0.00			0.00					
即征即退货物及加工修理修配劳务	13	—	—	—	—	—	—			0.00	0.00	0.00	0.00	0.00	—
即征即退服务、不动产和无形资产	14	—	—	—	—	—	—			0.00	0.00	0.00	0.00	0.00	—
三、免抵退税 货物及加工修理修配劳务	15	0.00	—	0.00	0.00	0.00	0.00	—	—	0.00	0.00	0.00	—	—	—
服务、不动产和无形资产	16	—	—	0.00	0.00	0.00	0.00	—	—	0.00	0.00	0.00	0.00	—	—
四、免税 货物及加工修理修配劳务	17	0.00	0.00	0.00	0.00	0.00	0.00	—	—	0.00	0.00	0.00	—	—	—
服务、不动产和无形资产	18	—	—	0.00	0.00	0.00	0.00	—	—	0.00	0.00	0.00	0.00	0.00	0.00

表 7-8

增值税纳税申报表附列资料(二)

(本期进项税额明细)

税款所属时间:2×19 年 04 月 01 日 至 2×19 年 04 月 30 日

纳税人名称:琴岛餐饮管理有限公司

金额单位:元至角分

一、申报抵扣的进项税额

项　　目	栏次	份数	金额	税额
(一)认证相符的税控增值税专用发票	1=2+3	0.00	172 441.62	27 590.66
其中:本期认证相符且本期申报抵扣	2	0.00	172 441.62	27 590.66
前期认证相符且本期申报抵扣	3	0.00	0.00	0.00
(二)其他扣税凭证	4=5+6+7+8a+8b	0.00	0.00	0.00
其中:海关进口增值税专用缴款书	5	0.00	0.00	0.00
农产品收购发票或者销售发票	6	0.00	0.00	0.00
代扣代缴税收缴款凭证	7	—	—	0.00
加计扣除农产品进项税额	8a	—	—	0.00
其他	8b	0.00	0.00	0.00
(三)本期用于购建不动产的扣税凭证	9	0.00	0.00	0.00
(四)本期不动产允许抵扣进项税额	10	—	—	0.00
(五)外贸企业进项税额抵扣证明	11	—	—	0.00
当期申报抵扣进项税额合计	12=1+4−9+10+11	0.00	172 441.62	27 590.66

二、进项税额转出额

项　　目	栏次	税额
本期进项税额转出额	13=14 至 23 之和	0.00
其中:免税项目用	14	0.00
非应税项目用、集体福利、个人消费	15	0.00
非正常损失	16	0.00
简易计税方法征税项目用	17	0.00
免抵退税办法不得抵扣的进项税额	18	0.00

（续表）

项　目	栏次	税额	税额
纳税检查调减进项税额	19	0.00	—
红字专用发票信息表注明的进项税额	20	0.00	0.00
上期留抵税额抵减欠税	21	0.00	0.00
上期留抵税额退税	22	0.00	0.00
其他应作进项税额转出的情形	23	0.00	0.00

三、待抵扣进项税额

项　目	栏次	份数	金额	税额
（一）认证相符的税控增值税专用发票	24	—	—	—
期初已认证相符但未申报抵扣	25	0.00	0.00	0.00
本期认证相符且本期申报抵扣	26	0.00	0.00	0.00
期末已认证相符但未申报抵扣	27	0.00	0.00	0.00
其中：按照税法规定不允许抵扣	28	0.00	0.00	0.00
（二）其他扣税凭证	29＝30至33之和	0.00	0.00	0.00
其中：海关进口增值税专用缴款书	30	0.00	0.00	0.00
农产品收购发票或者销售发票	31	0.00	0.00	0.00
代扣代缴税收缴款凭证	32	0.00	—	0.00
其他	33	—	0.00	—

四、其他

项　目	栏次	份数	金额	税额
本期认证相符的税控增值税专用发票	35	18	172 441.62	27 590.66
代扣代缴税额	36	—	—	0.00

表 7-9

增值税纳税申报表附列资料（三）

（应税服务扣除项目明细）

税款所属时间：2×19 年 04 月 01 日 至 2×19 年 04 月 30 日

纳税人名称：琴岛餐饮管理有限公司

金额单位：元至角分

项目及栏次		本期应税服务价税合计额（免税销售额）1	服务、不动产和无形资产扣除项目				
			期初余额 2	本期发生额 3	本期应扣除金额 4=2+3	本期实际扣除金额 5(5≤1且5≤4)	期末余额 6=4-5
16%税率的项目	1	0.00	0.00	0.00	0.00	0.00	0.00
10%税率的项目	2	0.00	0.00	0.00	0.00	0.00	0.00
6%税率的项目（不含金融商品转让）	3	0.00	0.00	0.00	0.00	0.00	0.00
6%税率的金融商品转让项目	4	0.00	0.00	0.00	0.00	0.00	0.00
5%征收率的项目	5	0.00	0.00	0.00	0.00	0.00	0.00
3%征收率的项目	6	0.00	0.00	0.00	0.00	0.00	0.00
免抵退税的项目	7	0.00	0.00	0.00	0.00	0.00	0.00
免税的项目	8	0.00	0.00	0.00	0.00	0.00	0.00

表 7-10

增值税纳税申报表附列资料（四）

（税额抵减情况表）

税款所属时间：2×19 年 04 月 01 日 至 2×19 年 04 月 30 日

纳税人名称：琴岛餐饮管理有限公司

金额单位：元至角分

序号	抵减项目	期初余额 1	本期发生额 2	本期应抵减税额 3=1+2	本期实际抵减税额 4≤3	期末余额 5=3-4
1	增值税税控系统专用设备费及技术维护费	0.00	0.00	0.00	0.00	0.00
2	分支机构预征缴纳税款	0.00	0.00	0.00	0.00	0.00
3	建筑服务预征缴纳税款	0.00	0.00	0.00	0.00	0.00
4	销售不动产预征缴纳税款	0.00	0.00	0.00	0.00	0.00
5	出租不动产预征缴纳税款	0.00	0.00	0.00	0.00	0.00

表 7-11

增值税纳税申报表附列资料（五）

（不动产分期抵扣计算表）

税款所属时间：2×19年04月01日 至 2×19年04月30日

纳税人名称：琴岛餐饮管理有限公司

金额单位：元至角分

期初待抵扣不动产进项税额	本期不动产进项税额增加额	本期可抵扣不动产进项税额	本期转入的待抵扣不动产进项税额	本期转出的待抵扣不动产进项税额	期末待抵扣不动产进项税额
1	2	3≤1+2+4	4	5≤1+4	6=1+2-3+4-5
0.00	0.00	0.00	0.00	0.00	0.00

表 7-12

增值税减免税申报明细表

税款所属时间：2×19年04月01日 至 2×19年04月30日

纳税人名称：琴岛餐饮管理有限公司

金额单位：元至角分

一、减税项目

减税性质代码及名称	栏次	期初余额	本期发生额	本期应抵减税额	本期实际抵减税额	期末余额
		1	2	3=1+2	4≤3	5=3-4
合 计	1	0.00	0.00	0.00	0.00	0.00

二、免税项目

免税性质代码及名称	栏次	免征增值税项目销售额	免税销售额扣除项目本期实际扣除金额	扣除后免税销售额	免税销售额对应的进项税额	免税额
		1	2	3=1-2	4	5
合 计	1	0.00	0.00	0.00	—	—
出口免税	2	0.00	—	—	—	—
其中：跨境服务	3	0.00	—	—	—	—

表7-13

营改增税负分析测算明细表

纳税人名称:琴岛餐饮管理有限公司

税款所属时间:2×19年04月01日 至 2×19年04月30日

金额单位:元至角分

项目及栏次		增值税							营业税						
						扣除后				原营业税税制下服务、不动产和无形资产差额扣除项目					
		不含税销售额	销项(应纳)税额	价税合计	服务、不动产和无形资产项目本期实际扣除金额	含税销售额	销项(应纳)税额	增值税应纳税额(测算)	期初余额	本期发生额	本期应扣除金额	本期实际扣除金额	期末余额	应税营业额	营业税应纳税额
应税项目代码及名称	增值税税率或征收率	营业税税率	2=1×增值税率或征收率	3=1+2		5=3-4	6=5÷(100%+增值税率或征收率)×增值税率或征收率				10=8+9	11(11≤3且11≤10)	12=10-11	13=3-11	14=13×营业税率
	1	—		3	4		7	8	9	10	11	12	13	14
合计	0.00	—	0.00	0.00	0.00	0.00	0.00	0.00	0.00	0.00	0.00	0.00	0.00	0.00	0.00

表7-14

增值税纳税申报表(适用小规模纳税人)

纳税人识别号:

纳税人名称(公章):大荸苑餐饮管理有限公司

税款所属期:2×19年01月01日至2×19年03月31日

金额单位:元(列至角分)

填表日期:2×19年04月10日

项目	栏次	本期数		本年累计	
		货物及劳务	服务、不动产和无形资产	货物及劳务	服务、不动产和无形资产
一、计税依据					
(一)应征增值税不含税销售额(3%征收率)	1	0.00	260 745.55	0.00	260 745.55
税务机关代开的增值税专用发票不含税销售额	2	0.00	0.00	0.00	0.00
税控器具开具的普通发票不含税销售额	3	0.00	260 745.55	0.00	260 745.55
(二)应征增值税不含税销售额(5%征收率)	4	0.00	0.00	0.00	0.00
税务机关代开的增值税专用发票不含税销售额	5	0.00	0.00	0.00	0.00
税控器具开具的普通发票不含税销售额	6	0.00	0.00	0.00	0.00

（续表）

项目	栏次	本期数		本年累计	
		货物及劳务	服务、不动产和无形资产	货物及劳务	服务、不动产和无形资产
（三）销售使用过的固定资产不含税销售额	7(7≥8)	0.00	0.00	0.00	0.00
其中:税控器具开具的普通发票不含税销售额	8	0.00	0.00	0.00	0.00
（四）免税销售额	9=10+11+12	0.00	260 745.55	0.00	260 745.55
其中:小微企业免税销售额	10	0.00	0.00	0.00	0.00
未达起征点销售额	11	0.00	260 745.55	0.00	260 745.55
其他免税销售额	12	0.00	0.00	0.00	0.00
（五）出口免税销售额	13(13≥14)	0.00	0.00	0.00	0.00
其中:税控器具开具的普通发票不含税销售额	14	0.00	0.00	0.00	0.00
核定销售额	15	0.00	0.00	0.00	0.00
本期应纳税额	16	0.00	7 822.37	0.00	7 822.37
核定应纳税额	17	0.00	0.00	0.00	0.00
本期应纳税额减征额	18	0.00	0.00	0.00	0.00
本期免税额	19	0.00	0.00	0.00	0.00
其中:小微企业免税额	20	0.00	0.00	0.00	0.00
未达起征点免税额	21	0.00	0.00	0.00	0.00
应纳税额合计	22=16−18	0.00	7 822.37	0.00	7 822.37
本期预缴税额	23	0.00	0.00	0.00	0.00
本期应补(退)税额	24=22−23	0.00	7 822.37	—	—

（左侧分组：一 计税依据　二 税款计算）

纳税人或代理人声明:
本纳税申报表是根据国家税收法律法规及相关规定填报的,我确定它是真实的、可靠的、完整的。

如纳税人填报,由纳税人填写以下各栏:
办税人员:
法定代表人:

如委托代理人填报,由代理人填写以下各栏:
代理人名称(公章):

财务负责人:
联系电话:

经办人(签章):
联系电话:

主管税务机关:　　　接收人:　　　接收日期:

表7-15　　　　　　　　**增值税纳税申报表(适用于小规模纳税人)附列资料**

税款所属期:2×19年01月01日至2×19年03月31日　　　　　　填表日期:2×19年04月10日

纳税人名称(公章):大琴苑餐饮管理有限公司　　　　　　　　金额单位:元(列至角分)

应税行为(3%征收率)扣除额计算

期初余额	本期发生额	本期扣除额	期末余额
1	2	3(3≤1+2之和,且3≤5)	4=1+2-3
0.00	0.00	0.00	0.00
全部含税收入 (适用3%征收率)	本期扣除额	含税销售额	不含税销售额
5	6=3	7=5-6	8=7÷1.03
268 567.92	0.00	268 567.92	260 745.55

应税行为(5%征收率)扣除额计算

期初余额	本期发生额	本期扣除额	期末余额
9	10	11(11≤9+10之和,且11≤13)	12=9+10-11
0.00	0.00	0.00	0.00
全部含税收入 (适用5%征收率)	本期扣除额	含税销售额	不含税销售额
13	14=11	15=13-14	16=15÷1.05
0.00	0.00	0.00	0.00

2. 企业所得税的纳税申报

1) 企业所得税的计算方法

应纳所得税额 = 应纳税所得额×税率 — 减免税额 — 抵免税额

应纳税所得额 = 收入总额 — 不征税收入 — 免税收入 — 各项扣除 — 允许弥补的以前年度亏损

企业所得税的计算标准如表7-16所示。

表7-16　　　　　　　　**企业所得税的计算项目**

项目		内容
应纳税所得额的计算	收入总额	企业以货币形式和非货币形式从各种来源取得的收入,包括:销售货物收入,提供劳务收入,转让财产收入,股息、红利等权益性投资收益,利息收入,租金收入,特许权使用费收入,接受捐赠收入,其他收入
	不征税收入	财政拨款,依法收取并纳入财政管理的行政事业性收费、政府性基金,国务院规定的其他不征税收入
	免税收入	国债利息收入,符合条件的居民企业之间的股息、红利等权益性投资收益,在中国境内设立机构、场所的非居民企业从居民企业取得与该机构、场所有实际联系的股息、红利等权益性投资收益,符合条件的非营利组织的收入

(续表)

项 目		内　容
应纳税所得额的计算	各项扣除	企业实际发生的与取得收入有关的、合理的支出,包括成本、费用、税金损失和其他支出,准予在计算应纳税所得额时扣除。 (1) 成本,是指企业在生产经营活动中发生的销售成本、销货成本、业务支出以及其他耗费 (2) 费用,是指企业在生产经营活动中发生的销售费用、管理费用和财务费用 (3) 税金,是指企业实际发生的除企业所得税、允许抵扣的增值税和雇主为雇员负担不符合规定的个人所得税以外的各项税金及附加 (4) 损失,是指企业在生产经营活动中发生的固定资产和存货的盘亏、毁损、报废损失,转让财产损失,呆账损失,坏账损失,自然灾害等不可抗力因素造成的损失以及其他损失 (5) 其他支出,是指除成本、费用、税金、损失外,企业在生产经营活动中发生的与生产经营活动有关的、合理的支出
	亏损	指企业依照《企业所得税法》及其实施条例的规定将每一纳税年度的收入总额减除不征税收入、免税收入和各项扣除后小于零的数额
境外所得抵免税额的计算		居民企业来源于中国境外的应税所得,非居民企业在中国境内设立机构、场所,取得发生在中国境外但与该机构、场所有实际联系的应税所得,已在境外缴纳的所得税税额,可以从其当期应纳税额中抵免。抵免限额为该项所得依照《企业所得税法》规定计算的应纳税额;超过抵免限额的部分,可以在以后 5 个年度内,用每年度抵免限额抵免当年应抵税额后的余额进行抵补。 居民企业从其直接或者间接控制的外国企业分得的来源于中国境外的股息、红利等权益性投资收益,外国企业在境外实际缴纳的所得税税额中属于该项所得负担的部分,可以作为该居民企业的可抵免境外所得税税额,在企业所得税法规定的抵免限额内抵免。

　　2) 代理企业所得税季度纳税申报操作规范

　　根据税法规定,税务师应替纳税人在月份或者季度终了后 15 日内报送申报表及月份或者季度财务报表,履行月份或者季度纳税申报手续。自 2015 年 7 月 1 日起,国家税务总局修订的《中华人民共和国企业所得税月(季)度预缴纳税申报表(A 类,2015 年版)》《中华人民共和国企业所得税月(季)度和年度纳税申报表(B 类,2015 年版)》《中华人民共和国企业所得税汇总纳税分支机构所得税分配表(2015 年版)》开始施行,具体规定为《中华人民共和国企业所得税月(季)度预缴纳税申报表(A 类,2015 年版)》适用于实行查账征收企业所得税的居民企业;《中华人民共和国企业所得税月(季)度和年度纳税申报表(B 类,2015 年版)》适用于实行核定征收企业所得税的居民企业。跨地区经营汇总纳税企业的分支机构,使用《中华人民共和国企业所得税月(季)度预缴纳税申报表(A 类,2015 年版)》进行年度企业所得税汇算清缴申报。

　　【例 7-29】　琴岛餐饮管理有限公司企业所得税采用据实预缴方式缴纳,无减免所得税。请根据 2×19 年第一季度利润表(见表 7-17)于 2×19 年 4 月 10 日代为填制所得税纳税申报表(见表 7-18)。

表 7-17   利 润 表   会企 02 表

编制单位:琴岛餐饮管理有限公司   2×19 年度 1～3 月   单位:元

项目	本期金额	上期金额
一、营业收入	4 417 500	(略)
减:营业成本	2 450 000	
税金及附加	13 000	
销售费用	378 000	
管理费用	267 500	
财务费用	10 800	
资产减值损失	15 450	
加:公允价值变动收益(损失以"—"号填列)	0	
投资收益(损失以"—"号填列)	190 000	
其中:对联营企业和合营企业的投资收益		
资产处置收益(损失"—"号填列)	0	
其他收益	0	
二、营业利润(亏损以"—"号填列)	1 472 750	
加:营业外收入	25 000	
减:营业外支出	9 850	
其中:非流动资产处置损失	0	
三、利润总额(亏损总额以"—"号填列)	1 487 900	
减:所得税费用	371 975	
四、净利润(净亏损以"—"号填列)	1 115 925	
五、每股收益	(略)	
(一)基本每股收益		
(二)稀释每股收益		
六、其他综合收益	(略)	
七、综合收益总额	(略)	

表 7-18 **中华人民共和国企业所得税月(季)度预缴纳税申报表(A 类,2015 年版)**

税款所属期间: 年   月   日至   年   月   日

纳税人识别号:□□□□□□□□□□□□□□□□□□

纳税人名称: 金额单位:人民币元(列至角分)

行次	项目	本期金额	累计金额
1	一、按照实际利润额预缴		
2	营业收入	4 417 500	4 417 500
3	营业成本	2 450 000	2 450 000
4	利润总额	1 487 900	1 487 900
5	加:特定业务计算的应纳税所得额	0.00	0.00

（续表）

行次	项目	本期金额	累计金额
6	减：不征税收入和税基减免应纳税所得额（请填附表1）	0.00	0.00
7	固定资产加速折旧（扣除）调减额（请填附表2）	0.00	0.00
8	弥补以前年度亏损	0.00	0.00
9	实际利润额（4行＋5行－6行－7行－8行）	1 487 900	1 487 900
10	税率（25％）	0.25	0.25
11	应纳所得税额（9行×10行）	371 975	371 975
12	减：减免所得税额（请填附表3）	0.00	0.00
13	实际已预缴所得税额	—	—
14	特定业务预缴（征）所得税额	0.00	0.00
15	应补（退）所得税额（11行－12行－13行－14行）	—	—
16	减：以前年度多缴在本期抵缴所得税额	0.00	0.00
17	本月（季）实际应补（退）所得税额	371 975	371 975
18	二、按照上一纳税年度应纳税所得额平均额预缴		
19	上一纳税年度应纳税所得额	—	—
20	本月（季）应纳税所得额（19行×1/4或1/12）	0.00	0.00
21	税率（25％）	0.00	0.00
22	本月（季）应纳所得税额（20行×21行）	0.00	0.00
23	减：减免所得税额（请填附表3）	0.00	0.00
24	本月（季）实际应纳所得税额（22行－23行）	0.00	0.00
25	三、按照税务机关确定的其他方法预缴		
26	本月（季）税务机关确定的预缴所得税额	0.00	0.00
27	总分机构纳税人		
28	总机构 总机构分摊所得税额（15行或24行或26行×总机构分摊预缴比例）	0.00	0.00
29	财政集中分配所得税额	0.00	0.00
30	分支机构分摊所得税额（15行或24行或26行×分支机构分摊比例）	0.00	0.00
31	其中：总机构独立生产经营部门应分摊所得税额	0.00	0.00
32	分支机构 分配比例	0.000 000 000 0	0.000 000 000 0
33	分配所得税额	0.00	0.00

是否属于小型微利企业：　　　　　是 □　　　　　否 √

谨声明：此纳税申报表是根据《中华人民共和国企业所得税法》《中华人民共和国企业所得税法实施条例》和国家有关税收规定填报的，是真实的、可靠的、完整的。

法定代表人（签字）：　　　　　　　年　月　日

纳税人公章： 会计主管： 填表日期：　年　月　日	代理申报中介机构公章： 经办人： 经办人执业证件号码： 代理申报日期：　年　月　日	主管税务机关受理专用章： 受理人： 受理日期：　年　月　日

填 报 说 明

一、适用范围

本表适用于实行查账征收企业所得税的居民纳税人在月(季)度预缴企业所得税时使用。跨地区经营汇总纳税企业的分支机构年度汇算清缴申报适用本表。

二、表头项目

1. "税款所属期间":为税款所属期月(季)度第一日至所属期月(季)度最后一日。

年度中间开业的纳税人,"税款所属期间"为当月(季)开始经营之日至所属月(季)度的最后一日。次月(季)度起按正常情况填报。

2. "纳税人识别号":填报税务机关核发的税务登记证号码(15位)。

3. "纳税人名称":填报税务机关核发的税务登记证记载的纳税人全称。

三、各列次的填报

1. 第一部分,按照实际利润额预缴税款的纳税人,填报第2行至第17行。

其中:第2行至第17行的"本期金额"列,填报所属月(季)度第一日至最后一日的数据;第2行至第17行的"累计金额"列,填报所属年度1月1日至所属月(季)度最后一日的累计数额。

2. 第二部分,按照上一纳税年度应纳税所得额平均额计算预缴税款的纳税人,填报第19行至第24行。

其中:第19行至第24行的"本期金额"列,填报所属月(季)度第一日至最后一日的数据;第19行至第24行的"累计金额"列,填报所属年度1月1日至所属月(季)度最后一日的累计数额。

3. 第三部分,按照税务机关确定的其他方法预缴的纳税人,填报第26行。

其中:"本期金额"列,填报所属月(季)度第一日至最后一日的数额;"累计金额"列,填报所属年度1月1日至所属月(季)度最后一日的累计数额。

四、各行次的填报

1. 第1行至第26行,纳税人根据其预缴申报方式分别填报。

实行"按照实际利润额预缴"的纳税人填报第2行至第17行。实行"按照上一纳税年度应纳税所得额平均额预缴"的纳税人填报第19行至第24行。实行"按照税务机关确定的其他方法预缴"的纳税人填报第26行。

2. 第27行至第33行,由跨地区经营汇总纳税企业(以下简称汇总纳税企业)填报。其中:汇总纳税企业总机构在填报第1行至第26行基础上,填报第28行至第31行。汇总纳税企业二级分支机构只填报本表第30行、第32行、第33行。

五、具体项目填报说明

(一)按实际利润额预缴

1. 第2行"营业收入":填报按照企业会计制度、企业会计准则等国家会计规定核算的营业收入。本行主要列示纳税人营业收入数额,不参与计算。

2. 第3行"营业成本":填报按照企业会计制度、企业会计准则等国家会计规定核算的营业成本。本行主要列示纳税人营业成本数额,不参与计算。

3. 第4行"利润总额":填报按照企业会计制度、企业会计准则等国家会计规定核算的利润总额。本行数据与利润表列示的利润总额一致。

4. 第5行"特定业务计算的应纳税所得额":从事房地产开发等特定业务的纳税人,填报按照税收规定计算的特定业务的应纳税所得额。房地产开发企业销售未完工开发产品取得的预售收入,按照税收规定的预计计税毛利率计算的预计毛利额填入此行。

5. 第6行"不征税收入和税基减免应纳税所得额":填报属于税法规定的不征税收入、免税收入、减计收入、所得减免、抵扣应纳税所得额等金额。本行通过《不征税收入和税基类减免应纳税所得额明细表》(附

表1)填报。

6. 第7行"固定资产加速折旧(扣除)调减额":填报按照《财政部国家税务总局关于完善固定资产加速折旧税收政策有关问题的通知》(财税〔2014〕75号)等相关规定,固定资产税收上采取加速折旧,会计上未加速折旧的纳税调整情况。本行通过《固定资产加速折旧(扣除)明细表》(附表2)填报。

7. 第8行"弥补以前年度亏损":填报按照税收规定可在企业所得税前弥补的以前年度尚未弥补的亏损额。

8. 第9行"实际利润额":根据本表相关行次计算结果填报。第9行＝4行+5行-6行-7行-8行。

9. 第10行"税率(25％)":填报企业所得税法规定税率25％。

10. 第11行"应纳所得税额":根据相关行次计算结果填报。第11行＝9行×10行,且11行≥0。跨地区经营汇总纳税企业总机构和分支机构适用不同税率时,第11行≠9行×10行。

11. 第12行"减免所得税额":填报按照税收规定,当期实际享受的减免所得税额。本行通过《减免所得税额明细表》(附表3)填报。

12. 第13行"实际已预缴所得税额":填报纳税人本年度此前月份、季度累计已经预缴的企业所得税额,"本期金额"列不填写。

13. 第14行"特定业务预缴(征)所得税额":填报按照税收规定的特定业务已经预缴(征)的所得税额。建筑企业总机构直接管理的跨地区设立的项目部,按规定向项目所在地主管税务机关预缴的企业所得税填入此行。

14. 第15行"应补(退)所得税额":根据本表相关行次计算填报。15行"累计金额"列＝11行-12行-13行-14行,且15行≤0时,填0;"本期金额"列不填。

15. 第16行"减:以前年度多缴在本期抵缴所得税额":填报以前年度多缴的企业所得税税款未办理退税,在本纳税年度抵缴的所得税额。

16. 第17行"本月(季)实际应补(退)所得税额":根据相关行次计算填报。第17行"累计金额"列＝15行-16行,且第17行≤0时,填0,"本期金额"列不填。

(二)按照上一年度应纳税所得额平均额预缴

1. 第19行"上一纳税年度应纳税所得额":填报上一纳税年度申报的应纳税所得额。"本期金额"列不填。

2. 第20行"本月(季)应纳税所得额":根据相关行次计算填报。

(1)按月度预缴的纳税人:第20行＝第19行×1/12。

(2)按季度预缴的纳税人:第20行＝第19行×1/4。

3. 第21行"税率(25％)":填报企业所得税法规定的25％税率。

4. 第22行"本月(季)应纳所得税额":根据本表相关行次计算填报。22行＝20行×21行。

5. 第23行"减:减免所得税额":填报按照税收规定,当期实际享受的减免所得税额。本行通过《减免所得税额明细表》(附表3)填报。

6. 第24行"本月(季)应纳所得税额":根据相关行次计算填报。第24行＝第22-23行。

(三)按照税务机关确定的其他方法预缴

第26行"本月(季)确定预缴所得税额":填报税务机关认可的其他方法确定的本月(季)度应缴纳所得税额。

(四)汇总纳税企业总分机构有关项目的填报

1. 第28行"总机构分摊所得税额":汇总纳税企业的总机构,以本表(第1行至第26行)本月(季)度预缴所得税额为基数,按总机构应当分摊的预缴比例计算出的本期预缴所得税额填报,并按不同预缴方式分别计算:

(1)"按实际利润额预缴"的汇总纳税企业的总机构:第15行×总机构应分摊预缴比例。

(2)"按照上一纳税年度应纳税所得额的平均额预缴"的汇总纳税企业的总机构:第24行×总机构应

分摊预缴比例。

（3）"按照税务机关确定的其他方法预缴"的汇总纳税企业的总机构：第26行×总机构应分摊预缴比例。

上述计算公式中"总机构分摊预缴比例"：跨地区经营（跨省、自治区、直辖市、计划单列市）汇总纳税企业，总机构分摊的预缴比例填报25%；省内经营的汇总纳税企业，总机构应分摊的预缴比例按各省级税务机关规定填报。

2. 第29行"财政集中分配所得税额"：汇总纳税企业的总机构，以本表（第1行至第26行）本月（季）度预缴所得税额为基数，按财政集中分配的预缴比例计算出的本期预缴所得税额填报，并按不同预缴方式分别计算：

（1）"按实际利润额预缴"的汇总纳税企业的总机构：第15行×财政集中分配预缴比例。

（2）"按照上一纳税年度应纳税所得额的平均额预缴"的汇总纳税企业的总机构：第24行×财政集中分配预缴比例。

（3）"按照税务机关确定的其他方法预缴"的汇总纳税企业的总机构：第26行×财政集中分配预缴比例。

跨地区经营（跨省、自治区、直辖市、计划单列市）汇总纳税企业，中央财政集中分配的预缴比例填报25%；省内经营的汇总纳税企业，财政集中分配的预缴比例按各省级税务机关规定填报。

3. 第30行"分支机构应分摊所得税额"：汇总纳税企业的总机构，以本表（第1行至第26行）本月（季）度预缴税额为基数，按分支机构应分摊的预缴比例计算出的本期预缴所得税额填报，并按不同预缴方式分别计算：

（1）"按实际利润额预缴"的汇总纳税企业的总机构：第15行×分支机构应分摊预缴比例。

（2）"按照上一纳税年度应纳税所得额平均额预缴"的汇总纳税企业的总机构：第24行×分支机构应分摊预缴比例。

（3）"按照税务机关确定的其他方法预缴"的汇总纳税企业的总机构：第26行×分支机构应分摊预缴比例。

上述计算公式中"分支机构应分摊预缴比例"：跨地区经营（跨省、自治区、直辖市、计划单列市）汇总纳税企业，分支机构应分摊的预缴比例填报50%；省内经营的汇总纳税企业，分支机构应分摊的预缴比例按各省级税务机关规定执行填报。

分支机构根据《中华人民共和国企业所得税汇总纳税分支机构所得税分配表（2015年版）》中的"分支机构分摊所得税额"填写本行。

4. 第31行"其中：总机构独立生产经营部门应分摊所得税额"：填报跨地区经营汇总纳税企业的总机构，设立的具有主体生产经营职能且按规定视同二级分支机构的部门，所应分摊的本期预缴所得税额。

5. 第32行"分配比例"：汇总纳税企业的分支机构，填报依据《企业所得税汇总纳税分支机构所得税分配表（2015年版）》确定的该分支机构的分配比例。

6. 第33行"分配所得税额"：填报汇总纳税企业的分支机构按分配比例计算应预缴或汇算清缴的所得税额。第33行＝30行×32行。

六、"是否属于小型微利企业"填报

1. 纳税人上一纳税年度汇算清缴符合小型微利企业条件的，本年预缴时，选择"是"，预缴累计会计利润不符合小微企业条件的，选择"否"。

2. 本年度新办企业，"资产总额"和"从业人数"符合规定条件，选择"是"，预缴累计会计利润不符合小微企业条件的，选择"否"。

3. 上年度"资产总额"和"从业人数"符合规定条件，应纳税所得额不符合小微企业条件的，预计本年度会计利润符合小微企业条件，选择"是"，预缴累计会计利润不符合小微企业条件，选择"否"。

4. 纳税人第一季度预缴所得税时,鉴于上一年度汇算清缴尚未结束,可以按照上年度第四季度预缴情况选择"是"或"否"。

本栏次为必填项目,不符合小型微利企业条件的,选择"否"。

七、表内表间关系

(一)表内关系

1. 第 9 行＝4 行＋5 行－6 行－7 行－8 行。

2. 第 11 行＝9 行×10 行。当汇总纳税企业的总机构和分支机构适用不同税率时,第 11 行≠9 行×10 行。

3. 第 15 行＝11 行－12 行－13 行－14 行,且第 15 行≤0 时,填 0。

4. 第 17 行＝15 行－16 行,且第 17 行≤0 时,填 0。

5. 第 20 行"本期金额"＝19 行"累计金额"×1/4 或 1/12。

6. 第 22 行＝20 行×21 行。

7. 第 24 行＝22 行－23 行。

8. 第 28 行＝15 行或 24 行或 26 行×规定比例。

9. 第 29 行＝15 行或 24 行或 26 行×规定比例。

(二)表间关系

1. 第 6 行＝《不征税收入和税基类减免应纳税所得额明细表》(附表 1)第 1 行。

2. 第 7 行"本期金额"＝《固定资产加速折旧(扣除)明细表》(附表 2)第 13 行 11 列;第 7 行"累计金额"＝《固定资产加速折旧(扣除)明细表》(附表 2)第 13 行 16 列。

3. 第 12 行、第 23 行＝《减免所得税额明细表》(附表 3)第 1 行。

4. 第 30 行＝《企业所得税汇总纳税分支机构所得税分配表(2015 年版)》中的"分支机构分摊所得税额"。

5. 第 32、33 行＝《企业所得税汇总纳税分支机构所得税分配表(2015 年版)》中与填表纳税人对应行次中的"分配比例"、"分配所得税额"列。

3)代理企业年度申报表操作规范

年度终了后 5 个月内向其所在地主管税务机关报送《企业所得税年度纳税申报表》和税务机关要求报送的其他有关资料,办理结清税款手续。

(1)核查收入核算账户和主要的原始凭证,计算当期生产经营收入、财产转让收入、股息收入等各项应税收入。

(2)核查成本核算账户和主要的原始凭证,根据行业会计核算制度,确定当期产品销售成本或营业成本。

(3)核查主要的期间费用账户和原始凭证,确定当期实际支出的销售费用、管理费用和财务费用。

(4)核查税金核算账户,确定税前应扣除的税金总额。

(5)核查损失核算账户,计算资产损失、投资损失和其他损失。

(6)核查营业外收支账户及主要原始凭证,计算营业外收支净额。

(7)经过上述 6 个步骤的操作,税务师可据此计算出企业当期收入总额、不征税收入和免税收入额,再按税法规定核查允许的各项扣除及允许弥补的以前年度亏损(见表 7-19 至表 7-21),计算当期应税所得额。

(8)根据企业适用的所得税税率,计算应纳所得税额。

表 7-19 中华人民共和国企业所得税月(季)度预缴纳税申报表(A 类,2015 年版)附表 1

不征税收入和税基类减免应纳税所得额明细表

税款所属期间:2×19 年 01 月 31 日至 2×19 年 03 月 31 日

纳税人识别号:

纳税人名称:琴岛餐饮管理有限公司   金额单位:人民币元(列至角分)

行次	项　　目	本期金额	累计金额
1	合计(2 行+3 行+14 行+19 行+30 行+31 行+32 行+33 行+34 行...)	0.00	0.00
2	一、不征税收入	0.00	0.00
3	二、免税收入(4 行+5 行+……+13 行)	0.00	0.00
4	1. 国债利息收入	0.00	0.00
5	2. 地方政府债券利息收入	0.00	0.00
6	3. 符合条件的居民企业之间的股息、红利等权益性投资收益	0.00	0.00
7	4. 符合条件的非营利组织的收入	0.00	0.00
8	5. 证券投资基金投资者取得的免税收入	0.00	0.00
9	6. 证券投资基金管理人取得的免税收入	0.00	0.00
10	7. 中国清洁发展机制基金取得的收入	0.00	0.00
11	8. 受灾地区企业取得的救灾和灾后恢复重建款项等收入	0.00	0.00
12	9. 其他 1:	0.00	0.00
13	10. 其他 2:	0.00	0.00
14	三、减计收入(15 行+16 行+17 行+18 行)	0.00	0.00
15	1. 综合利用资源生产产品取得的收入	0.00	0.00
16	2. 金融、保险等机构取得的涉农利息、保费收入	0.00	0.00
17	3. 取得的中国铁路建设债券利息收入	0.00	0.00
18	4. 其他:	0.00	0.00
19	四、所得减免(20 行+23 行+24 行+25 行+26 行+27 行+28 行+29 行)	0.00	0.00
20	1. 农、林、牧、渔业项目	0.00	0.00
21	其中:免税项目	0.00	0.00
22	减半征收项目	0.00	0.00
23	2. 国家重点扶持的公共基础设施项目	0.00	0.00
24	3. 符合条件的环境保护、节能节水项目	0.00	0.00
25	4. 符合条件的技术转让项目	0.00	0.00
26	5. 实施清洁发展机制项目	0.00	0.00
27	6. 节能服务公司实施合同能源管理项目	0.00	0.00
28	7. 其他 1:	0.00	0.00
29	8. 其他 2:	0.00	0.00
30	五、新产品、新工艺、新技术研发费用加计扣除	0.00	0.00
31	六、抵扣应纳税所得额	0.00	0.00
32	七、其他 1:	0.00	0.00
33	其他 2:	0.00	0.00
34	其他 3:	0.00	0.00

表 7-20

中华人民共和国企业所得税月(季)度预缴申报表(A类,2015年版)附表 2

固定资产加速折旧、扣除明细表

行次	项目	房屋、建筑物 税收折旧(扣除)额 原值 1	房屋、建筑物 税收折旧(扣除)额 本期 2	房屋、建筑物 税收折旧(扣除)额 累计 3	机器设备和其他固定资产 税收折旧(扣除)额 原值 4	机器设备和其他固定资产 税收折旧(扣除)额 本期 5	机器设备和其他固定资产 税收折旧(扣除)额 累计 6	合计 原值 7=1+4	本期折旧(扣除)额 会计折旧额 8	本期折旧(扣除)额 正常折旧额 9	本期折旧(扣除)额 税收折旧额 10=2+5	本期折旧(扣除)额 纳税调整额 11=10-8	本期折旧(扣除)额 加速折旧优惠统计额 12=10-9	累计折旧(扣除)额 合计 会计折旧额 13	累计折旧(扣除)额 合计 正常折旧额 14	累计折旧(扣除)额 合计 税收折旧额 15=6+3	累计折旧(扣除)额 合计 纳税调整额 16=15-13	累计折旧(扣除)额 合计 加速折旧优惠统计额 17=15-14
1	一、重要行业固定资产加速折旧	0.00	0.00	0.00	0.00	0.00	0.00	0.00	0.00	0.00	0.00	0.00	0.00	0.00	0.00	0.00	0.00	0.00
2	税会处理一致	0.00	0.00	0.00	0.00	0.00	0.00	0.00	*	0.00	0.00	*	0.00	*	0.00	0.00	*	0.00
3	税会处理不一致	0.00	0.00	0.00	0.00	0.00	0.00	0.00	0.00	*	0.00	0.00	*	0.00	*	0.00	0.00	*
4	二、其他行业研发设备加速折旧	*	*	*	0.00	0.00	0.00	0.00	0.00	0.00	0.00	0.00	0.00	0.00	0.00	0.00	0.00	0.00
5	单价100万以上专用研发设备 税会处理一致	*	*	*	0.00	0.00	0.00	0.00	*	0.00	0.00	*	0.00	*	0.00	0.00	*	0.00
6	税会处理不一致	*	*	*	0.00	0.00	0.00	0.00	0.00	*	0.00	0.00	*	0.00	*	0.00	0.00	*
7	三、允许一次性扣除的固定资产	0.00	0.00	0.00	0.00	0.00	0.00	0.00	0.00	0.00	0.00	0.00	0.00	0.00	0.00	0.00	0.00	0.00
8	(一)单位价值不超过100万元的研发设备	*	*	*	0.00	0.00	0.00	0.00	0.00	0.00	0.00	0.00	0.00	0.00	0.00	0.00	0.00	0.00
9	税会处理一致	*	*	*	0.00	0.00	0.00	0.00	*	0.00	0.00	*	0.00	*	0.00	0.00	*	0.00
10	税会处理不一致	*	*	*	0.00	0.00	0.00	0.00	0.00	*	0.00	0.00	*	0.00	*	0.00	0.00	*
11	(二)单位价值不超过5 000元的固定资产	0.00	0.00	0.00	0.00	0.00	0.00	0.00	0.00	0.00	0.00	0.00	0.00	0.00	0.00	0.00	0.00	0.00
12	税会处理一致	0.00	0.00	0.00	0.00	0.00	0.00	0.00	*	0.00	0.00	*	0.00	*	0.00	0.00	*	0.00
13	* 税会处理不一致	0.00	0.00	0.00	0.00	0.00	0.00	0.00	0.00	*	0.00	0.00	*	0.00	*	0.00	0.00	*
14	合计	0.00	0.00	0.00	0.00	0.00	0.00	0.00	0.00	0.00	0.00	0.00	0.00	0.00	0.00	0.00	0.00	0.00

表 7-21　中华人民共和国企业所得税月(季)度预缴纳税申报表(A类,2015 年版)附表 3

减免所得税额明细表

金额单位:人民币元(列至角分)

行次	项　目	本期金额	累计金额
1	合计(2行+4行+5行+6行)	0.00	0.00
2	一、符合条件的小型微利企业	0.00	0.00
3	其中:减半征税	0.00	0.00
4	二、国家需要重点扶持的高新技术企业	0.00	0.00
5	三、减免地方分享所得税的民族自治地方企业	0.00	0.00
6	四、其他专项优惠(7行+8行+9行+…30行)	0.00	0.00
7	(一)经济特区和上海浦东新区新设立的高新技术企业	0.00	0.00
8	(二)经营性文化事业单位转制企业	0.00	0.00
9	(三)动漫企业	0.00	0.00
10	(四)受灾地区损失严重的企业	0.00	0.00
11	(五)受灾地区农村信用社	0.00	0.00
12	(六)受灾地区的促进就业企业	0.00	0.00
13	(七)技术先进型服务企业	0.00	0.00
14	(八)新疆困难地区新办企业	0.00	0.00
15	(九)新疆喀什、霍尔果斯特殊经济开发区新办企业	0.00	0.00
16	(十)支持和促进重点群体创业就业企业	0.00	0.00
17	(十一)集成电路线宽小于 0.8 微米(含)的集成电路生产企业	0.00	0.00
18	(十二)集成电路线宽小于 0.25 微米的集成电路生产企业	0.00	0.00
19	(十三)投资额超过 80 亿元人民币的集成电路生产企业	0.00	0.00
20	(十四)新办集成电路设计企业	0.00	0.00
21	(十五)国家规划布局内重点集成电路设计企业	0.00	0.00
22	(十六)符合条件的软件企业	0.00	0.00
23	(十七)国家规划布局内重点软件企业	0.00	0.00
24	(十八)设在西部地区的鼓励类产业企业	0.00	0.00
25	(十九)符合条件的生产和装配伤残人员专门用品企业	0.00	0.00
26	(二十)中关村国家自主创新示范区从事文化产业支撑技术等领域的高新技术企业	0.00	0.00
27	(二十一)享受过渡期税收优惠企业	0.00	0.00
28	(二十二)横琴新区、平潭综合实验区和前海深港现代化服务业合作区企业	0.00	0.00
29	(二十三)其他 1:		
30	(二十四)其他 2:	0.00	0.00

4) 代理填制企业所得税年度纳税申报表的方法

自 2015 年 1 月 1 日起,全国统一使用新的企业所得税纳税申报表。

重 要 概 念

期间费用　销售费用　管理费用　财务费用　税金及附加

本 章 练 习

一、单项选择题

1. 下列选项中,不属于销售费用的是(　　)。

A. 保险费　　　　　　B. 水电费　　　　　　C. 广告宣传费　　　　D. 劳动保险费

2. 下列会计处理中,不应计入主营业务收入的是(　　)。

A. 销售商品取得的收入　　　　　　　B. 投资性房地产每月计提的折旧

C. 应税服务取得的收入　　　　　　　D. 提供应税劳务取得的收入

3. 琴岛酒店由华夏公司购进客房装饰品一批,以银行存款支付运输费用 3 000 元,以现金支付货物装卸人员工资 300 元和包装款 500 元。该企业应确认的库存现金为(　　)元。

A. 300　　　　　　　　B. 500　　　　　　　　C. 3 000　　　　　　　D. 800

4. 企业计算确定与经营活动相关的税费时,应借记的账户是(　　)。

A. "税金及附加"　　B. "本年利润"　　　　C. "银行存款"　　　　D. "应交税费"

5. 下列关于增值税明细科目设置说法错误的是(　　)。

A. "进项税额转出"明细账户。企业在购入货物发生非正常损失,以及改变用途等原因时,其已入账的进项税额应转入该账户的贷方,而不能从销项税额中抵扣

B. "销项税额抵减"明细账户。企业因扣减销售额而减少销项税额时,记入借方

C. "减免税款"明细账户。企业按规定获准减免增值税额时,记入该账户贷方

D. "转出未交增值税"明细账户。企业在月末发生当月应交未交增值税额时,记入该账户借方

6. 以下选项不属于期间费用的是(　　)。

A. 管理费用　　　　　　B. 财务费用　　　　　C. 销售费用　　　　　D. 所得税费用

7. 琴岛旅行社 1 月 31 日"主营业务收入"账户余额为 87 550 元,增值税征收率为 3%,将增值税额从含税收入中分离出来,本期应交税额是(　　)元。

A. 87 550　　　　　　　B. 2 550　　　　　　　C. 84 924　　　　　　　D. 2 627

8. 2×19 年琴岛甜品店销售商品一批,售价 1 000 万元(不含增值税),成本为 700 万元,销售原材料一批,售价 500 万元(不含增值税),成本为 250 万元,出租固定资产的折旧额为 20 万元,该企业应确认的主营业务成本为(　　)万元。

A. 1 200　　　　　　　B. 700　　　　　　　　C. 500　　　　　　　　D. 250

9. 企业针对行政管理部门打印机的修理费应计入(　　)。

A. 销售费用　　　　　　B. 管理费用　　　　　C. 主营业务成本　　　D. 其他业务成本

10. 企业发生的现金折扣应计入(　　)。

A. 管理费用　　　　　　B. 财务费用　　　　　C. 销售费用　　　　　D. 制造费用

二、多项选择题

1. 旅游、饮食、服务企业的税金主要包括(　　)。

A. 增值税　　　　　　　　　　　　B. 企业所得税

C. 城市维护建设税　　　　　　　　D. 车船税和印花税

E. 城镇土地使用税

2. 增值税的税率主要包括(　　　)。

A. 基本税率为16%　　B. 零税率　　　　C. 低税率6%　　　D. 低税率有10%

E. 低税率有3%

3. 在"应交增值税"二级明细账户下主要设置的账户包括(　　　)。

A. "销项税额"　　　　　　　　　　B. "未交增值税"

C. "待抵扣增值税额"　　　　　　　D. "已交税金"

E. 其他应付款

4. 下列选项中,应计入管理费用的有(　　　)。

A. 诉讼费　　　　B. 聘请中介机构费　　C. 土地使用税　　D. 车船税

E. 房产税

5. 以下关于期间费用的说法中,正确的有(　　　)。

A. 当发生现金折扣时,销货方应增加期间费用总额

B. 当发生现金折扣时,购货方应冲减期间费用总额

C. 印花税的发生不应影响期间费用总额

D. 管理费用中应交房产税、车船税等费用发生时,借记"财务费用""管理费用"等账户。

E. 管理费用是指企业为组织和管理企业生产经营发生的各种费用

三、判断题

1. 企业应设置"应付职工薪酬"账户核算工资结算及分配情况。　　　　　　　　(　　)

2. 转账摊销是指应由本期负担的费用,不通过货币和结算而以转账方式摊入本期费用中。　(　　)

3. 旅游、餐饮企业支付运输费、装卸费和包装费时,借记"管理费用"账户,贷记"库存现金"等账户。

(　　)

4. 企业开展咨询活动支付的费用计入财务费用。　　　　　　　　　　　　　　(　　)

5. 用于非增值税应税项目的购进货物或劳务、应税服务不能抵扣的进项税额。　(　　)

四、简答题

1. 什么是期间费用? 其特点是什么? 期间费用包含哪些内容?

2. 增值税的计税方法有哪两种? 我国采用哪种计税方法?

五、业务题

1. 2×19年10月份,琴岛酒店发生业务如下:

(1) 业务经理回单位报销差旅费1 700元,交还余款300元,原预借2 000元。

(2) 公司职工工资总额为250 000元,分别按2%、2.5%的比例计提工会经费和职工教育经费。

(3) 购进客房装饰品一批,以银行存款支付运输费3 320元,以现金支付货物装卸人员工资380元和包装款560元。

要求:根据上述资料,编制会计分录。

2. 2×19年,琴岛宾馆发生业务如下:

(1) 2月28日应交增值税二级账户的三级明细的余额是,销项税额27 000元,进项税额为11 700元,进项税额转出87元,转出未交增值税4 670元。

(2) 3月8日,填制增值税缴款书,交纳2月份增值税。

第8章 旅游饮食服务业其他经营业务的核算

内容提要

本章主要讲解了旅游饮食服务业资产、负债和所有者权益的其他经济业务的核算,具体包括货币资金、金融资产、固定资产和无形资产等的核算,短期借款、应付职工薪酬、应付账款等的核算,实收资本、资本公积、留存收益和其他综合收益的核算。

重点难点

本章重点为备用金的核算,库存现金的清查,银行存款的清查,外币存款业务的核算;交易性金融资产的核算;固定资产取得、折旧、后续支出以及处置的核算;应付职工薪酬的核算;未分配利润的核算。难点是交易性金融资产的核算;债权投资的核算;固定资产取得、折旧、后续支出以及处置的核算;未分配利润的核算。

学习目标

通过本章学习,学生应明确实际利率、现金折扣、资本公积、其他综合收益等相关概念;掌握备用金的核算,库存现金及银行存款的清查,外币存款业务的核算,交易性金融资产的核算,固定资产取得、折旧、后续支出以及处置的核算;内部研发形成的无形资产的核算;应付职工薪酬的核算;未分配利润的核算。理解并熟悉债权投资及未分配利润的核算。

知识框架

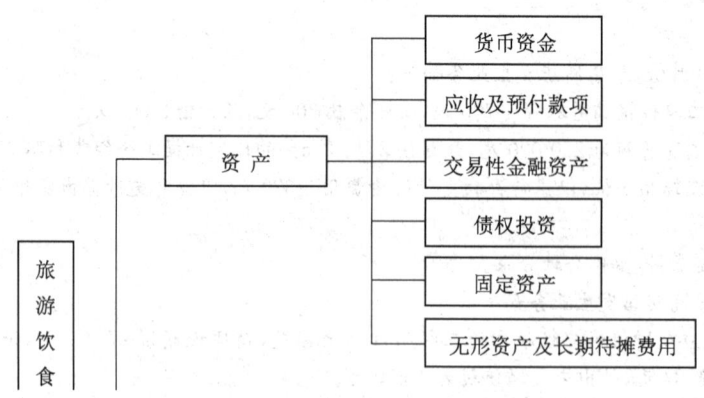

旅游饮食 —— 资产 ——
- 货币资金
- 应收及预付款项
- 交易性金融资产
- 债权投资
- 固定资产
- 无形资产及长期待摊费用

（续上）

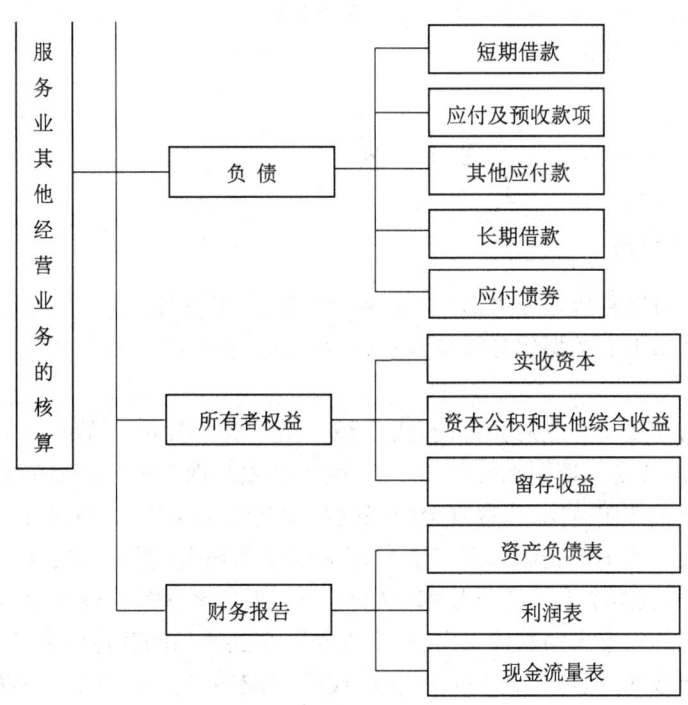

引入案例　麦当劳微笑

日本是一个现代科技与文明高度发达的国家,虽说物质生活的高质量似乎显示着人情的淡漠,但在日本生活时间长了才发现,日本其实是一个礼仪之邦,社会与人之间,人与人之间,都不是一些人想象的那样势利与冷淡。

日本社会及日本人特别讲求服务质量。他们常挂在嘴边的一个名词就是英文"service"的音译词,即"服务"。对于高质量服务的评价也取决于服务内容的多少与优劣,以及它温暖人心的程度。

流行于全球的麦当劳餐厅,在日本也是颇受欢迎的,但由于类似的快餐企业竞争激烈,日本的麦当劳除了不断降价以外,更采取了一个迎合消费心理的经营方式,即在餐厅各类汉堡、薯条的标价之下,还醒目地写着"麦当劳的微笑:零日元"。这个做法果然奏效,在日本社会也赢得了一片赞誉声。疲惫、忙碌的日本人,在对这一服务的认可之下,也确实获得了一种身心的抚慰。

零日元的麦当劳微笑,这是一个无价的招牌,给顾客一个微笑,也许胜过各种降价及赠送。现代人疲惫不堪的心态也许正需要这样一种简单、朴实、温暖的表情。

在日本,当然不仅仅只是麦当劳的这一"零日元微笑"服务令人感慨,各类公共设施的周全,全方位地考虑到老人、婴儿、残疾人、孕妇等人性化的待客方式,典雅的微笑,生怕惊动你的声音,深深地充满诚意而不是职业习惯的鞠躬,以及亲切得像对待家里人的态度,代表着日本人精心、周到、礼貌的高质量服务。

除了服务以外,一些特别关注细节的用品也让人感动。比如在小家电超市,有一种名为"插头保护座"的物件,主要是用来保护裸露在墙上的电源插座的。它的另一个用途你一定想象不到,那就是保护一两岁不懂事而又充满了好奇心、喜欢在家里到处乱摸的孩子。在日本,这种充满人性化的物品比比皆是。

由于我们很多企业对服务竞争的认识还不深刻,服务竞争尚未提上日程,日本人的服务质量和服务细节或许可以成为我们见贤思齐的典范。

麦当劳的"零日元微笑"代表的是一种服务质量,企业提高服务质量的意识也越来越高。那么服务质量是否属于企业的一项资产呢?如果属于的话,应该属于什么资产?不属于的话,又是什么原因呢?通过本章的学习,这个问题将得到解答。

8.1 资 产

8.1.1 货币资金

货币资金是旅游饮食服务业大部分经济业务的起点和终点。货币资金是指企业在生产经营过程中处于货币形态的那部分资金,包括库存现金、银行存款和其他货币资金。

1. 库存现金

库存现金是指存放于企业财会部门、由出纳人员经管的货币。库存现金是企业流动性最强的资产,也是最容易被挪用和侵吞的对象,因此必须对现金进行严格的管理和控制。现金管理制度包括现金使用范围、库存现金的限额和现金收支规定三个方面:

(1) 现金的使用范围。企业只能在下列范围内使用现金:职工工资、津贴;个人劳务报酬;根据国家规定颁发给个人的科学技术、文化艺术、体育比赛等各种奖金;各种劳保、福利费用以及国家规定的对个人的其他支出;向个人收购农副产品和其他物资的价款;出差人员必须随身携带的差旅费;结算起点1 000元(含)以下的零星支出;中国人民银行确定需要支付现金的其他支出。

(2) 库存现金的限额。现金的限额是指为了保证单位日常零星开支的需要,允许单位留存现金的最高数额。这一限额由开户银行根据单位的实际需要核定,一般按照单位3~5天日常零星开支所需确定。边远地区和交通不便地区的开户单位的库存现金限额,可按多于5天,但不得超过15天的日常零星开支的需要确定。

(3) 库存现金日常收支管理。现金收入应当于当日送存开户银行,当日送存确有困难的,由开户银行确定送存时间;支付现金,可以从本单位库存现金限额中支付或从开户银行提取,不得从本单位的现金收入中直接支付(即坐支)。因特殊情况需要坐支现金的,应当事先报经开户银行审查批准;开户单位从开户银行提取现金时,应当写明用途,由本单位财会部门负责人签字盖章,经开户银行审核后,予以支付;因采购地点不确定,交通不便,生产或市场急需,抢险救灾以及其他特殊情况必须使用现金的,开户单位应向开户银行提出申请,由本单位财会部门负责人签字盖章,经开户银行审核后,予以支付现金。

企业应当设置"库存现金"账户对库存现金进行总分类核算,应设置"库存现金日记账"对库存现金进行明细分类核算。每日终了,将现金日记账的余额与实际库存现金余额相核对,保证账实相符。月度终了,将现金日记账的余额与现金总账的余额核对,做到账账相符。企业应按规定对库存现金进行定期和不定期的清查。如果账款不符,发现有待查明原因的现金短缺或溢余,应先通过"待处理财产损溢"账户核算。具体如表8-1所示。

企业内部各部门周转使用的备用金,可以单独设置"备用金"账户核算。具体如表8-2所示。

表 8-1　　　　　　　　　　　　　　　现金清查的核算

情形	账务处理	
库存现金盘亏	① 报经批准前： 借：待处理财产损溢 　　贷：库存现金	
	② 报经批准后： 借：其他应收款　【责任人或保险公司应赔偿的部分】 　　管理费用　　【无法查明原因】 　　贷：待处理财产损溢	
库存现金盘盈	① 报经批准前： 借：库存现金 　　贷：待处理财产损溢	
	② 报经批准后： 借：待处理财产损溢 　　贷：其他应付款　【应支付给有关人员或单位】 　　　　营业外收入　【无法查明原因的】	

解释："待处理财产损溢"账户的借方登记财产物资的盘亏数、毁损数和批准转销的财产物资盘盈数；贷方登记财产物资的盘盈数和批准转销的财产物资盘亏及毁损数。企业清查的各种财产的盘盈、盘亏和毁损应在期末结账前处理完毕，所以"待处理财产损溢"账户在期末结账后没有余额。

表 8-2　　　　　　　　　　　　　　　备用金的核算

情形	账务处理	
随借随用，用后报销的备用金制度	① 预借： 借：其他应收款 　　贷：库存现金	
	② 报销——多退： 借：管理费用 　　库存现金 　　贷：其他应收款	② 报销——少补： 借：管理费用 　　贷：其他应收款 　　　　库存现金
定额备用金制度	① 预借： 借：备用金 　　贷：库存现金	
	② 报销： 借：管理费用 　　贷：库存现金	
	③ 注销： 借：库存现金 　　贷：备用金	

解释：一般情况下，随借随用，用后报销的备用金制度用"其他应收款"账户表示备用金，而定额备用金制度则用"备用金"账户表示备用金。

【例 8-1】 琴岛饮食店核准采购员的定额备用金为 2 000 元。

（1）6 月 1 日，以现金 2 000 元拨付采购员张兰采购定额备用金。编制分录如下：

借：备用金——张兰   2 000
　　贷：库存现金   2 000

（2）采购员张兰持发票前来报销，计购入味精 10 箱，每箱 50 元，金额 500 元；木耳 5 千克，每千克 100 元，金额 500 元，当即补足其备用金，调料及木耳已由仓库验收入库。编制分录如下：

借：原材料   1 000
　　贷：库存现金   1 000

2. 银行存款

银行存款是企业存放在银行或其他金融机构的货币资金。任何独立核算的单位都必须在当地银行开设账户。除规定可用现金直接支付的款项外，其他一切收支业务必须通过银行存款账户核算。

中国人民银行制定的《银行账户管理办法》规定，一个企业可以根据需要在银行开立四种账户，包括基本存款账户、一般存款账户、临时存款账户和专用存款账户。其中：企业只能选择一家银行的一个营业机构开立一个基本存款账户。基本存款账户主要用于办理日常的转账结算和现金收付。企业的工资、奖金等现金的支取，只能通过该账户办理；企业可在其他银行的一个营业机构开立一个一般存款账户，该账户可办理转账结算和存入现金，但不能支取现金；临时存款账户是存款人因临时经营活动需要开立的账户，如企业异地产品展销、临时性采购资金等。专用存款账户是企业因特定用途需要开立的账户，如基本建设项目专项资金、农副产品资金等。

企业应当设置"银行存款"账户对银行存款进行总分类核算，应设置"银行存款日记账"对银行存款进行明细分类核算。为了确保银行存款余额正确无误，企业应及时与银行核对账目。核对方法是将银行定期送交企业的对账单与企业银行存款日记账记录逐笔进行核对。企业银行存款账面余额与银行对账单余额之间不一致的原因，除记账错误之外，还可能是因为未达账项。未达账项是指结算凭证在企业和银行之间的传递存在时间差，造成一方已收到凭证并已入账，而另一方尚未收到凭证仍未入账的款项。未达账项一般有如下四种情况：

（1）企业已收款记账，而银行尚未收款记账。即"企业已收，银行未收"。

（2）企业已付款记账，而银行尚未付款记账。即"企业已付，银行未付"。

（3）银行已收款记账，而企业尚未收款记账。即"银行已收，企业未收"。

（4）银行已付款记账，而企业尚未付款记账。即"银行已付，企业未付"。

企业银行存款账面余额与银行对账单余额之间如有差额，应编制"银行存款余额调节表"调节。我国会计实务中，银行存款余额调节表的编制方法一般采用补记式，即根据错账金额和未达账项同时将银行存款日记账余额和银行对账单余额调整至银行存款实有数。如没有记账错误，调节后的双方余额应相等。具体如表 8-3 所示。

表 8-3 银行存款余额调节表

项 目	金 额	项 目	金 额
企业银行存款日记账余额		银行对账单余额	
加:银行已收、企业未收款		加:企业已收、银行未收款	
减:银行已付、企业未付款		减:企业已付、银行未付款	
调节后的存款余额		调节后的存款余额	

银行存款调节表编制方法具体参见《中级财务会计》相关章节内容。

【例 8-2】 琴岛度假村 2×19 年 12 月 31 日银行存款日记账的余额为 2 700 000 元,银行转来对账单的余额为 4 150 000 元。经逐笔核对,发现以下未达账项:

(1)企业送存转账支票 3 000 000 元,并已登记银行存款增加,但银行尚未记账。

(2)企业开出转账支票 2 250 000 元,并已登记银行存款减少,但持票单位尚未到银行办理转账,银行尚未记账。

(3)企业委托银行代收购货款 2 400 000 元,银行已收妥并登记入账,但企业未收到收款通知,尚未记账。

(4)银行代企业支付电话费 200 000 元,银行已登记减少企业银行存款,但企业未收到银行付款通知,尚未记账。

计算结果如表 8-4 所示。

表 8-4 银行存款余额调节表

户名:琴岛度假村 2×19 年 12 月 31 日

项 目	金 额	项 目	金 额
企业银行存款日记账余额	2 700 000	银行对账单余额	4 150 000
加:银行已收、企业未收款	2 400 000	加:企业已收、银行未收款	3 000 000
减:银行已付、企业未付款	200 000	减:企业已付、银行未付款	2 250 000
调节后的存款余额	4 900 000	调节后的存款余额	4 900 000

需要说明的是,银行存款余额调节表只是为了核对账目,不能作为调整银行存款账面余额的记账依据。另外,经过调整后得出的相等数额,在双方记账无误的情况下,表示企业在银行的实际存款额,即可以动用的银行存款余额。

趣味阅读 8-1 ....

企业银行存款账面余额与银行对账单余额之间不一致的原因,包括记账错误和未达账项。企业和银行的记账错误有四种类型,未达账项也包括四种类型,那同时考虑记账错误和未达账项的银行存款余额调节表是什么样的呢?

银行存款余额调节表

2×19 年 12 月 31 日

公司名称:琴岛宾馆 开户行: 账号: 单位:元

项 目	金 额	项 目	金 额
银行对账单余额		企业银行存款日记账余额	
加:企业已收,银行未收		加:银行已收,企业未收	

（续表）

项　目	金　额	项　目	金　额
1.		1.	
2.		2.	
3.		3.	
4.		4.	
银行误记、串记(少记)		企业误记(少记)	
减:企业已付,银行未付		减:银行已付,企业未付	
1.		1.	
2.		2.	
3.		3.	
4.		4.	
银行误记、串记(多记)		企业误记(多记)	
调整后余额		调整后余额	

3. 外币存款的核算

随着经济体制改革的不断深入和对外开放的逐步扩大,出现了外商独资、中外合资的旅游饮食服务企业,在这些旅游饮食服务企业的会计核算中发生了一些外币交易。企业在进行外币业务的核算时,应严格按照《企业会计准则》中关于外币记账方法和国家颁布的外汇管理暂行条例及其实施细则和办法办理。

（1）外汇。外汇是以外国货币表示的,为各国普遍接受的,可用于国际间债权债务结算的各种支付手段。外汇必须具备三个特点:可支付性,即外汇必须是以外国货币表示的国外资产,而用本国货币表示的各种信用工具和有价证券不能被视为外汇;可获得性,即外汇必须是能在国外得到偿付的债权,不能在国外得到偿付的债权,如被国外拒付的汇票等不能被视为外汇;可换性,外汇必须是能够兑换为其他支付手段的国外资产。外汇具体包括可自由兑换的外国货币、外币有价证券、外币支付凭证以及其他外币资金。外汇与外币是两个不同的概念。外币是指除了本国货币以外的所有其他国家的货币。对人民币而言,美元、印度卢比、越南盾等都是外币。外币并不一定是外汇,只有能用于国际结算的外币才是外汇,如美元、欧元是外汇,印度卢比、越南盾则不属外汇。

（2）外汇汇率。外汇汇率是一个国家的货币折算成另一个国家货币的比率,也就是用一国货币所表示的另一国货币的价格,也称兑换率、外汇牌价等。其中,外汇牌价一般指官方制定和公布的外汇汇率,也称法定汇率或官方汇率。外汇汇率的标价方法有两种:直接标价法和间接标价法。直接标价法的汇率表示一定单位的外国货币可兑换为本国货币的金额。采用这种标价方法时,外国货币数额不变,而折合为本国货币的数额会随着两国货币之间汇率的变化而发生变化。间接标价法的汇率表示一定单位的本国货币可兑换为外国货币的金额。采用间接标价法时,本国货币数额不变,而折合为外国货币的数额会随着两国货币之间汇率的变化而发生变化。我国目前采用的是直接标价法,与国际通行的惯例一致,即以一定单位的外国货币作为标准,折算成一定数额的人民币来标价。

（3）外汇兑换业务。为方便和确保国外友人在我国进行访问、旅游、洽谈贸易时的消费需要、部分宾馆旅游企业受中国银行的委托,按中国人民银行当天公布的人民币汇价,开展外币、外汇兑换人民币的业务,从而为国家吸收更多的外汇资金。

宾馆旅游企业代理兑换的外汇主要有可自由兑换的外币现钞、信用卡、旅行支票等,其中可以直接兑换的外币现钞仅限于中国人民银行公布的人民币汇价表上所列的18种外币,除此以外的外币、外汇凭证可委托中国银行代为托收。兑入外币现钞时,首先应鉴别其真伪性和时效性,不能鉴别的,不予收兑。收兑外币时,应填制一式数联的外币兑换证明,并按当日外汇牌价计算后支付人民币。兑换人凭本人的兑换证明,在一定期限内可将持有的人民币向中国银行兑回外币或办理外汇存款。

信用卡是银行或专门机构向消费者提供的一种消费信贷。消费者可凭卡到信用卡发行机构特约的商店、宾馆、银行去购物和提取小额现金。目前,我国宾馆旅游业受理的信用卡主要有万事达卡(Master Charge Card)、维萨卡(Visa Card)、运通卡(American Express Card)大来卡(Diners Club Card)、日本卡(JCB Card)等。受理信用卡时,经办人员应认真审核该卡是否属本代理点受理范围,是否在有效期内,是否被列入"取消名单",同时验对持卡人的身份及复签无误后,在规定的限额内结算购物款、服务费用或提取现金,并按规定收取一定的手续费。

旅行支票是一种定额本票,其作用是专供旅客购买和支付旅途费用,它与一般银行汇票、支票的不同之处在于旅行支票没有指定的付款地点和银行,一般也不受日期限制,能在全世界通用,客户可以随时在国外的各大银行、国际酒店、餐厅及其他消费场所兑换现金或直接使用,是国际旅行常用的支付凭证之一。旅行支票是一种全球范围内被普遍接受的票据,在很多国家和地区都有着如同现金一般的流动性,不仅很多商场和酒店都支持旅行支票的付款,也可以在旅行地兑换为当地的货币使用。旅行支票的特点是面额固定、携带安全、兑换方便、挂失补偿。外币旅行支票是由外国银行发行的定额支票,由于外币旅行支票来自不同的国别和不同的发行银行,兑付时技术要求较高,因此应由指定银行办理。

宾馆旅游企业开设外汇代兑点,一般由委托银行拨付代兑备用金及有关的空白凭证、印章和工具等。代兑点每日营业终了,应根据有关兑换凭证填列"代兑外币结汇明细表"并连同兑入的外汇送交委托银行,由委托银行当即补足代兑备用金。代兑外汇的手续费由委托银行定期结付给代兑点。代兑点根据收到的手续费,应借记"银行存款"等账户,贷记"营业外收入"账户。

【例8-3】　中国银行在琴岛宾馆设有外汇代兑点,1月份该代兑点共收兑外汇折合人民币20 100元,代兑手续费率2%。今收到中国银行发来代兑手续费402元。

借:银行存款　　　　　　　　　　　　　　　　　　　　　　　　　　　　402
　　贷:营业外收入　　　　　　　　　　　　　　　　　　　　　　　　　　402

(4) 外币存款业务的核算。外币存款业务是指不同外币的折算以及用记账本位币以外的货币进行的款项收付、往来结算和计价的业务。有外币存款的企业应在"银行存款"账户下分设人民币及有关外币的银行存款日记账,进行明细核算。旅游饮食服务业发生外币存款业务时,其会计核算的基本程序为:①将外币金额按照交易发生日的即期汇率或即期汇率的近似汇率折算为记账本位币金额;②期末,将外币存款余额按照期末即期汇率折算为记账本位币金额,并与原记账本位币金额相比较,其差额即为汇兑差额;③结算外币存款项目时,将其外币结算金额按照当日即期汇率折算为记账本位币金额,并与原记账本位币金额相比较,其差额记入"财务费用——汇兑差额"账户。

外币存款业务在初始确认时,应采用交易发生日的即期汇率将外币金额折算为记账本位币金额;也可以采用按照系统合理的方法确定的、与交易发生日即期汇率近似的汇率折算。

【例 8-4】 琴岛宾馆 6 月初,银行存款日记账(美元户)期初余额为 60 000 美元,折合为 381 600 元人民币。6 月份发生下列外汇业务:

① 1 日,购进生产设备一套,计 44 000 美元,以美元存款支付,当日美元中价 USD1＝RMB6.35,生产设备已拨生产车间使用。

> 借:固定资产 279 400
> 　贷:银行存款——美元户(USD44000) 279 400

② 6 日,以转账支票向中国银行购入 2 500 美元,当天美元卖出价 USD1＝RMB6.38。

> 借:银行存款——美元户(USD2500) 15 950
> 　贷:银行存款 15 950

③ 10 日,发放外籍管理人员工资 10 000 美元,以外币转账支付,当天美元中间价 USD1＝RMB6.36。

> 借:应付职工薪酬——工资 63 600
> 　贷:银行存款——美元户(USD10000) 63 600

④ 15 日,以外币存款 7 000 美元,支付前欠货款,当天美元中间价 USD1＝RMB6.37。

> 借:应付账款 USD7 000 44 590
> 　贷:银行存款——美元户(USD7000) 44 590

期末,所有外币存款项目在资产负债表日应采用资产负债表日即期汇率折算。因资产负债表日即期汇率与初始确认时或者前一资产负债表日即期汇率不同而产生的汇兑差额,计入当期损益。期末外币存款项目调整步骤如下:①计算外币存款余额;②用外币存款余额乘以资产负债表日即期汇率计算记账本位币余额;③上述记账本位币余额与原账面记账本位币余额的差额即为汇兑差额。

【例 8-5】 5 月 31 日,当日市场汇率中间价为 USD1＝RMB6.35,按规定将外币存款账户余额 14 500 美元按期末市场汇率折合成人民币,作为外币账户的期末人民币余额,调整银行存款(美元户)账户余额。

> 期末美元账户余额＝60 000－44 000＋2 500－10 000－7 000＝1 500(美元)
> 按期末市场利率折合为人民币＝1 500×6.35＝9 525(元人民币)
> 美元账户的期末人民币余额＝381 600－279 400＋15 950－63 600－44 590＝9 960(元人民币)
> 汇兑损失:9 960－9 525＝435(元人民币)

> 借:财务费用——汇兑损失 435
> 　贷:银行存款——美元户 435

4. 其他货币资金

其他货币资金是指除库存现金、银行存款以外的各种货币资金。就其性质而言,其他货币资金同现金和银行存款一样均属于货币资金,但是存放地点和用途不同于现金和银行存款,因此在会计上应分别核算。

其他货币资金包括以下内容:①银行汇票存款,是指企业为取得银行汇票按规定存入银行的款项。②银行本票存款,是指企业为取得银行本票按规定存入银行的款项。③信用卡存款,是指企业为取得信用卡按规定存入银行的款项。④信用证保证金存款,是指企业为取得信用证按规定存入银行的保证金。⑤存出投资款,是指企业已存入证券公司但尚未购买股票、基金等投资对象的款项。⑥外埠存款,是指企业到外地进行临时或零星采购时,汇往采购地银行开立采购专户的款项。

企业应设置"其他货币资金"账户核算其他货币资金增减变动和结存情况。并按银行汇票或本票、信用证的收款单位,外埠存款的开户银行,分别"银行汇票""银行本票""信用卡""信用证保证金""存出投资款""外埠存款"等进行明细核算。其他货币资金的核算如表8-4所示。

表8-4　　　　　　　　　　　　　其他货币资金的核算

情形	账务处理
银行汇票存款	① 企业填写"银行汇票申请书"、将款项交存银行: 借:其他货币资金——银行汇票 　贷:银行存款 ② 企业持银行汇票购货、收到发票账单: 借:原材料等 　应交税费——应交增值税(进项税额) 　贷:其他货币资金——银行汇票 ③ 采购完毕转回剩余款项: 借:银行存款 　贷:其他货币资金——银行汇票
外埠存款	① 企业将款项汇往外地开立采购专用账户: 借:其他货币资金——外埠存款 　贷:银行存款 ② 收到采购人员转来的供应单位发票账单等报销凭证: 借:库存商品等 　应交税费——应交增值税(进项税额) 　贷:其他货币资金——外埠存款 ③ 采购完毕收回剩余款项: 借:银行存款 　贷:其他货币资金——外埠存款
存出投资款	① 企业向证券公司划出资金: 借:其他货币资金——存出投资款 　贷:银行存款 ② 购买股票、债券等: 借:交易性金融资产等 　贷:其他货币资金——存出投资款

说明:银行本票存款、信用卡存款及信用证存款参照银行汇票存款的核算

知识拓展 8-1

··

关于银行转账结算方式

旅游、餐饮企业在其生产经营过程中,由于商品交易、劳务供应、资金调拨等活动而要经常与其他企业或个人发生各种往来结算款项。除按照国家规定的现金使用范围利用现金结算外,其他各种往来结算款项都必须通过开户银行进行转账结算。目前,银行转账结算方式有支票、银行本票、商业汇票、银行汇票、委托收款、托收承付、汇兑、信用卡等方式。

银行转账结算方式

结算方式	分类	适用范围与条件	结算期限	账户设置
支票	现金支票、转账支票、普通支票	单位与个人均可;同城结算	提示付款期自出票日起10日	"银行存款"
银行本票	不定额本票、定额本票	单位与个人均可;同城结算	提示付款期自出票日起最长不得超过2个月	"其他货币资金——银行本票"
银行汇票	—	单位与个人均可;同城异地均可	提示付款期自出票日起1个月	"其他货币资金——银行汇票"
商业汇票	商业承兑汇票、银行承兑汇票	在银行开立存款账户的法人及其他组织之间,具有真实交易关系或债权债务关系;同城异地均可	付款期限最长不得超过6个月;提示付款期自汇票到期日起10天	"应收票据""应付票据"
汇兑	信汇、电汇	单位与个人均可;异地结算	—	"银行存款"
委托收款	邮寄、电报	同城异地均可		"应收账款""应付账款"
托收承付	邮寄、电报	必须是国有企业、供销合作社及经审查同意的城乡集体所有制工业企业;必须是商品交易以及因商品交易而产生的劳务款项;异地结算	验单付款3天;验货付款10天	"应收账款""应付账款"

8.1.2 应收及预付款项

1. 应收票据

旅游饮食服务业的商品交易除了用现金直接支付外,还可以用票据作为结算工具。票据包括支票、银行本票、银行汇票和商业汇票等。但大部分票据为即期票据,即可以即刻收款或存入银行成为货币资金。因此,旅游饮食服务业的应收票据是指企业持有的还没有到期、尚未承兑的商业汇票。

按承兑人不同,商业汇票分为商业承兑汇票和银行承兑汇票。两者的不同具体表现在汇票到期付款人无力付款时的处理：商业承兑汇票到期时，付款人若无足够的存款，银行不负责付款；银行承兑汇票到期时，无论付款人有无足够的存款，银行均无条件付款。

企业应设置"应收票据"账户核算应收票据的增减变动情况。该账户的借方登记取得的应收票据的面值，贷方登记到期收回的票款或到期前向银行申请贴现的应收票据的票面余额。应收票据的核算，主要包括应收票据的取得、到期收回票款以及未到期票据的贴现和转让。具体如表 8-5 所示。

表 8-5   应收票据的核算

情形	账务处理	
取得	① 因债务人抵偿前欠货款而取得的应收票据： 借：应收票据 　贷：应收账款	
	② 因销售商品、提供劳务等而收到开出、承兑的商业汇票： 借：应收票据 　贷：主营业务收入 　　　应交税费——应交增值税（销项税额）	
到期	① 商业汇票到期收回款项： 借：银行存款 　贷：应收票据	
	② 商业承兑汇票到期没有收回款项： 借：应收账款 　贷：应收票据 【这里仅只商业承兑汇票】	
未到期票据的贴现	借：银行存款 　　财务费用 　贷：应收票据 　　　短期借款	【不附追索权】 【附追索权】
未到期票据的转让	借：库存商品等 　　应交税费——应交增值税（进项税额） 　贷：应收票据 　　　银行存款	【按计入取得物资成本的金额】 【进项税额】 【按商业汇票的票面金额】 【差额，或借方】

📁 **知识拓展 8-2** ....

票 据 的 贴 现

商业汇票到期前，企业若急需资金，可以持未到期的商业汇票向银行申请贴现，以获取所需资金。持未到期的商业汇票向银行贴现，应按实际收到的金额，借记"银行存款"等账户，按贴现息部分，借记"财务费用"等账户，按商业汇票的票面金额，贷记"应收票据"（适用于符合金融工具确认和计量准则有关金融资产终止确认条件的情形）或"短期借款"账户（适用于不符合金融工具确认和计量准则有关金融资产终止确认条件的情形）。应收票据贴现所得额的计算如下：

$$贴现所得额＝票据到期值－贴现息$$

$$票据到期值＝票据面值＋票据利息$$

$$贴现息＝票据到期值×贴现率×贴现期$$

$$票据贴现期＝票据期限－持票期限$$

【例 8-6】 琴岛宾馆发生下列相关的经济业务：

（1）2×19 年 12 月 1 日,收到某旅行社支付客房租金的商业汇票一张,金额 116 000 元,不带息,期限为 3 个月。编制会计分录如下：

借：应收票据 116 000
　贷：主营业务收入 100 000
　　　应交税费——应交增值税（销项税额） 16 000

（2）因资金周转需要,该宾馆于 2×20 年 1 月 1 日将应收旅行社的票据向银行贴现,且银行有追索权。银行贴现率为 12%。

在本例中,票据到期值为 116 000 元,票据贴现期为 2 个月,则贴现息为：116 000×12%×2÷12＝2 320（元）,贴现额为：116 000－2 320＝113 680（元）,琴岛宾馆编制会计分录如下：

借：银行存款 113 680
　　财务费用 2 320
　贷：短期借款 116 000

2. 应收账款

应收账款是指企业因销售商品、提供劳务等经营活动,应向购货单位或接受劳务单位收取的款项,它是企业获得经济利益的一项短期债权。凡不是因为销售活动或提供劳务而产生的应收款项,不应计入应收账款,比如职工出差借款、租入包装物时存出的保证金等;应收账款一般应在 1 年之内收回,不包括长期应收账款,如采用递延方式收取的、实质上具有融资性质的销售款项。同时,应收账款是本企业应收客户的款项,不包括为第三方代收代扣的款项。

应收账款应于收入实现时,按照实际发生额入账。应收账款的入账价值包括,销售商品或提供劳务的价款、增值税以及代购货单位垫付的包装费、运杂费等。需要注意的是,在确认应收账款的入账价值时应考虑折扣因素。其中,商业折扣是指企业为促进商品销售而在商品标价上给予的价格扣除,企业销售商品涉及商业折扣的,应当按照扣除商业折扣后的金额确定销售商品收入金额。现金折扣是指债权人为鼓励债务人在规定的期限内付款而向债务人提供的债务扣除。

在存在现金折扣的情况下,应收账款的入账价值有两种确定方式：总价法和净价法。总价法是将未扣除现金折扣前的金额作为应收账款的入账价值,现金折扣只有客户在折扣期内支付款项时方可确认。销售企业给予客户的现金折扣,视为销货方为提前收回款项而发生的理财费用,会计上作为期间费用计入财务费用。净价法则是扣除最大现金折扣后的金额作为应收账款的入账价值。我国的会计实务中采用总价法核算。

商业折扣与现金折扣在销售企业的目的、发生时间以及处理方法上的区别如表 8-6 所示。

表 8-6　　　　　　　　　　商业折扣与现金折扣的区别

折扣形式	目的	发生时间	处理方法
商业折扣	促销	一般在交易发生时	扣除商业折扣后的实际售价
现金折扣	鼓励债务人提前付款	赊销商品或提供劳务后	未扣除现金折扣前的金额

　　旅游、餐饮企业应设置"应收账款"账户核算企业因销售旅游商品、提供旅游劳务或服务等应向买方收取的款项。该账户的借方登记应收未收回的应收账款;若为贷方余额,反映企业预收的账款。不单独设置"预收账款"账户的企业,预收的款项也记入"应收账款"账户。附现金折扣条件的赊销的会计处理如图 8-1 所示。

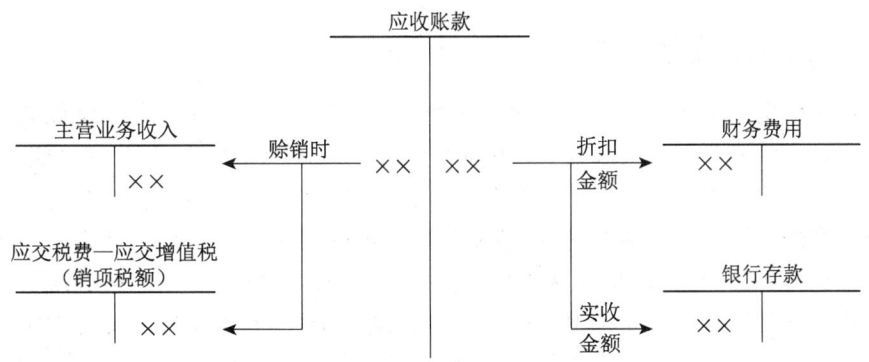

图 8-1　附现金折扣条件的赊销的处理

相关思考 8-1 ....

商业折扣和现金折扣对应收账款的入账价值是否有影响?

　　商业折扣对应收账款的入账价值有影响。企业发生商业折扣时,应收账款按扣除商业折扣之后的金额入账。现金折扣对应收账款的入账价值没有影响。企业发生现金折扣时,应收账款按未扣除现金折扣前的金额入账。

3. 预付账款

　　预付账款是指企业按照合同规定预付给供应单位的款项。

　　企业应当设置"预付账款"账户,核算预付账款的增减变动及其结存情况。预付款项情况不多的企业,可以不设置"预付账款"账户,而直接通过"应付账款"账户核算。该账户的借方登记企业向供应方预付货款,贷方登记企业收到所购商品或劳务时应结算的款项。期末借方余额,反映企业预付的款项;期末如为贷方余额,反映企业尚未补付款。预付款项情况不多的企业,也可以不设置"预付账款"账户,将预付的款项直接记入"应付账款"账户的借方。但在编制会计报表时,仍然要将"预付账款"和"应付账款"的金额分开报告。预付账款的会计核算如图 8-2 所示。

4. 其他应收款

　　其他应收款是指企业除应收票据、应收账款、预付账款等以外的其他各种应收及暂付款项。其主要内容包括:应收的各种赔款、罚款;应收的出租包装物租金;应向职工收取的各种垫付款项;存出保证金,如租入包装物支付的押金;其他各种应收、暂付款项。

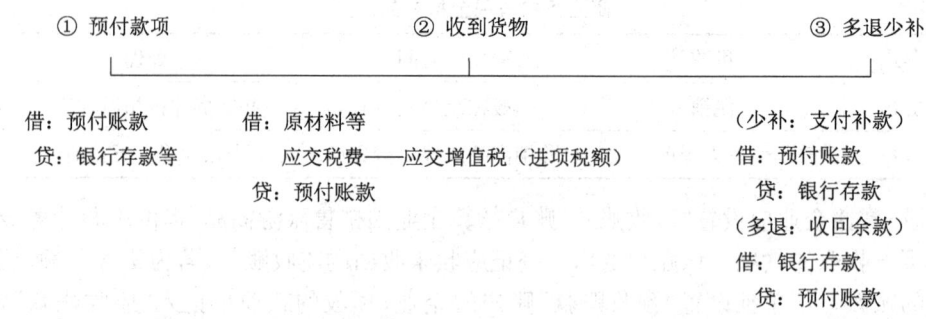

图 8-2　预付账款方式购买材料物资的核算流程

8.1.3　交易性金融资产

交易性金融资产是企业为了近期内出售而持有的金融资产,如企业以赚取差价为目的从二级市场购买的股票、债券、基金等。企业应设置"交易性金融资产""公允价值变动损益""投资收益"等账户全面反映交易性金融资产的取得、持有期间以及出售的情况。

金融资产的会计处理包括取得、持有期间以及出售三个环节。交易性金融资产应当按照公允价值进行初始确认,相关交易费用应直接计入当期损益。企业取得金融资产时所支付的价款中包含的已宣告但尚未发放的债券利息或现金股利,也构成了交易性金融资产的初始入账金额。在持有期间取得的利息或现金股利,应当确认为投资收益。资产负债表日,交易性金融资产按公允价值计量,交易性金融资产公允价值变动计入当期损益。处置交易性金融资产时,将处置时金融资产的公允价值与账面余额之间的差额确认为投资收益,同时调整公允价值变动损益。交易性金融资产的核算如表 8-7 所示。

表 8-7　　　　　　　　　　　交易性金融资产的核算

情形	账务处理
取得	借:交易性金融资产——成本　　　　　　【按股票或债券等资产公允价值,含代垫利息或股利】 　　投资收益　　　　　　　　　　　　　　　　　　　　　【按发生的交易费用】 　　应交税费——应交增值税(进项税额)　【按发生交易费用时可以抵扣的增值税进项税额】 　　贷:其他货币资金等　　　　　　　　　　　　　　　　　　　【按实付金额】
持有期间	(1) 收到取得投资前,购买价款中包含的已到付息期但尚未领取的利息或已宣告但尚未发放的现金股利: 借:其他货币资金等 　贷:投资收益 (2) 取得投资后的利息或现金股利,应当确认为投资收益: ① 被投资单位宣告现金股利或资产负债表日计提债券利息: 借:应收股利或应收利息 　贷:投资收益 ② 实际收到现金股利或债券利息: 借:其他货币资金等 　贷:应收股利或应收利息

（续表）

情形	账务处理
持有期间	（3）资产负债表日按公允价值计量,公允价值变动计入当期损益: ① 公允价值高于账面余额: 借:交易性金融资产——公允价值变动 　　贷:公允价值变动损益 ② 公允价值低于账面余额: 借:公允价值变动损益 　　贷:交易性金融资产——公允价值变动
出售	（1）处置时将金融资产的公允价值与账面余额之间的差额确认为投资收益,同时调整公允价值变动损益: ① 确认售价与账面余额的差额: 借:其他货币资金等　　　　　　　　　　　　　　　　　　　【按实际收到金额】 　　投资收益　　　　　　　　　　　　　　　　　　　　　　　【倒轧数】 　　贷:交易性金融资产——成本　　　　　　　　　　　　　　【按资产的成本】 　　　　交易性金融资产——公允价值变动　　　　　　　　　　【按资产的公允价值变动,可能借】 ② 转出持有期间的公允价值变动: 借:公允价值变动损益　　　　　　　　　　　　　　　　　　　【按资产的公允价值变动,可能贷】 　　贷:投资收益
	（2）转让金融资产应交增值税: 　　金融商品转让按照卖出价扣除买入价(不需要扣除已宣告未发放现金股利或已到付息期未领取的利息)后的余额作为销售额计算增值税。 ① 月末产生转让收益 借:投资收益 　　贷:应交税费——转让金融商品应交增值税 ① 月末产生转让损失 借:应交税费——转让金融商品应交增值税 　　贷:投资收益 说明:年末,如果"应交税费——转让金融商品应交增值税"账户有借方余额,说明本年度的金融商品转让损失无法弥补,且本年度的金融资产转让损失不可转入下年度继续抵减转让金融资产的收益,因此,应借记"投资收益"等账户,贷记"应交税费——转让金融商品应交增值税"账户,将"应交税费——转让金融商品应交增值税"账户的借方余额转出。

【例8-7】 2×19年3月1日,琴岛宾馆按每股8.20元的价格从二级市场购入A公司每股面值为1元的股票30 000股作为交易性金融资产,并支付手续费2 000元。股票购买价格中包含每股0.20元已宣告但尚未发放的现金股利,该现金股利于2×19年3月10日发放。

（1）2×19年3月1日,购入A公司股票的成本为:30 000×8.2＝246 000(元),会计处理为:

借:交易性金融资产——A公司股票(成本)　　　　　　　　　　　　　　　246 000

　　投资收益　　　　　　　　　　　　　　　　　　　　　　　　　　　　　2 000

　　贷:其他货币资金——存出投资款　　　　　　　　　　　　　　　　　　248 000

（2）2×19 年 3 月 10 日，收到发放的现金股利时的会计处理为：

借：其他货币资金——存出投资款　　　　　　　　　　　　　　　　6 000
　　贷：投资收益　　　　　　　　　　　　　　　　　　　　　　　　　　　6 000

（3）2×19 年 3 月 22 日，A 公司宣告 2×18 年利润分配方案，每股派发现金股利 0.20 元。会计处理为：

借：应收股利　　　　　　　　　　　　　　　　　　　　　　　　　6 000
　　贷：投资收益　　　　　　　　　　　　　　　　　　　　　　　　　　　6 000

（4）2×19 年 4 月 16 日，收到 A 公司发放的现金股利时会计处理为：

借：其他货币资金——存出投资款　　　　　　　　　　　　　　　　6 000
　　贷：应收股利　　　　　　　　　　　　　　　　　　　　　　　　　　　6 000

（6）2×19 年 6 月 30 日，A 公司股票的公允价值为 219 000。琴岛宾馆确认公允价值变动损益的会计处理为：

借：公允价值变动损益　　　　　　　　　　　　　　　　　　　　27 000
　　贷：交易性金融资产——A 公司股票（公允价值变动）　　　　　　　27 000

（7）琴岛宾馆将持有的 A 公司股票售出，实际收到价款 260 000 元。股票售出日，华夏公司持有该股票的账面价值为 219 000 元。

借：其他货币资金——存出投资款　　　　　　　　　　　　　　　260 000
　　　交易性金融资产——A 公司股票（公允价值变动）　　　　　　　27 000
　　贷：交易性金融资产——A 公司股票（成本）　　　　　　　　　　246 000
　　　　投资收益　　　　　　　　　　　　　　　　　　　　　　　　41 000

借：投资收益　　　　　　　　　　　　　　　　　　　　　　　　27 000
　　贷：公允价值变动损益　　　　　　　　　　　　　　　　　　　　27 000

（8）计算该项业务转让金融商品应交增值税。

转让金融商品应交增值税＝（260 000－246 000）÷（1＋6％）×6％＝792.45（元）

华夏公司应编制如下会计分录：

借：投资收益　　　　　　　　　　　　　　　　　　　　　　　　792.45
　　贷：应交税费——转让金融商品应交增值税　　　　　　　　　　　　792.45

8.1.4 债权投资

债权投资属于以摊余成本计量的金融资产，如企业从二级市场上购入的固定利率国债、浮动利率公司债券等。

债权投资在初始确认时，应当按照公允价值和相关交易费用之和作为初始入账金额，实际支付的价款中包含的已到付息期但尚未领取的债券利息，应单独确认为应收项目。企业应当采用实际利率法，按照摊余成本对债权投资进行后续计量。处置债权投资时，应将所取得的价款与债权投资账面价值之间的差额计入当期损益。债权投资的核算如表 8-8 所示。

表 8-8　　　　　　　　　　　　　　　　债权投资的核算

情形	账务处理	
取得	借：债权投资——成本 　　应收利息 　贷：其他货币资金等 　　债权投资——利息调整	【按公允价值和交易费用之和】 【按暂付款项】 【按实付金额】 【倒轧金额，可能借记】
持有期间	(1) 资产负债表日确认利息收入 ① 债权投资为分期付息、到期一次还本债券投资： 借：应收利息 　贷：投资收益 　　债权投资——利息调整 ② 债权投资为到期一次还本付息债券投资： 借：债权投资——应计利息 　贷：投资收益 　　债权投资——利息调整	 【按面值×票面利率】 【按摊余成本×实际利率】 【倒轧金额，可能借记】 【按面值×票面利率】 【按摊余成本×实际利率】 【倒轧金额，可能借记】
	(2) 资产负债表日按摊余成本计量，发生减值时，确认减值损失 ① 债权投资发生减值： 借：资产减值损失 　贷：债权投资减值准备 ② 债权投资发生减值恢复： 借：债权投资减值准备 　贷：资产减值损失	
出售	借：其他货币资金等 　　债权投资减值准备 　贷：债权投资——成本 　　　　　——利息调整 　　应收利息 　　投资收益	【按处置收入净额】 【按已计提的减值准备金额】 【按债券面值】 【可能在借方】 【或"债权投资——应计利息"账户】 【差额，可能在借方】

📁 **知识拓展 8-3** ....

关于实际利率和摊余成本

　　债权投资在持有期间应当采用实际利率法，按摊余成本进行后续计量。实际利率法，是指按照金融资产或金融负债的实际利率计算其摊余成本及各期利息收入或利息费用的方法。其中：

　　(1) 实际利率是指将金融资产或金融负债在预期存续期间或适用的更短期间内的未来现金流量，折现为该金融资产或金融负债当前账面价值所使用的利率。企业在初始确认债权投资时就应当计算确定实际利率，并在该债权投资预期存续期间或适用的更短期间内保持不变。

　　(2) 摊余成本是指该金融资产的初始确认金额经下列调整后的结果：①扣除已偿还的本金；②加上或减去采用实际利率法将该初始确认金额与到期日金额之间的差额进行摊销形成的累计摊销额；③扣除已发生的减值损失。

　　在实际利率法下，利息收入、应收利息、利息调整摊销额、摊余成本之间的关系可用公式表示如下：

应收利息＝债券面值(到期日金额)×票面利率(名义利率)

利息收入＝期初摊余成本×实际利率

利息调整摊销额(溢折价的摊销额)＝利息收入－应收利息

本期期初摊余成本＝上期期末摊余成本

$$期末摊余成本 = 期初摊余成本 + 本期计提利息(利息收入) - 本期收回利息(分期付息债券应收利息)$$

需要说明以下几点：

第一，上述公式中假设不考虑减值和提前收回本金的情况。

第二，如债券为到期一次还本付息债券，则上述计算期末摊余成本公式中"本期收回的利息和本金"项目为0。

第三，对于债权投资来说，摊余成本＝账面价值＝账面余额－减值准备

【例8-8】 琴岛宾馆2×17年1月1日支付价款20 837元(包含相关税费)购入当日发行的面值为20 000元、期限为5年、票面利率为7%、每年12月31日付息、到期还本的A公司债券作为债权投资。琴岛宾馆在取得债券时确定的实际利率为6%。要求作出琴岛宾馆取得债券、每年年末确认利息收入、收回利息以及到期收回本金的会计分录。

债券持有期间采用实际利率法确认摊余成本及利息收入的过程如表8-9所示。

表8-9　　　　　　　　　　利息收入与摊余成本计算表　　　　　　　　　单位:元

计息日期	期初摊余成本	实际利率	利息收入	应收利息	利息调整摊销额	期末摊余成本
	1	2	3＝1×2	4＝面值×票面利率	5＝3－4	6＝1+3－4
2×17年1月1日						20 837
2×17年12月31日	20 837	6%	1 250	1 400	150	20 687
2×18年12月31日	20 687	6%	1 241	1 400	159	20 528
2×19年12月31日	20 528	6%	1 232	1 400	168	20 360
2×20年12月31日	20 360	6%	1 222	1 400	178	20 182
2×21年12月31日	20 182	6%	1 218	1 400	182	20 000
合计	—		6 163	7 000	837	—

(1) 2×17年1月1日购入债券：

借：债权投资——成本　　　　　　　　　　　　　　　　　　　　　　20 000

　　　　　——利息调整　　　　　　　　　　　　　　　　　　　　　　　837

　　贷：其他货币资金　　　　　　　　　　　　　　　　　　　　　　20 837

(2) 各年年末确认债券利息的会计分录：

① 2×17年12月31日：

借：应收利息　　　　　　　　　　　　　　　　　　　　　　　　　　1 400

　　贷：债权投资——利息调整　　　　　　　　　　　　　　　　　　　　150

　　　　投资收益　　　　　　　　　　　　　　　　　　　　　　　　1 250

② 2×18 年 12 月 31 日：

借：应收利息		1 400
贷：债权投资——利息调整	159	
投资收益		1 241

③ 2×19 年 12 月 31 日：

借：应收利息		1 400
贷：债权投资——利息调整	168	
投资收益		1 232

③ 2×20 年 12 月 31 日：

借：应收利息		1 400
贷：债权投资——利息调整	178	
投资收益		1 222

③ 2×21 年 12 月 31 日：

借：应收利息		1 400
贷：债权投资——利息调整	182	
投资收益		1 218

各年收到债券利息的分录：

借：其他货币资金	1 400
贷：应收利息	1 400

（3）债券到期时收回本金的分录：

借：其他货币资金	20 000
贷：债权投资——成本	20 000

8.1.5　固定资产

固定资产是旅游饮食服务业从事旅游服务、商品购销活动的必要条件。《企业会计准则第 4 号——固定资产》准则规定,固定资产是指同时具有下列特征的有形资产：①为生产商品、提供劳务、出租或经营管理而持有；②使用寿命超过一个会计年度。作为企业的固定资产应具备以下两个特征：第一,企业持有固定资产的目的,是为了生产商品、提供劳务、出租或经营管理的需要,而不像存货为了对外出售。第二,企业使用固定资产的期限较长,使用寿命一般超过一个会计年度。

企业一般需要设置"固定资产""累计折旧""在建工程""工程物资""固定资产清理"等账户核算固定资产取得、计提折旧和处置等情况。

1. 固定资产的取得

固定资产取得的核算与固定资产的取得方式有关：

（1）外购的固定资产。企业外购的固定资产,应按实际支付的购买价款、相关税费、使固定资产达到预定可使用状态前所发生的可归属于该项资产的运输费、装卸费、安装费和专业人员服务费等,作为固定资产的取得成本。购入需要安装的固定资产,应在购入固定资产取得成本的基础上加上安装调试成本等,作为购入固定资产的成本。外购固定资产的核算如表 8-10 所示。

表 8-10　　　　　　　　　　　　　　　外购固定资产的核算

情形	账务处理
购入不需要安装固定资产	借:固定资产 　　应交税费——应交增值税(进项税额) 　贷:银行存款 [说明:不动产的处理见知识拓展 8-4]
购入需要安装固定资产	① 购入进行安装: 借:在建工程 　　应交税费——应交增值税(进项税额) 　贷:银行存款
	② 支付安装费: 借:在建工程 　贷:银行存款
	③ 设备安装完毕交付使用: 借:固定资产 　贷:在建工程

说明:企业以一笔款项购入多项没有单独标价的固定资产。应将各项资产单独确认为固定资产,并按各项固定资产公允价值的比例对总成本进行分配,分别确定各项固定资产的成本。

(2) 自行建造的固定资产。企业自行建造固定资产,应按建造该项资产达到预定可使用状态前所发生的必要支出,作为固定资产的成本。自建固定资产应先通过"在建工程"账户核算,工程达到预定可使用状态时,再从"在建工程"账户转入"固定资产"账户。企业自建固定资产,主要有自营和出包两种方式,由于采用的建设方式不同,其会计处理也不同。

自营工程包括购入工程物资、发生工程支出及完成工程结算三个方面。自营工程的核算如表 8-11 所示。

表 8-11　　　　　　　　　　　　　　　自营工程的核算

情形	动产固定资产	不动产固定资产
购入工程物资	借:工程物资 　　应交税费——应交增值税(进项税额) 　贷:银行存款等	借:工程物资 　　应交税费——应交增值税(进项税额) 　　【当期可抵扣的增值税额,60%】 　　　　——待抵扣进项税额 　　【以后期间可抵扣的增值税额,40%】 　贷:银行存款等

（续表）

情形		动产固定资产	不动产固定资产
发生工程支出	领用工程物资	借：在建工程 　　贷：工程物资	借：在建工程 　　贷：工程物资
	领用本企业外购的原材料等	借：在建工程 　　贷：原材料	借：在建工程 　　应交税费——待抵扣进项税额 　　贷：原材料 　　应交税费——应交增值税（进项税额转出） 【说明】根据相关规定，一般纳税人购进时已全额抵扣进项税额的货物或服务等转用于不动产在建工程的，原已抵扣进项税额的 40％部分应于转用当期转出
	领用本企业生产的商品	借：在建工程 　　贷：库存商品	同动产
	发生的工程其他费用	借：在建工程 　　贷：应付职工薪酬 　　　　银行存款等	同动产
完成工程结算		借：固定资产 　　贷：在建工程	

 **知识拓展 8-4** ....

不动产进项税额的抵扣

根据《不动产进项税额分期抵扣暂行办法》的相关规定，增值税一般纳税人 2016 年 5 月 1 日后取得并在会计制度上按固定资产核算的不动产，以及 2016 年 5 月 1 日后发生的不动产在建工程，其进项税额应按照本办法的有关规定分 2 年从销项税额中抵扣，第一年抵扣比例为 60％，第二年抵扣比例为 40％。上述进项税额中，60％的部分于取得扣税凭证的当期从销项税额中扣除，40％的部分为待抵扣进项税额，于取得扣税凭证的当月起第 13 个月从销项税额中扣除。

取得扣税凭证的当月：

借：固定资产等
　　应交税费——应交增值税（进项税额）　　　　　　　　　【按进项税额×60％】
　　　　　　——待抵扣进项税额　　　　　　　　　　　　　　【按进项税额×40％】
　　贷：银行存款等

取得扣税凭证的当月起第 13 个月：

借：应交税费——应交增值税（进项税额）　　　　　　　　　　　【按进项税额×40％】
　　贷：应交税费——待抵扣进项税额　　　　　　　　　　　　　【按进项税额×40％】

取得的不动产，包括以直接购买、接受捐赠、接受投资入股以及抵债等各种形式取得的不动产。纳税人新建、改建、扩建、修缮、装饰不动产，属于不动产在建工程。

【例8-9】 琴岛宾馆自建一幢客房,购入为工程准备的各种物资 500 000 元,支付的增值税税额为 80 000 元,全部用于工程建设。工程人员应计工资 100 000 元。支付的其他费用 30 000 元。工程完工并达到预定可使用状态。

① 购入工程物资时:

借:工程物资   500 000

  应交税费——应交增值税(进项税额)   48 000

    ——待抵扣进项税额   32 000

  贷:银行存款   580 000

② 工程领用工程物资时:

借:在建工程   500 000

  贷:工程物资   500 000

③ 分配工程人员工资时:

借:在建工程   100 000

  贷:应付职工薪酬   100 000

④ 支付工程发生的其他费用时:

借:在建工程   30 000

  贷:银行存款   30 000

⑤ 工程完工转入固定资产的成本=500 000+100 000+30 000=630 000(元)

借:固定资产   630 000

  贷:在建工程   630 000

企业采用出包方式进行的固定资产工程,其工程的具体支出主要由建造承包商核算,在这种方式下,"在建工程"账户主要是企业与建造承包商办理工程价款的结算账户,企业支付给建造承包商的工程价款作为工程成本,通过"在建工程"账户核算。出包工程的核算如表 8-12 所示。

表 8-12   出包工程的核算

情形	账务处理
按合理估计的发包工程进度和合同规定向建造承包商结算的进度款	借:在建工程 贷:银行存款等
工程完成时按合同规定补付的工程款	借:在建工程 贷:银行存款等
工程达到预定可使用状态	借:固定资产 贷:在建工程

2. 固定资产的折旧

固定资产折旧的核算主要包括固定资产折旧的含义、折旧范围、影响折旧的因素、折旧方法及账务处理五个问题。

（1）固定资产折旧的含义。固定资产的特点是可以连续多次参加旅游饮食服务活动，并保持其原有的形态，但其价值却会随着固定资产的耗用而逐渐减少。根据配比原则，对固定资产的损耗应在固定资产的预计有效使用期内，以计提折旧的方式计入成本费用，在各期营业收入中逐步得到补偿。固定资产折旧是指在固定资产使用寿命内，按照确定的方法对应计折旧额进行系统分摊。应计折旧额是指应当计提折旧的固定资产的原价扣除其预计净残值后的金额。已计提减值准备的固定资产，还应当扣除已计提的固定资产减值准备累计金额。

（2）计提固定资产折旧的范围。企业的固定资产应按月计提折旧。除已提足折旧仍继续使用的固定资产和按规定单独估价作为固定资产入账的土地外，企业应对所有固定资产计提折旧。

企业当月增加的固定资产，当月不提折旧，从下月起计提折旧；当月减少的固定资产，当月照提折旧，从下月起不提折旧。

（3）影响固定资产折旧的因素。影响固定资产折旧的因素主要有以下四个：①固定资产原价，是指固定资产的成本。②固定资产的使用寿命，是指企业使用固定资产的预计期间，或者该固定资产所能生产产品或提供劳务的数量。③固定资产减值准备，是指已计提的固定资产减值准备累计金额。④预计净残值，是指假定固定资产预计使用寿命已满并处于使用寿命终了时的预期状态，企业目前从该项资产处置中获得的扣除预计处置费用后的金额。

（4）固定资产折旧的方法。企业应当根据固定资产所含经济利益的预期实现方式选择折旧方法，可选用的折旧方法包括：年限平均法、工作量法、双倍余额递减法和年数总和法。其中，前两种方法称为直线法，后两种方法为加速折旧法。

第一，年限平均法。年限平均法是指将固定资产的应计折旧额均衡地分摊到固定资产预计使用寿命内，采用这种方法计算的每期折旧额是相等的。采用年限平均法，固定资产年折旧额的计算公式为：

$$年折旧额＝（固定资产原价－预计净残值）÷预计使用年限$$
$$＝固定资产原价×（1－预计净残值率）÷预计使用年限$$
$$月折旧额＝年折旧额÷12$$

在实务工作中，为了反映固定资产在一定时期内的损耗程度并简化核算，各期折旧额一般根据固定资产原值乘以各期折旧率计算确定。其中，固定资产折旧率是指一定时期内固定资产折旧额与原值的比例。具体计算公式为：

$$年折旧率＝（1－预计净残值率）÷预计使用年限$$
$$月折旧率＝年折旧率÷12 月$$
$$月折旧额＝固定资产原价×月折旧率$$

第二，工作量法。工作量法是以固定资产预计可完成的工作总量为分摊标准，根据每期实际工作量计算应提折旧额的一种方法。与年限平均法相比，工作量法实际上是将分配折旧的标准由使用年限改为了工作量，因此工作量法也被归类为直线法。工作量法的基本计算步骤如下：

单位工作量折旧额＝固定资产原价×（1－预计净残值率）/预计总工作量

某项固定资产月折旧额＝该项固定资产当月工作量×单位工作量折旧额

第三，双倍余额递减法。双倍余额递减法是指在不考虑固定资产残值的情况下，根据每期期初固定资产账面净值（固定资产账面余额减累计折旧）和双倍的直线法折旧率计算固定资产折旧的一种方法。

采用双倍余额递减法计提固定资产折旧，一般不考虑固定资产净残值。但应在固定资产使用寿命到期前两年内，将固定资产账面净值扣除预计净残值后的余额平均摊销。其计算公式为：

年折旧率＝2÷预计使用年限×100％

年折旧额＝每年年初固定资产账面净值×年折旧率

最后两年每一年的折旧额＝（倒数第二年年初固定资产账面净值－预计净残值）÷2

第四，年数总和法。年数总和法是指将固定资产的原价减去预计净残值后的余额，乘以一个以固定资产尚可使用寿命为分子、以预计使用寿命逐年数字之和为分母的逐年递减的分数计算每年的折旧额。

年数总和法计算公式如下：

年折旧率＝尚可使用年限÷预计使用寿命的年数总和

年折旧额＝应计提折旧总额×年折旧率

＝（固定资产原价－预计净残值）×年折旧率

（5）固定资产折旧的账务处理。旅游饮食服务企业应当按月计提固定资产折旧，计提的折旧记入"累计折旧"账户，并根据固定资产的用途计入相关资产的成本或当期损益。企业自行建造固定资产过程使用的固定资产，其计提的折旧应计入在建工程成本；行政管理部门使用固定资产，其折旧应计入管理费用；专设销售机构使用固定资产，其折旧应计入销售费用；经营租出固定资产，其折旧应计入其他业务成本。

3. 固定资产的后续支出

企业的固定资产投入使用后，为了适应新技术发展的需要，或者为维护或提高固定资产的使用效能，往往需要对现有的固定资产进行维护改建、扩建或者改良。固定资产投入使用后再发生的支出，称为固定资产的后续支出。

固定资产的更新改造等后续支出，满足固定资产确认条件的，如这项支出增强了固定资产获取未来经济利益的能力，提高了固定资产的性能，如延长了固定资产的使用寿命，改善了企业的服务环境，提高了企业的服务质量，从而形成了可能流入企业的经济利益超过了原先的估计，则应将该项后续支出予以资本化，计入固定资产成本。否则应将这些后续支出予以费用化，计入发生当期的损益。

旅游饮食服务企业通过对客房、营业部、办公楼等建筑物进行改建、扩建，使其更加坚固耐用和美观，延长了其使用寿命、扩大了其使用面积，改善了服务环境；旅游饮食服务企业通过对营业设施的改建，提高了服务质量，也提高了企业在市场上的竞争力。上述这些都表明后续支出提高了固定资产原定的创利能力。因此应将后续支出予以资本化。固定资产发生的可资本化的后续支出，应当通过"在建工程"账户核算。资本化后续支出的核算如表 8-13 所示。

表 8-13   资本化后续支出的核算

步骤	账务处理

固定资产转入改扩建	借：在建工程
	      累计折旧
	      固定资产减值准备
	  贷：固定资产

发生改扩建工程支出时	动产在建工程：
	借：在建工程
	      应交税费——应交增值税（进项税额）
	  贷：银行存款等
	
	不动产在建工程：
	借：在建工程
	      应交税费——应交增值税（进项税额）
	            ——待抵扣进项税额
	  贷：银行存款等

存在替换原固定资产某组成部分的情况	借：银行存款或原材料 【入库残料价值】
	      营业外支出 【净损失】
	  贷：在建工程 【被替换部分的账面价值】

改扩建工程达到预定可使用状态	借：固定资产 贷：在建工程

固定资产在使用过程中会逐渐损耗，为了充分发挥固定资产的使用效能，就需要对固定资产进行修理。固定资产修理按其规模不同，可分为大修理和小修理。固定资产大修理是为恢复固定资产的使用价值，对其进行大部或全部的修理。一般是对固定资产主要组成部分或大多数部件进行修复和更换，具有修理范围大、支出费用多、间隔时间长、发生次数少的特点。固定资产小修理是指为保证固定资产的正常使用所进行的小部分修缮和维护。小修理是为保持固定资产的生产能力，对它个别磨损部分所进行的工作量较小的修理，具有修理范围小、支出费用少、修理间隔时间短、发生次数多的特点。

如果固定资产因修理而发生的后续支出并未提高固定资产原定的创利能力，如日常的大修理支出和小修理支出。这类支出应在发生时根据固定资产的服务对象不同，分别记入当期"销售费用"或"管理费用"账户。大修理支出满足资本化条件的，也应将这部分支出资本化计入固定资产成本。

【例 8-10】 琴岛宾馆有客房 1 幢，原价 500 000 元，已计提折旧 200 000 元，已计提减值准备 30 000 元，委托建筑公司进行扩建。

（1）结转扩建客房账面价值，编制会计分录如下：

借：在建工程   270 000

    累计折旧   200 000

    固定资产减值准备   30 000

  贷：固定资产   500 000

（2）签发转账支票支付建筑公司扩建客房费用 30 000 元，作会计分录如下：

借：在建工程   30 000
    应交税费——应交增值税（进项税额）   1 800
        ——待抵扣进项税额   1 200
  贷：银行存款   33 000

（3）该客房扩建完毕，已达到预定可使用状态，验收使用，作会计分录如下：

借：固定资产   300 000
  贷：在建工程   300 000

4. 固定资产的处置

旅游饮食服务企业为了充分发挥资金的效能，可以将不需用的固定资产出售给其他企业。旅游饮食服务企业的固定资产由于长期使用而发生损耗丧失了其原有的功能，不能继续使用，或者由于社会技术进步，必须以先进的设备替代落后的设备，就需要将它们报废。有的固定资产由于遭受意外灾害或非常事故，以致毁损。固定资产发生报废、毁损都要报经有关部门批准后，才能进行清理。企业出售、转让、报废固定资产或固定资产发生毁损，应当将处置收入扣除账面价值和相关税费后的金额计入当期损益。

固定资产处置包括固定资产转入清理、发生清理费用、收回出售固定资产的价款、残料价值和变价收入等、应收取相关赔偿以及确认清理净损益几个环节。固定资产处置核算如表 8-14 所示。

表 8-14   固定资产处置的核算

步骤	账务处理		

固定资产转入清理	借：在建工程
	    累计折旧
	    固定资产减值准备
	    固定资产清理
	贷：固定资产		

发生清理费用	借：固定资产清理
	    应交税费——应交增值税（进项税额）
	  贷：银行存款等
	（注：支付清理费时取得合法扣税凭证可以作为进项税额抵扣）		

收回出售固定资产的价款、残料价值和变价收入等	借：原材料
	    银行存款等
	  贷：固定资产清理
	    应交税费——应交增值税（销项税额）		

应收取相关赔偿	借：其他应收款等 贷：固定资产清理		

确认清理净损益	固定资产出售、转让净收益：
	借：固定资产清理
	  贷：资产处置损益
		固定资产出售、转让净损失：
		借：资产处置损益
		  贷：固定资产清理
			固定资产报废、毁损净损失：
			借：营业外支出
			  贷：固定资产清理

❓ **相关思考8-2** ···

"固定资产清理"账户如何使用？

"固定资产清理"账户核算企业因出售、报废、毁损、对外投资、非货币性资产交换、债务重组等原因转出的固定资产价值以及在清理过程中发生的费用等。

该账户借方反映转入清理的固定资产的净值和发生的清理费用，贷方反映清理固定资产的变价收入和应由保险公司或过失人承担的损失等。处置净损益由"固定资产清理"账户的贷方转入资产处置损益或营业外支出，或者账户的借方转入资产处置损益。

"固定资产清理"账户期末借方余额，反映企业尚未处置完毕的固定资产清理净损失。

5. 固定资产的清查

企业应定期或者至少于每年年末对固定资产进行清查盘点，以保证固定资产核算的真实性，充分挖掘企业现有固定资产的潜力。固定资产清查的方法一般采用"账账核对"和"账物核对"。即先以固定资产总账的金额与固定资产明细账的金额核对相符后，再以固定资产明细账的数量与保管账的数量核对相符。账账相符后，将保管账的数量与固定资产实物逐一清点，做到账实相符。在固定资产清查过程中，如果发现盘盈、盘亏的固定资产，应填制固定资产盘盈盘亏报告表。清查固定资产的损溢，应及时查明原因，并按照规定程序报批处理。

企业通过固定资产盘点清查，如发现固定资产实物存在，但固定资产账簿上没有记录，则为固定资产盘盈。商品流通企业在财产清查中盘盈的固定资产，作为前期差错处理。通过"以前年度损益调整"账户核算。

企业通过固定资产盘点清查，如发现固定资产账簿上有记录，但固定资产实物不存在，则为固定资产盘亏。在财产清查中盘亏的固定资产，通过"待处理财产损溢——待处理固定资产损溢"账户核算，盘亏造成的损失，通过"营业外支出——盘亏损失"账户核算，应当计入当期损益。

固定资产盘盈和盘亏的具体会计处理如表 8-15 所示。

表 8-15   固定资产清查的核算

情形	会计分录	
盘盈固定资产	① 盘盈固定资产时 借：固定资产 【按重置成本】 　　贷：以前年度损益调整	② 结转为留存收益 借：以前年度损益调整 　　贷：盈余公积——法定盈余公积 　　　　利润分配——未分配利润
盘亏固定资产	① 盘亏固定资产时： 借：待处理财产损溢 　　累计折旧 　　固定资产减值准备 　　贷：固定资产	② 报经批准转销时： 借：其他应收款 　　营业外支出 　　贷：待处理财产损溢

库存现金及存货的盘盈盘亏应分别如何处理？

	库存现金	存货
盘盈	① 盘盈库存现金时 借：库存现金 　贷：待处理财产损溢	① 盘盈存货时 借：原材料等 　贷：待处理财产损溢
盘盈	② 报经批准转销时： 借：待处理财产损溢 　贷：营业外收入　【无法查明原因】 　　　其他应付款	② 报经批准转销时： 借：待处理财产损溢 　贷：管理费用
盘亏	① 盘亏库存现金时： 借：待处理财产损溢 　贷：库存现金	① 盘亏存货时： 借：待处理财产损溢 　贷：原材料等
盘亏	② 报经批准转销时： 借：其他应收款 　　管理费用　【无法查明原因】 　贷：待处理财产损溢	② 报经批准转销时： 借：其他应收款 　　营业外支出　【非常损失】 　　管理费用　【非正常损耗或管理不善】 　贷：待处理财产损溢

8.1.6　无形资产及长期待摊费用

无形资产是指企业拥有或者控制的没有实物形态的可辨认非货币性资产。资产符合下列条件之一的,符合无形资产定义中的可辨认性标准:①能够从企业中分离或者划分出来,并能单独或者与相关合同、资产或负债一起,用于出售、转让、授予许可、租赁或者交换;②源自合同性权利或其他法定权利,无论这些权利是否可以从企业或其他权利和义务中转移或者分离。例如,商誉的存在无法与企业自身分离,不具有可辨认性,因此不属于无形资产。无形资产主要包括专利权、非专利技术、商标权、著作权、土地使用权和特许权等。

1. 无形资产的取得

企业取得无形资产的主要方式有外购、自行研究开发等。取得的方式不同,其会计处理也有所差别。

(1) 外购的无形资产。外购无形资产的成本包括购买价款、相关税费以及直接归属于使该项资产达到预定用途所发生的其他支出,如使无形资产达到预定用途所发生的专业服务费、测试无形资产是否能够正常发挥作用的费用等。但是,为引入新产品进行宣传发生的广告费、管理费用及其他间接费用以及无形资产已经达到预定用途以后发生的费用,都不构成无形资产的成本。

(2) 自行开发的无形资产。企业内部研究开发项目的支出要求区分研究阶段与开发阶段两个部分分别进行核算。研究是指为获取新的技术和知识等进行的有计划的调查;开发是指在进行商业性生产或使用前,将研究成果或其他知识应用于某项计划或设计,以生产出新的或具有实质性改进的材料、装置、产品等。

研究阶段具有计划性和探索性的特点,研究能否在未来形成成果,以及开发后能否形成无形资产都有很大的不确定性,因此,研究阶段的支出全部费用化,计入当期损益(管理费用)。开发阶段具有针对性,形成成果的可能性比较大,但并非百分比,所以,开发阶段的支出符合资本化条件的计入无形资产成本,不符合资本化条件的计入当期损益。如果无法可靠区分研究阶段的支出和开发阶段的支出,应将其所发生的研发支出全部费用化,计入当期损益。内部研发形成无形资产的核算如表8-16所示。

表8-16   内部研发形成无形资产的核算

情形	会计分录	
研究阶段	应将其所发生的研发支出全部费用化,计入当期损益(管理费用)	

	① 发生支出
	借:研发支出——费用化支出
	    贷:银行存款
	        应付职工薪酬等
		② 会计期末
		借:管理费用
		    贷:研发支出——费用化支出

开发阶段	不满足资本化条件的支出:
	① 发生支出
	借:研发支出——费用化支出
	    贷:银行存款
	        应付职工薪酬等
	② 会计期末
	借:管理费用
	    贷:研发支出——费用化支出
		满足资本化条件的支出:
		① 发生支出
		借:研发支出——资本化支出
		    贷:银行存款
		        应付职工薪酬等
		② 达到预定用途形成无形资产:
		借:无形资产
		    贷:研发支出——资本化支出

注意:自行研究开发无形资产发生的支出取得增值税专用发票可抵扣进项税额的,借记"应交税费——应交增值税(进项税额)"账户。

❓ 相关思考8-4 ···

"研发支出"账户期末有余额吗?

"研发支出"账户反映企业内部研发过程中发生的支出。

"研发支出"账户应当按照研发项目分别以"费用化支出"和"资本化支出"进行明细核算。具体来讲,研究阶段的支出,以及开发阶段不符合资本化条件的支出,应先通过"研发支出——费用化支出"账户进行核算,在期末再转入"管理费用"账户,结转后"研发支出——费用化支出"账户无余额。

开发阶段的支出,符合资本化条件的,先通过"研发支出——资本化支出"账户进行核算,直到达到预定可使用状态的,才将该账户累计发生的金额转入"无形资产"账户。

所以,"研发支出——资本化支出"账户期末可能存在余额,反映正在研发中的符合资本化条件的支出。在资产负债表中,应填列在"开发支出"项目。

【例8-11】 琴岛宾馆自行研发一项管理专有技术,发生下列有关经济业务:

① 5月31日,分配管理专有技术开发人员的研究阶段工资9 000元,编制会计分录如下:

借：研发支出——费用化支出   9 000
  贷：应付职工薪酬   9 000

② 5月31日，结转费用化支出，编制会计分录如下：

借：管理费用   9 000
  贷：研发支出——费用化支出   9 000

③ 6月1日，该专有技术的研发进入开发阶段，领用原材料2 000元，使用设备计提折旧1 600元，符合资本化条件，编制会计分录如下：

借：研发支出——资本化支出   3 600
  贷：原材料   2 000
    累计折旧   1 600

④ 6月30日，分配管理专有技术开发人员的开发阶段工资12 000元，符合资本化条件，编制会计分录如下：

借：研发支出——资本化支出   12 000
  贷：应付职工薪酬   12 000

⑤ 6月30日，管理专有技术开发成功结转其开发成本，编制会计分录如下：

借：无形资产   15 600
  贷：研发支出——资本化支出   15 600

2. 无形资产的摊销

无形资产摊销是指将无形资产成本在其有效期限内进行系统、合理的分配。

由于无形资产有使用寿命有限和使用寿命不确定之分，其摊销方式也不相同。对于使用寿命有限的无形资产的成本应当在其有效期限内系统合理摊销，而使用寿命不确定的无形资产不予以摊销。

无形资产摊销方法可以有多种，如直线法、加速摊销法或其他方法。企业应当根据与无形资产有关的经济利益的预期实现方式选择摊销方法。无法可靠确定预期实现方式的，应当采用直线法摊销。

无论采用何种摊销方法，摊销时首先应确定无形资产的应摊销金额。无形资产的应摊销金额不是最初取得时的入账价值，而是其入账价值减去残值及减值准备后的金额。需要说明的是，除以下任一情况外，使用寿命有限的无形资产，其残值应当视为零：①有第三方承诺在无形资产使用寿命结束时购买该无形资产；②可以根据活跃市场得到残值信息，并且该市场在无形资产使用寿命结束时很可能存在。

企业按期计提无形资产摊销的会计分录为：

借：管理费用   【行政管理用无形资产的摊销】
  其他业务成本   【出租无形资产的摊销】
  制造费用等   【专门用于产品生产等】
  贷：累计摊销

需要说明的是，"累计摊销"账户是"无形资产"账户的调整账户，贷方登记增加的无形资产累计摊销额，借方登记无形资产因减少而注销的摊销额，期末贷方余额反映无形资产的累计摊销额。

3. 无形资产的处置

无形资产的处置,主要是指无形资产出售、对外出租、对外捐赠,或者是无法为企业带来未来经济利益时,应予转销并终止确认。企业出售无形资产,应当将取得的价款扣除该无形资产账面价值以及出售相关税费后的差额计入资产处置损益。无形资产的账面价值是无形资产账面余额扣减累计摊销和累计减值准备后的金额。无形资产预期不能为企业带来未来经济利益的,应当将该无形资产账面价值予以转销,其账面价值转作营业外支出。

企业出售无形资产的会计分录为:

借:银行存款等

　　无形资产减值准备

　　累计摊销

　　贷:无形资产

　　　　应交税费——应交增值税(销项税额)

　　　　资产处置损益　　　　　　　　　　　　　　　　　　　　　　【差额,可能在借方】

其他资产是指除货币资金、交易性金融资产、应收及预付款项、存货、债权投资、长期股权投资、固定资产、无形资产等以外的资产,如长期待摊费用等。长期待摊费用是指企业已经支出,但摊销期限在1年以上(不含1年)的各项费用,包括以经营租赁方式租入固定资产的改良支出、固定资产大修理支出以及摊销期在1年以上的其他各项待摊费用。企业应设置"长期待摊费用"账户对此类项目进行核算。企业发生的长期待摊费用,借记"长期待摊费用"账户,取得可抵扣的增值税进项税额时,借记"应交税费——应交增值税(进项税额)"账户,贷记"银行存款""原材料"等账户。摊销长期待摊费用,借记"管理费用""销售费用"等账户,贷记"长期待摊费用"账户。

8.2 ┃ 负　债

8.2.1　短期借款

旅游饮食服务业在日常服务活动中,除了自有资金外,还要筹集和使用一部分借入资金,以满足其经营活动的需要。

短期借款是指企业向银行或其他金融机构等借入的期限在1年以下(含1年)的各种借款,通常是为了弥补企业临时性经营周转或季节性原因等出现的资金暂时不足。

▣ 特别提示 8-1 ....

短期借款的债权人不仅是银行,还包括其他非银行金融机构或其他单位和个人。

企业应通过"短期借款"账户核算短期借款的取得及偿还情况。该账户贷方登记取得借款的本金数额,借方登记偿还借款的本金数额,余额在贷方,表示尚未偿还的短期借款。短期借款的核算如表8-17所示。

表 8-17   短期借款的核算

利息处理方式	情形	会计分录
预提利息	利息按期(不包括按月)支付	① 月末预提利息时: 借:财务费用 　贷:应付利息 ② 实际支付利息时: 借:应付利息 　贷:银行存款等
	利息在借款到期时连同本金一起归还,并且金额较大	
不预提利息	利息按月支付	按月支付利息时: 借:财务费用 　贷:银行存款等
	利息在借款到期时连同本金一起归还,并且金额不大	实际支付或收到银行计息通知时: 借:财务费用 　贷:银行存款等

8.2.2　应付及预收款项

1. 应付账款

应付账款是指企业因购买材料、商品或接受劳务供应等经营活动应支付的款项。除购买材料、商品或接受劳务供应以外发生的各种应付款项,如应付赔款、应付租金、存入保证金等其他应付款项,不属于应付账款的范围。

企业应设置"应付账款"账户,核算应付账款的发生、偿还及转销情况。该账户贷方登记应付账款的发生,借方登记应付账款的偿还或转销,余额一般在贷方,表示企业尚未支付的应付账款余额。特殊情况下也可能存在借方余额,表示预付账款的结余数。本账户一般应按照债权人设置明细账户进行明细核算。应付账款的核算如表 8-18 所示。

表 8-18   应付账款的核算

情形	会计分录
应付账款发生	借:原材料 　生产成本等 　应交税费——应交增值税(进项税额) 贷:应付账款
应付商业承兑汇票到期,企业无力支付票款,将应付票据按票面余额转入应付账款	借:应付票据 　贷:应付账款
企业偿还应付账款或开出商业汇票抵付账款	借:应付账款 　贷:银行存款/应付票据等
应付账款转销	借:应付账款 　贷:营业外收入

如果购入的资产在形成一笔应付账款时是带有现金折扣条件的,应付账款按照扣除现金折扣前的总额来入账。

2. 应付票据

应付票据是指企业购买材料、商品和接受劳务供应等而开出、承兑的商业汇票。商业汇票是指收款人或付款人(或承兑申请人)签发,由承兑人承兑,并于到期日向收款人或被背书人支付款项的票据。我国商业汇票的付款期限最长不超过 6 个月。由于应付票据的偿付时间较短,在会计实务中,一般均按照开出、承兑的应付票据的面值入账。

企业应设置"应付票据"账户,核算应付票据的发生、偿付情况。该账户贷方登记开出、承兑汇票的面值,借方登记到期支付票据的金额,余额在贷方,表示企业持有的尚未到期的应付票据的票面金额。应付票据的核算如表 8-19 所示。

表 8-19　　　　　　　　　　　　　应付票据的核算

情形	会计分录
应付票据的签发	借:原材料等 　　应交税费——应交增值税(进项税额) 　贷:应付票据 【说明:因开具银行承兑汇票而支付的银行承兑汇票手续费应当计入当期财务费用 借:财务费用 　　应交税费——应交增值税(进项税额) 　贷:银行存款等】
应付票据的偿还	借:应付票据 　贷:银行存款
应付票据的转销	应付商业承兑汇票到期,如企业无力支付票款: 借:应付票据 　贷:应付账款 应付银行承兑汇票到期,如企业无力支付票款: 借:应付票据 　贷:短期借款

3. 预收账款

预收账款是指企业按照合同规定向购货单位预收的款项。应付账款也是由于商品或劳务交易形成的负债,但应付账款形成的负债以货币偿还,而预收账款所形成的负债以货物偿付。

企业应通过"预收账款"账户,核算预收账款的取得、偿付等情况。"预收账款"账户期末余额一般在贷方,反映企业向购货单位预收款项但尚未向购货方发货的数额。如为借方余额,表示购货单位应补付给本企业的款项。企业应当按照购货单位设置明细账户进行明细核算。对于预收账款业务不多的企业,也可以不设"预收账款"账户,而将其记入"应收账款"账户的贷方,但期末在资产负债表上应分开列示。预收账款的核算如表 8-20 所示。

表 8-20   预收账款的核算

情形	会计分录	
收款	借:银行存款等 　贷:预收账款	
销售商品或提供劳务	借:预收账款 　贷:主营业务收入 　　应交税费——应交增值税(销项税额)	
收到对方补付或退回多余价款	收到对方补付: 借:银行存款 　贷:预收账款	退回多余价款: 借:预收账款 　贷:银行存款

8.2.3　其他应付款

其他应付款是指企业除应付票据、应付账款、预收账款、应付职工薪酬、应交税费、应付利息、应付股利等经营活动以外的其他各项应付、暂收的款项,具体包括:

(1)企业发生的存入保证金。

(2)应付经营租入固定资产、无形资产、包装物的租金。

(3)采用售后回购方式融入的资金。

(4)代职工缴纳的由职工个人承担的社会保险费和住房公积金。

企业应通过"其他应付款"账户,核算其他应付款的增减变动及其结存情况。该账户贷方登记发生的各种应付、暂收款项,借方登记偿还或转销的各种应付、暂收款项;该账户期末贷方余额,反映企业应付未付的其他应付项。本账户应按照其他应付款的项目和对方单位(或个人)设置明细账户进行明细核算。

企业发生其他各种应付、暂收款项时,借记"管理费用"等账户,贷记"其他应付款"账户;支付或退回其他各种应付、暂收款项时,借记"其他应付款"账户,贷记"银行存款"等账户。

8.2.4　长期借款

长期借款是指企业向银行或其他金融机构借入的期限在 1 年以上(不含 1 年)的各种借款。与短期借款相比,长期借款借款金额大,偿还期限长,一般用于固定资产的购建、改扩建工程、大修理工程、对外投资以及为了保持长期经营能力等方面。它是企业长期负债的重要组成部分,必须加强管理与核算。

企业应通过"长期借款"账户,核算长期借款的借入、归还等情况。该账户可按照贷款单位和贷款种类设置明细账,分别"本金""应计利息""利息调整"等进行明细核算。该账户的贷方登记长期借款本息的增加额,借方登记本息的减少额,贷方余额表示企业尚未偿还的长期借款本金及利息。长期借款的核算包括长期借款的取得、利息费用的确认和长期借款的归还三个环节。长期借款的核算如表 8-21 所示。

表 8-21 长期借款的核算

情形	会计分录	
长期借款的取得	借：银行存款 　　长期借款——利息调整 　贷：长期借款——本金	【实际收到的金额】 【如存在差额】 【合同金额】
长期借款利息费用的确认	借：财务费用/在建工程等 　贷：长期借款——应计利息 　　　长期借款——利息调整	【按实际利率法计算的利息费用】 【或应付利息】 【差额】
	说明：长期借款利息费用应当在资产负债表日按照实际利率法计算确定： ① 属于筹建期间的，计入管理费用； ② 属于生产经营期间的，计入财务费用； ③ 如果长期借款用于购建固定资产的，在固定资产尚未达到预定可使用状态前，所发生的应当资本化的利息支出数，计入在建工程成本；固定资产达到预定可使用状态后发生的利息支出，以及按规定不予资本化的利息支出，计入财务费用。	
长期借款的偿还	企业归还长期借款的本金时： 借：长期借款——本金 　贷：银行存款	按归还的利息： 借：长期借款——应计利息【或"应付利息"】 　贷：银行存款

特别提示 8-3

"短期借款"总账账户只核算借款本金，而"长期借款"总账账户除核算借款本金外，还核算借款利息。

【例 8-12】 琴岛宾馆于 2×19 年 1 月 1 日从银行借入资金 240 000 元，借款期限为 3 年，年利率为 8%，到期一次还本付息，所借款项已存入银行。

借：银行存款 240 000

　　贷：长期借款——本金 240 000

【例 8-13】 琴岛宾馆用该借款于当日购买中央空调设备一套，价款 140 000 元。

借：工程物资 140 000

　　贷：银行存款 140 000

【例 8-14】 琴岛宾馆于 2×19 年 1 月 31 日计提长期借款利息。

长期借款每月利息＝240 000×8%÷12＝1 600(元)

借：财务费用 1 600

　　贷：长期借款——应计利息 1 600

琴岛宾馆每月末预提利息分录同上。

【例 8-15】 2×21 年 12 月 31 日，琴岛宾馆偿还该笔银行借款本息。

借：长期借款——本金 240 000

　　　　　　——应计利息 56 000

　　财务费用 1 600

　贷：银行存款 2 976 000

8.2.5 应付债券

应付债券是指企业为筹集(长期)资金而发行的债券。通过发行债券取得的资金,是企业的一项长期资金来源,构成了非流动负债,企业会在未来某一特定日期按照债券所记载的利率、期限等约定还本付息。债券发行有面值发行、溢价发行和折价发行三种情况。企业债券按其面值出售的,称为面值发行;按高于其面值的价格出售,为溢价发行;按低于其面值的价格出售,为折价发行。债券溢价或折价发行,并非债券发行方的收益或损失,而是发行债券企业在债券发行期内对利息费用的调整。

企业应设置"应付债券"账户,并在该账户下设置"面值""利息调整""应计利息"等明细账户,核算应付债券发行、计提利息费用、还本付息等情况。该账户贷方登记应付债券的本金和利息,借方登记归还的债券本金和利息,期末贷方余额表示企业尚未偿还的长期债券。应付债券的核算如表8-22所示。

表 8-22　　　　　　　　　　　　　应付债券的核算

情形	会计分录	
发行债券	借:银行存款 　应付债券——利息调整 贷:应付债券——面值	【按实际收到的金额】 【按两者的差额,可能在贷方】 【按债券面值】
债券利息费用的确认	借:在建工程等 贷:应付债券——应计利息 　应付债券——利息调整	【按实际利率法计算的利息费用】 【或应付利息】 【按两者的差额,可能在借方】
债券的偿还	按归还债券的面值: 借:应付债券——面值 贷:银行存款	按归还的利息: 借:应付债券——应计利息　【或应付利息】 贷:银行存款

8.3 | 所有者权益

8.3.1 实收资本

实收资本是指企业按照章程或投资合同、协议约定,接受投资者投入企业的资本。我国有关法律规定,投资者设立企业首先必须投入资本。实收资本的构成比例即投资者的出资比例或股东的股份比例,是确定所有者在企业所有者权益中所占的份额和参与企业财务经营决策的基础,也是企业进行利润分配或股利分配的依据。

除股份有限公司以外,其他各类企业应通过"实收资本"账户,股份有限公司应通过"股本"账户核算投资者投入资本的增减变动情况。

股东可以以货币出资,也可以以实物、知识产权、土地使用权等可以用货币估价并可以依法转让的非货币资产出资。企业收到所有者投入企业的资本后,应根据有关原始凭证,分别不同的出资方式进行会计处理。

1. 接受现金资产投资

股份有限公司以外的企业应在实际收到投资者投入的现金或者将该现金存入企业开户银行时,按实际收到的金额,借记"银行存款"账户,按投入资本在注册资本中所占份额,贷记"实收资本"账户,按其差额,贷记"资本公积——资本溢价"账户。

股份有限公司发行股票时,既可以按面值(发行价＝面值)发行股票,也可以溢价(发行价＞面值)发行,但我国目前不允许折价(发行价＜面值)发行股票。我国规定,股票面值为每股1元。股份有限公司在核定的股本总额及核定的股份总额的范围内发行股票时,应在实际收到现金资产时,按实收金额借记"银行存款"等账户;按发行股票的票面金额,贷记"股本"账户;超过面值的部分,作为股票溢价,记入"资本公积——股本溢价"账户。

2. 接受非现金资产投资

企业接受投资者作价投入的存货、房屋、建筑物、机器设备等实物资产,在办理实物产权转移手续时,按投资合同或协议约定的价值确定实物资产的价值(投资合同或协议约定价值不公允的除外),借记"原材料""固定资产"等账户,按可以抵扣的进项税额,借记"应交税费——应交增值税(进项税额)"账户,按投资比例数额贷记"实收资本"账户,投资合同或协议约定的价值超过投资者在企业注册资本或股本中所占份额的部分,计入资本公积("资本溢价")。

企业收到以无形资产方式投入的资本,按投资合同或协议约定价值确定无形资产价值(投资合同或协议约定价值不公允的除外),借记"无形资产"账户,按可以抵扣的进项税额,借记"应交税费——应交增值税(进项税额)"账户,按投资比例数额,贷记"实收资本"账户。

> **特别提示8-4** ··
>
> 接受不动产投资时:
>
> 借:固定资产等
>   应交税费——应交增值税(进项税额)
>   ——待抵扣进项税额
>   贷:实收资本
>   资本公积——资本溢价

3. 实收资本的增减变动

(1) 实收资本或股本的增加。一般企业增加资本主要有三个途径:①接受投资者追加投资;②资本公积转增资本;③盈余公积转增资本。需要注意的是,由于资本公积和盈余公积均属于所有者权益,用其转增资本时,应该按照原投资者各出资比例相应增加各投资者的出资额。

(2) 实收资本或股本的减少。企业减少实收资本应按法定程序报经批准。有限责任公司和一般企业返还投资时,按法定程序报经批准减少注册资本的,借记"实收资本"账户,贷记"库存现金""银行存款"等账户。

股份有限公司通过回购股票的方式减资,应通过"库存股"账户核算回购股份的金额。回购股票时,按照实际偿还给股东的现金,借记"库存股"账户,贷记"银行存款"账户;注销股票时,按股票面值和注销股数,借记"股本"账户,按注销库存股的账面余额,贷记"库存股"账户,按两者的差额,借记"资本公积——股本溢价"账户,股本溢价不足冲减的,再冲减盈余公积直至未分配利润,借记"盈余公积""利润分配——未分配利润"账户。如果回购股票支付的价款低于面值总额,所注销库存股的账面余额与所冲减股本的差额作为增加股本溢价处理,贷记"资本公积——股本溢价"账户。

8.3.2 资本公积和其他综合收益

资本公积是指企业收到投资者出资额超出其在注册资本中所占份额的部分以及其他资本公积等。资本公积包括资本溢价(股本溢价)和其他资本公积。

1. 资本溢价

除股份有限公司外的其他类型的企业,在企业创立时,投资者认缴的出资额与注册资本一致,一般不会产生资本溢价。但在企业重组或有新的投资者加入时,常常会出现资本溢价。因为在企业进行正常生产经营后,其资本利润率通常要高于企业初创阶段,另外,企业有内部积累,新投资者加入企业后,对这些积累也要分享,所以新加入的投资者往往要付出大于原投资者的出资额,才能取得与原投资者相同的出资比例。投资者多缴的部分就形成了资本溢价。其具体核算方法在上一节已有阐述,这里不再重复。

2. 股本溢价

股份有限公司是以发行股票的方式筹集股本的,股票可按面值发行,也可按溢价发行,我国目前不准折价发行。与其他类型的企业不同,股份有限公司在成立时可能会溢价发行股票,因而在成立之初,就可能会产生股本溢价。股本溢价的数额等于股份有限公司发行股票时实际收到的款项超过股票面值总额的部分。发行股票相关的手续费、佣金等交易费用,如果是溢价发行股票的,应从溢价中抵扣,冲减资本公积(股本溢价);无溢价发行股票或溢价金额不足以抵扣的,应将不足抵扣的部分冲减盈余公积和未分配利润。其具体核算方法在上一节已有阐述,这里不再重复。

3. 其他资本公积

其他资本公积是指除净损益、其他综合收益和利润分配以外所有者权益的其他变动。常见的情况为权益法下的长期股权投资被投资方发生除净损益、其他综合收益和利润分配以外所有者权益的其他变动。

企业对某被投资单位的长期股权投资采用权益法核算的,在持股比例不变的情况下,对因被投资单位除净损益、其他综合收益、利润分配以外的所有者权益的其他变动,应按持股比例计算其应享有或应分担的被投资单位所有者权益的增减份额,借记"长期股权投资"账户,贷记"资本公积——其他资本公积"账户(或作相反分录)。

4. 其他综合收益

其他综合收益是指直接计入所有者权益的利得和损失。其他综合收益主要由以下交易或事项引起:

(1)采用权益法核算的长期股权投资。长期股权投资采用权益法核算的,在持股比例不变的情况下,被投资单位其他综合收益变动的,企业按持股比例计算应享有的份额,如果是利得,应当增加长期股权投资的账面价值,同时增加其他综合收益;如果是损失,应当作相反的会计分录。当处置采用权益法核算的长期股权投资时,应当将原记入其他综合收益的相关金额转入投资收益。

(2)以公允价值计量且其变动计入其他综合收益的金融资产。资产负债表日公允价值上升时,借记"其他债权投资——公允价值变动"账户或借记"其他权益工具投资——公允价值变动"账户,贷记"其他综合收益"账户。资产负债表日公允价值下降时,作相反的会计分录。

（3）投资性房地产的转换差额。自用房地产或存货转换为采用公允价值模式计量的投资性房地产时,转换日的公允价值小于原账面价值的,其差额计入当期损益;转换日的公允价值大于原账面价值的,其差额作为其他综合收益,计入所有者权益。

8.3.3 留存收益

留存收益是指企业从历年实现的利润中提取或形成的留存于企业的内部积累,包括盈余公积和未分配利润两类。

1. 盈余公积的核算

盈余公积是指企业按照有关规定从净利润中提取的积累资金。公司制企业的盈余公积包括法定盈余公积和任意盈余公积。

法定盈余公积是企业按规定的比例从净利润中提取的盈余公积。公司制企业应当按照净利润(减弥补以前年度亏损,下同)的 10% 提取法定盈余公积。非公司制企业法定盈余公积的提取比例可超过净利润的 10%。法定盈余公积累计额已达注册资本的 50% 时可以不再提取。

任意盈余公积是企业按股东会或股东大会决议提取的盈余公积。非公司制企业经类似权力机构批准,也可提取任意盈余公积。

如上所述,盈余公积来源于企业当年实现的净利润。它属于已拨定留存收益,其主要用途是弥补亏损、转增资本、发放现金股利或利润。盈余公积的核算如表 8-23 所示。

表 8-23　　　　　　　　　　　　盈余公积的核算

情形	会计分录
提取盈余公积	借:利润分配——提取法定盈余公积 　　　　　　　——提取任意盈余公积 　贷:盈余公积——法定盈余公积 　　　　　　　——任意盈余公积
盈余公积补亏	借:盈余公积 　贷:利润分配——盈余公积补亏
盈余公积转增股本(或资本)	借:盈余公积 　贷:股本(或实收资本)
用盈余公积发放现金股利或利润	借:盈余公积 　贷:应付股利

2. 未分配利润的核算

未分配利润是指企业实现的净利润经过弥补亏损、提取盈余公积和向投资者分配利润后留存在企业的、历年结存的利润。

会计期末,企业将当期实现的各项收入及发生的各项费用转入"本年利润"账户。结转本年利润的方法有账结法和表结法两种。年度终了,应将本年收入和支出相抵后结出的本年实现的净利润或净亏损,转入"利润分配——未分配利润"账户。本年利润形成的核算如表 8-24 所示。

表 8-24　　　　　　　　　　　　　本年利润形成的核算

情形	会计分录
结转收入、利得类账户	借：主营业务收入 　　其他业务收入 　　投资收益 　　营业外收入等 　贷：本年利润
结转各项费用、损失类账户	借：本年利润 　贷：主营业务成本 　　　其他业务成本 　　　税金及附加 　　　销售费用 　　　管理费用 　　　财务费用 　　　营业外支出等
年末结转"本年利润"账户	借：本年利润 　贷：利润分配——未分配利润 或相反

❓ 相关思考 8-5 ....

结转本年利润的方法有哪些?

结转本年利润的方法有表结法和账结法两种。

1. 表结法

表结法即用"利润表"结转期末损益类项目,体现期末财务成果的方法。表结法下,各损益类账户每月月末只需结计出本月发生额和月末累计余额,不结转到"本年利润"账户,只有在年末时才将全年累计余额结转入"本年利润"账户。但每月月末要将损益类账户的本月发生额合计数填入利润表的本月数栏,同时将本月末累计数填入利润表的本年累计数栏,通过利润表计算反映各期的利润(或亏损)。表结法下,年中损益类账户无需结转入"本年利润"账户,从而减少了转账环节和工作量,同时并不影响利润表的编制及有关损益指标的利用。

2. 账结法

账结法下,每月月末均需编制转账凭证,将在账上结计出的各损益类科目的余额结转入"本年利润"账户。结转后"本年利润"账户的本月余额反映当月实现的利润或发生的亏损,"本年利润"账户的本年余额反映本年累计实现的利润或发生的亏损。账结法在各月均可通过"本年利润"账户提供当月及本年累计的利润(或亏损)额,但增加了转账环节和工作量。

利润分配是指企业根据国家有关规定和企业章程、投资者协议等,对企业当年可供分配的利润所进行的分配。在进行利润分配前,首先要计算企业的可供分配利润。可供分配利润由以下几部分构成:

可供分配利润＝当年实现的净利润＋年初未分配利润(或一年初未弥补亏损)＋其他转入

可供分配的利润按照下列顺序进行分配:①提取法定公积金;②提取任意公积金;③向投资者分配利润或股利。年度终了,将"利润分配"账户所属的其他明细账户的余额,转入

"未分配利润"明细账户。结转后,"未分配利润"明细账户的贷方余额,就是年末未分配利润;如出现借方余额,则表示年末未弥补亏损。结转后,"利润分配"账户除"未分配利润"明细账户外,所属的其他明细账户应无余额。利润分配的核算如表 8-25 所示。

表 8-25   利润分配的核算

情形	会计分录

提取法定盈余公积、任意盈余公积、向投资者分配利润	借:利润分配——提取法定盈余公积
	               ——提取法定盈余公积
	               ——应付现金股利或利润
	  贷:盈余公积——法定盈余公积
	           ——任意盈余公积
	      应付股利

结转利润分配的除"未分配利润"外其他明细科目	借:利润分配——未分配利润
	  贷:利润分配——提取法定盈余公积
	             ——提取法定盈余公积
	             ——应付现金股利或利润

知识拓展 8-5

关于弥补亏损

企业以当年实现的利润弥补以前年度的亏损,不需要进行专门的账务处理。企业将当年实现的利润自"本年利润"账户转入"利润分配——未分配利润"账户的贷方,其贷方发生额与借方余额自然抵补。无论以税前利润还是以税后利润弥补亏损,其会计处理方法均相同,均不需进行专门的账务处理。但是,两种方法在计算缴纳所得税时的处理是不同的:企业在发生亏损后的 5 年内以税前利润弥补亏损,其弥补的数额可以抵扣企业当期应纳税所得额;企业在发生亏损后的 5 年后以税后利润弥补亏损,这时不能作纳税所得扣除处理。

【例 8-16】 琴岛宾馆适用的企业所得税税率为 25%。2×18 年、2×19 年的有关资料如下:

(1) 2×18 年年初未分配利润为 200 万元,本年利润总额为 500 万元。经纳税调整后,企业的应纳税所得额为 498 万元。要求:计算琴岛宾馆本期所得税费用,并编制结转所得税费用及本年利润的会计分录。

$$所得税费用 = 498 \times 25\% = 124.5(万元)$$

借:所得税费用		1 245 000
贷:应交税费——应交所得税		1 245 000
借:本年利润		1 245 000
贷:所得税费用		1 245 000
借:本年利润		3 735 000
贷:利润分配——未分配利润		3 735 000

(2) 2×19 年 2 月 6 日董事会提请股东大会 2×18 年利润分配议案:按 2×18 年税后利润的 10% 提取法定盈余公积。要求:编制提取法定盈余公积的会计分录。

借：利润分配——提取法定盈余公积   373 500

  贷：盈余公积——法定盈余公积   373 500

（3）2×19年2月6日股东大会批准董事会提请股东大会2×18年利润分配方案：向投资者分配现金股利50万元。要求：编制宣告分配现金股利的会计分录。

借：利润分配——应付现金股利或利润   500 000

 贷：应付股利   500 000

（4）要求：计算年末未分配利润，并编制结转利润分配的会计分录。

年末未分配利润＝年初未分配利润200＋本年利润373.5－法定盈余公积37.35－应付股利50
＝486.15（万元）。

借：利润分配——未分配利润   835 500

 贷：利润分配——提取法定盈余公积   335 500

    ——应付现金股利或利润   500 000

8.4   财 务 报 告

  财务报告是反映企业某一特定日期财务状况和一定期间经营成果、现金流量等会计信息的文件，包括财务报表和其他应当在财务报告中披露的相关信息和资料。

  财务报表是对企业财务状况、经营成果和现金流量的结构性表述。财务报表包括资产负债表、利润表、现金流量表、所有者权益变动表和附注。

8.4.1   资产负债表

1. 资产负债表的内容

  资产负债表是指反映企业在某一特定日期财务状况的报表。它反映企业在某一特定日期所拥有或控制的经济资源、所承担的现时义务和所有者对净资产的要求权。通过资产负债表，可以提供某一日期资产的总额及其结构，表明企业拥有或控制的资源及其分布情况，使用者可以一目了然地从资产负债表上了解企业在某一特定日期所拥有的资产总量及其结构；可以提供某一日期的负债总额及其结构，表明企业未来需要用多少资产或劳务清偿债务以及清偿时间；可以反映所有者所拥有的权益，据以判断资本保值、增值的情况以及对负债的保障程度。此外，资产负债表还可以提供进行财务分析的基本资料，如将流动资产与流动负债进行比较，计算出流动比率；将速动资产与流动负债进行比较，计算出速动比率等，可以表明企业的变现能力、偿债能力和资金周转能力，从而有助于报表使用者作出经济决策。

2. 资产负债表的结构

  在我国，资产负债表采用账户式结构，报表分为左右两方，左方列示资产各项目，反映全部资产的分布及存在形态；右方列示负债和所有者权益各项目，反映全部负债和所有者权益的内容及构成情况。资产负债表左右双方平衡，资产总计等于负债和所有者权益总计，即"资产＝负债＋所有者权益"。此外，为了使使用者通过比较不同时点资产负债表的数据，掌握企业财务状况的变动情况及发展趋势，企业需要提供比较资产负债表，资产负债表还就各项目再分为"年初余额"和"期末余额"两栏分别填列。资产负债表的基本格式和内容如表8-26所示。

表 8-26 　　　　　　　　　　　　　　　**资产负债表**　　　　　　　　　　会企 01 表

编制单位：　　　　　　　　　　　　　　年　　月　　　　　　　　　　　　　单位：元

资　产	期末余额	年初余额	负债和所有者权益	期末余额	年初余额
流动资产：			流动负债：		
货币资金			短期借款		
交易性金融资产			交易性金融负债		
衍生金融资产			衍生金融负债		
应收票据及应收账款			应付票据及应付账款		
预付款项			预收款项		
其他应收款			合同负债		
存货			应付职工薪酬		
合同资产			应交税费		
持有待售资产			其他应付款		
一年内到期的非流动资产			持有待售负债		
其他流动资产			一年内到期的非流动负债		
流动资产合计			其他流动负债		
非流动资产：			流动负债合计：		
债权投资			非流动负债：		
其他债权投资			长期借款		
长期应收款			应付债券		
长期股权投资			长期应付款		
其他权益工具投资			预计负债		
其他非流动金融资产			递延收益		
投资性房地产			递延所得税负债		
固定资产			其他非流动负债		
在建工程			非流动负债合计		
生产性生物资产			负债合计		
油气资产			所有者权益：		
无形资产			实收资本（或股本）		
开发支出			其他权益工具		
商誉			其中：优先股		
长期待摊费用			永续债		
递延所得税资产			资本公积		
其他非流动资产			减：库存股		
非流动资产合计			其他综合收益		
			盈余公积		
			未分配利润		
			所有者权益合计		
资产总计			负债和所有者权益总计		

3. 资产负债表的填列方法

资产负债表中的数据主要来自会计账簿记录,有的可以根据相关账户的期末余额填列,有的应按有关账户合并分析或调整后填列,现分别说明如下:

资产负债表各项目均需填列"年初余额"和"期末余额"两栏。资产负债表的"年初余额"栏通常根据上年末有关项目的期末余额填列,且与上年末资产负债表"期末余额"栏一致。

"期末余额"栏主要有以下几种填列方法:

(1) 根据总账账户的余额填列。"交易性金融资产""其他债权投资""其他权益工具投资""递延所得税资产""长期待摊费用""短期借款""持有待售负债""递延收益""递延所得税负债""实收资本(或股本)""其他权益工具""库存股""资本公积""其他综合收益""盈余公积"等项目,应根据有关总账账户的余额填列。

需要说明的是,长期待摊费用摊销年限(或期限)只剩1年或不足1年的,或者预计在1年内(含1年)进行摊销的部分,仍在"长期待摊费用"项目中列示,不转入"一年内到期的流动资产"项目。

(2) 根据明细账户的余额计算填列。"开发支出"项目,应根据"研发支出"账户中所属的"资本化支出"明细账户期末余额填列;"预收款项"项目,应根据"预收账款"和"应收账款"账户所属明细账户的期末贷方余额合计数填列;"应交税费"项目,应根据"应交税费"的明细账户期末余额分析填列。其中的借方余额,应当根据其流动性在"其他流动资产"或"其他非流动资产"项目中填列;"一年内到期的非流动资产""一年内到期的非流动负债"项目,应根据有关非流动资产或负债项目的明细账户余额分析填列;"应付职工薪酬"项目,应根据"应付职工薪酬"账户的明细账户期末余额分析填列;"预计负债"项目,应根据"预计负债"账户的明细账户期末余额分析填列;"未分配利润"项目,应根据"利润分配"账户中所属的"未分配利润"明细账户期末余额填列。

(3) 根据总账账户和明细账账户的余额分析计算填列。"长期借款"项目,应根据"长期借款"总账账户余额扣除"长期借款"账户所属的明细账户中将在资产负债表日起1年内到期且企业不能自主地将清偿义务展期的长期借款后的金额计算填列;"其他流动资产""其他流动负债"项目,应根据有关总账账户及有关账户的明细账户期末余额分析填列;"其他非流动负债"项目,应根据有关账户的期末余额减去将于1年内(含1年)到期偿还数后的金额填列。

(4) 根据有关账户余额去其备抵账户余额后的净额填列。"持有待售资产""债权投资""长期股权投资""商誉"项目,应根据相关账户的期末余额填列,已计提减值准备的,还应扣减相应的减值准备;"无形资产""投资性房地产""生产性生物资产""油气资产"项目,应根据相关账户的期末余额扣减相关的累计摊销、折耗填列,已计提减值准备的,还应扣减相应的减值准备,摊销、折耗年限(或期限)只剩1年或不足1年的或者预计在1年内(含1年)进行或摊销、折耗的部分,仍在上述项目中列示,不转入"一年内到期的非流动资产"项目,采用公允价值计量的上述资产,应根据相关账户的期末余额填列;"长期应收款"项目,应根据"长期应收款"账户的期末余额,减去相应的"未实现融资收益"账户和"坏账准备"账户所属相关明细账户期末余额后的金额填列;"长期应付款"项目,应根据"长期应付款"账户的期末余额,减去相应的"未确认融资费用"账户期末余额后的金额填列。

（5）综合运用上述填列方法分析填列。"固定资产"项目应根据"固定资产"账户的期末余额，减去"累计折旧"和"固定资产减值准备"账户的期末余额后的金额，以及"固定资产清理"账户的期末余额填列。"在建工程"项目应根据"在建工程"账户的期末余额，减去"在建工程减值准备"账户的期末余额后的金额，以及"工程物资"账户的期末余额，减去"工程物资减值准备"账户的期末余额后的金额填列。"应付票据及应付账款"项目，应根据据"应付账款"和"预付账款"账户所属的相关明细账户的期末贷方余额，加上"应付票据"的期末余额合计数填列。"长期应付款"项目应根据"长期应付款"账户的期末余额，减去相关的"未确认融资费用"账户的期末余额后的金额，以及"专项应付款"账户的期末余额填列。

【例 8-17】 琴岛宾馆 2×19 年 12 月 31 日的账户余额表（见表 8-27）。要求：编制琴岛宾馆 2×19 年 12 月 31 日的资产负债表（年初余额略）（见表 8-28）。

表 8-27　　　　　　　　　　　　　账户余额表　　　　　　　　　　　　单位：元

总账	明细账户	借方余额	贷方余额	总账	明细账户	借方余额	贷方余额
库存现金		500		短期借款			30 000
银行存款		7 500		应付账款			
交易性金融资产		7 000			F 企业		3 500
应收账款					H 企业	2 500	0
	A 企业	3 650			L 企业		4 000
	B 企业	0	1 000	预收账款			
	C 企业	500			M 企业		2 000
预付账款					N 企业	1 500	0
	D 企业	2 500		其他应付款			4 500
	E 企业	0	150	应付职工薪酬			17 350
其他应收款		4 000		应交税费			30 000
原材料		13 500		应付股利			10 000
生产成本		4 000		应付利息			1 500
库存商品		11 000		长期借款			32 000
长期股权投资		113 500		实收资本			140 000
投资性房地产		8 350		盈余公积			37 014.5
固定资产		350 000		利润分配			229 753.5
累计折旧		0	30 000				
无形资产		40 768					
长期待摊费用		2 000					
合计		568 768	31 150			4 000	541 618

表 8-28 资产负债表 会企 01 表

编制单位:琴岛宾馆　　　　　　　2×19 年 12 月 31 日　　　　　　　单位:元

资　产	期末余额	年初余额	负债和所有者权益	期末余额	年初余额
流动资产:			流动负债:		
货币资金		8 000	短期借款	30 000	
交易性金融资产		7 000	交易性金融负债	0	
衍生金融资产		0	衍生金融负债	0	
应收票据及应收账款		5 650	应付票据及应付账款	7 650	
预付款项		5 000	预收款项	3 000	
其他应收款		4 000	合同负债	0	
存货		28 500	应付职工薪酬	17 350	
合同资产		0	应交税费	30 000	
持有待售资产		0	其他应付款	16 000	
一年内到期的非流动资产		0	持有待售负债	0	
其他流动资产		0	一年内到期的非流动负债	0	
流动资产合计		58 150	其他流动负债		
非流动资产:			流动负债合计	104 000	
债权投资		0	非流动负债:		
其他债权投资		0	长期借款	32 000	
长期应收款		0	应付债券	0	
长期股权投资		113 500	长期应付款	0	
其他权益工具投资		0	预计负债	0	
其他非流动金融资产		0	递延收益	0	
投资性房地产		8 350	递延所得税负债	0	
固定资产		320 000	其他非流动负债	0	
在建工程		0	非流动负债合计	32 000	
生产性生物资产		0	负债合计	136 000	
油气资产		0	所有者权益:		
无形资产		40 768	实收资本(或股本)	140 000	
开发支出		0	其他权益工具	0	
商誉		0	其中:优先股		
长期待摊费用		2 000	永续债		
递延所得税资产		0	资本公积	0	
其他非流动资产		0	减:库存股	0	
非流动资产合计		484 618	其他综合收益	0	
			盈余公积	37 014.5	
			未分配利润	229 753.5	
			所有者权益合计	406 768	
资产总计		542 768	负债和所有者权益总计	542 768	

8.4.2 利润表

1. 利润表的内容

利润表是反映企业在一定会计期间的经营成果的报表。利润表的列报应当充分反映企业经营业绩的主要来源和构成,有助于使用者判断净利润的质量及其风险,有助于使用者预测净利润的持续性,从而作出正确的决策。通过利润表,可以反映企业一定会计期间的收入实现情况,如实现的营业收入、实现的投资收益、实现的营业外收入各有多少;可以反映一定会计期间的费用耗费情况,如耗费的营业成本、税金及附加、销售费用、管理费用、财务费用、营业外支出各有多少;可以反映企业生产经营活动的成果,即净利润的实现情况,据以判断资本保值、增值情况,等等。将利润表中的信息与资产负债表中的信息相结合,可以提供进行财务分析的基本资料,如将销货成本与存货平均余额进行比较,计算出存货周转率;将净利润与资产总额进行比较,计算出资产收益率等;可以表现企业资金周转情况以及企业的盈利能力和水平,便于报表使用者判断企业未来的发展趋势,作出经济决策。

2. 利润表的结构

常见的利润表结构主要有单步式和多步式两种。在我国,企业利润表采用的基本上是多步式结构,即通过对当期的收入、费用、支出项目按性质加以归类,按利润形成的主要环节列示一些中间性利润指标,分步计算当期净损益,便于使用者理解企业经营成果的不同来源。企业利润表对于费用列报通常应当按照功能进行分类,即分为从事经营业务发生的成本、管理费用、销售费用和财务费用等,有助于使用者了解费用发生的活动领域;与此同时,为了有助于报表使用者预测企业的未来现金流量,对于费用的列报还应当在附注中披露按照性质分类的补充资料,比如分为耗用的原材料、职工薪酬费用、折旧费用、摊销费用等。我国企业利润表格式如表 8-29 所示。

表 8-29 　　　　　　　　　　　　利　润　表　　　　　　　　　　会企 02 表

编制单位:　　　　　　　　　　　　年　　月　　　　　　　　　　　单位:元

项目	本期金额	上期金额
一、营业收入		
减:营业成本		
税金及附加		
销售费用		
管理费用		
研发费用		
财务费用		
其中:利息费用		
利息收入		
资产减值损失		
信用减值损失		

（续表）

项目	本期金额	上期金额
加：其他收益		
投资收益（损失以"－"号填列）		
其中：对联营企业和合营企业的投资收益		
净敞口套期收益（损失以"－"号填列）		
公允价值变动收益（损失以"－"号填列）		
资产处置收益（损失以"－"号填列）		
二、营业利润（亏损以"－"号填列）		
加：营业外收入		
减：营业外支出		
三、利润总额（亏损总额以"－"号填列）		
减：所得税费用		
四、净利润（净亏损以"－"号填列）		
（一）持续经营净利润（净亏损以"－"号填列）		
（二）终止经营净利润（净亏损以"－"号填列）		
五、其他综合收益的税后净额		
（一）不能重分类进损益的其他综合收益		
1. 重新计量设定受益计划变动额		
2. 权益法下不能转损益的其他综合收益		
3. 其他权益工具投资公允价值变动		
4. 企业自身信用风险公允价值变动		
……		
（二）将重分类进损益的其他综合收益		
1. 权益法下可转损益的其他综合收益		
2. 其他债权投资公允价值变动		
3. 金融资产重分类计入其他综合收益的金额		
4. 其他债权投资信用减值准备		
5. 现金流量套期储备		
6. 外币财务报表折算差额		
……		
六、综合收益总额		
七、每股收益		
（一）基本每股收益		
（二）稀释每股收益		

3. 利润表的填列方法

利润表中的"上期金额"应根据上年同期利润表"本期金额"栏内所列数字填列。如果上年同期利润表规定的项目名称和内容与本期不一致,应对上年同期利润表各项目的名称和金额按照本期的规定进行调整,填入"上期金额"栏。

利润表"本期金额"栏一般应根据损益类账户和所有者权益类有关账户的发生额填列。

(1)"营业收入""营业成本""税金及附加""销售费用""管理费用""财务费用""资产减值损失""公允价值变动收益""投资收益""资产处置收益""其他收益""营业外收入""营业外支出""所得税费用"等项目,应根据有关损益类账户的发生额分析填列。

(2)"其中:对联营企业和合营企业投资收益"项目,应根据"投资收益"账户所属的相关明细账户的发生额分析填列。

(3)"其他综合收益的税后净额"项目及其各组成部分,应根据"其他综合收益"账户及其所属明细账户的本期发生额分析填列。

(4)"营业利润""利润总额""净利润""综合收益总额"项目,应根据本表中相关项目计算填列。

(5)"(一)持续经营净利润"和"(二)终止经营净利润"项目,应根据《企业会计准则第 42 号——持有待售的非流动资产、处置组和终止经营》的相关规定分别填列。

【例 8-18】 琴岛宾馆 2×19 年度有关利润表账户本年累计发生额如表 8-30 所示,要求根据该表资料,编制琴岛宾馆 2×19 年度利润表(见表 8-30)。

表 8-30 　　　　　　　　　　　　利润表账户本年累计发生额 　　　　　　　　　　单位:元

账户名称	借方发生额	贷方发生额
主营业务收入		4 325 000
其他业务收入		92 500
主营业务成本	2 425 000	
其他业务成本	25 000	
税金及附加	13 000	
销售费用	378 000	
管理费用	267 500	
财务费用	10 800	
资产减值损失	15 450	
投资收益		190 000
营业外收入		25 000
营业外支出	9 850	
所得税费用	347 717.5	

表 8-31 　　　　　　　　　　利 润 表 　　　　　　　　会企 02 表

编制单位：琴岛宾馆 　　　　　　　　2×19 年度 　　　　　　　　单位：元

项目	本期金额	上期金额
一、营业收入	4 417 500	
减：营业成本	2 450 000	
税金及附加	13 000	
销售费用	378 000	
管理费用	267 500	
研发费用	0	
财务费用	10 800	
其中：利息费用	10 800	
利息收入	0	
资产减值损失	15 450	
信用减值损失	0	
加：其他收益	0	
投资收益（损失以"－"号填列）	190 000	
其中：对联营企业和合营企业的投资收益	0	
净敞口套期收益（损失以"－"号填列）	0	
公允价值变动收益（损失以"－"号填列）	0	
资产处置收益（损失以"－"号填列）	0	
二、营业利润（亏损以"－"号填列）	1 472 750	
加：营业外收入	25 000	
减：营业外支出	9 850	
三、利润总额（亏损总额以"－"号填列）	1 487 900	
减：所得税费用	347 717.5	
四、净利润（净亏损以"－"号填列）	1 140 182.5	
（一）持续经营净利润（净亏损以"－"号填列）	（略）	
（二）终止经营净利润（净亏损以"－"号填列）	（略）	
五、其他综合收益的税后净额	（略）	
（一）不能重分类进损益的其他综合收益		
1. 重新计量设定受益计划变动额		
2. 权益法下不能转损益的其他综合收益		
3. 其他权益工具投资公允价值变动		
4. 企业自身信用风险公允价值变动		
……		
（二）将重分类进损益的其他综合收益		
1. 权益法下可转损益的其他综合收益		
2. 其他债权投资公允价值变动		
3. 金融资产重分类计入其他综合收益的金额		

项目		
4. 其他债权投资信用减值准备		
5. 现金流量套期储备		
6. 外币财务报表折算差额		
......		
六、综合收益总额	（略）	
七、每股收益	（略）	
（一）基本每股收益		
（二）稀释每股收益		

8.4.3　现金流量表

1. 现金流量表的内容

现金流量表是指反映企业在一定会计期间现金和现金等价物流入和流出的报表。从编制原则上看,现金流量表按照收付实现制原则编制,将权责发生制下的盈利信息调整为收付实现制下的现金流量信息,便于信息使用者了解企业净利润的质量。从内容上看,现金流量表被划分为经营活动、投资活动和筹资活动三个部分,每类活动又分为各具体项目,这些项目从不同角度反映企业业务活动的现金流入与流出,弥补了资产负债表和利润表提供信息的不足。通过现金流量表,报表使用者能够了解现金流量的影响因素,评价企业的支付能力、偿债能力和周转能力,预测企业未来现金流量,为其决策提供有力依据。

2. 现金流量表的结构

在现金流量表中,现金及等价物被视为一个整体,企业现金形式的转换不会产生现金的流入和流出。例如,企业从银行提取现金,是企业现金存放形式的转换,并未流出企业,不构成现金流量。同样,现金与现金等价物之间的转换也不属于现金流量。例如,企业用现金购买3个月到期的国库券。根据企业业务活动的性质和现金流量的来源,现金流量表在结构上将企业一定时期产生的现金流量分为三类:经营活动产生的现金流量、投资活动产生的现金流量和筹资活动产生的现金流量。现金流量表的具体格式如表8-32所示。

表 8-32　　　　　　　　　　　　　　　现金流量表　　　　　　　　　　　　　　会企 03 表

编制单位:　　　　　　　　　　　　　年　　月　　　　　　　　　　　　　　单位:元

项目	本期金额	上期金额
一、经营活动产生的现金流量:		
销售商品、提供劳务收到的现金		
收到的税费返还		
收到其他与经营活动有关的现金		
经营活动现金流入小计		
购买商品、接受劳务支付的现金		
支付给职工以及为职工支付的现金		

（续表）

项目	本期金额	上期金额
支付的各项税费		
支付其他与经营活动有关的现金		
经营活动现金流出小计		
经营活动产生的现金流量净额		
二、投资活动产生的现金流量：		
收回投资收到的现金		
取得投资收益收到的现金		
处置固定资产、无形资产和其他长期资产收回的现金净额		
处置子公司及其他营业单位收到的现金净额		
收到其他与投资活动有关的现金		
投资活动现金流入小计		
购建固定资产、无形资产和其他长期资产支付的现金		
投资支付的现金		
取得子公司及其他营业单位支付的现金净额		
支付其他与投资活动有关的现金		
投资活动现金流出小计		
投资活动产生的现金流量净额		
三、筹资活动产生的现金流量：		
吸收投资收到的现金		
取得借款收到的现金		
收到其他与筹资活动有关的现金		
筹资活动现金流入小计		
偿还债务支付的现金		
分配股利、利润或偿付利息支付的现金		
支付其他与筹资活动有关的现金		
筹资活动现金流出小计		
筹资活动产生的现金流量净额		
四、汇率变动对现金及现金等价物的影响		
五、现金及现金等价物净增加额		
加：期初现金及现金等价物余额		
六、期末现金及现金等价物余额		

3. 现金流量表的填列

（1）经营活动产生的现金流量。经营活动是指企业投资活动和筹资活动以外的所有交易和事项。各类企业由于行业特点不同,对经营活动的认定存在一定差异。对于工商企业而言,经营活动主要包括销售商品、提供劳务、购买商品、接受劳务、支付税费等。

通常情况下,经营活动产生的现金流入项目主要有:销售商品、提供劳务收到的现金;收到的税费返还;收到的其他与经营活动有关的现金。经营活动产生的现金流出项目主要有:购买商品、接受劳务支付的现金;支付给职工以及为职工支付的现金;支付的各项税费;支付的其他与经营活动有关的现金。

(2) 投资活动产生的现金流量。投资活动是指企业长期资产的购建和不包括在现金等价物范围内的投资及其处置活动。这里所讲的投资活动,既包括实物资产投资,也包括金融资产投资。这里之所以将"包括在现金等价物范围内的投资"排除在外,是因为已经将包括在现金等价物范围内的投资视同现金。

通常情况下,投资活动产生的现金流入项目主要有:收回投资所收到的现金;取得投资收益所收到的现金;处置固定资产、无形资产和其他长期资产所收回的现金净额;收到的其他与投资活动有关的现金。投资活动产生的现金流出项目主要有:购建固定资产、无形资产和其他长期资产所支付的现金;投资所支付的现金;支付的其他与投资活动有关的现金。

(3) 筹资活动产生的现金流量。筹资活动是指导致企业资本及债务规模和构成发生变化的活动。这里所说的债务,指对外举债,包括向银行借款、发行债券以及偿还债务等。通常情况下,应付账款、应付票据等属于经营活动,不属于筹资活动。

通常情况下,投资活动产生的现金流入项目主要有:吸收投资所收到的现金;取得借款所收到的现金;收到的其他与筹资活动有关的现金。筹资活动产生的现金流出项目主要有:偿还债务所支付的现金;分配股利、利润或偿付利息所支付的现金;支付的其他与筹资活动有关的现金。

(4) 汇率变动对现金及现金等价物的影响。编制现金流量表时,应当将企业外币现金流量以及境外子公司的现金流量折算成记账本位币。外币现金流量以及境外子公司的现金流量,应当采用现金流量发生日的即期汇率或按照系统合理的方法确定的、与现金流量发生日即期汇率近似的汇率折算。汇率变动对现金的影响应当作为调节项目,在现金流量表中单独列报。

汇率变动对现金的影响,指企业外币现金流量及境外子公司的现金流量折算成记账本位币时,所采用的是现金流量发生日的即期汇率或按照系统合理的方法确定的、与现金流量发生日即期汇率近似的汇率,而现金流量表"现金及现金等价物净增加额"项目中外币现金净增加额是按资产负债表日的即期汇率折算的。这两者的差额即为汇率变动对现金的影响。

在编制现金流量表时,对当期发生的外币业务,也可不必逐笔计算汇率变动对现金的影响,可以通过现金流量表补充资料中"现金及现金等价物净增加额"与现金流量表中"经营活动产生的现金流量净额""投资活动产生的现金流量净额""筹资活动产生的现金流量净额"三项之和比较,其差额即为"汇率变动对现金的影响"。

(5) 现金流量表补充资料。除现金流量表反映的信息外,企业还应在附注中披露将净利润调节为经营活动现金流量、不涉及现金收支的重大投资和筹资活动、现金及现金等价物净变动情况等信息。

4. 现金流量表的编制方法

(1) 直接法和间接法。编制现金流量表时,列报经营活动现金流量的方法有两种:一是直接法;二是间接法。在直接法下,一般是以利润表中的营业收入为起算点,调节与经营活动有关的项目的增减变动,然后计算出经营活动产生的现金流量。在间接法下,将净利润调节为经营活动现金流量,实际上就是将按权责发生制原则确定的净利润调整为现金净流入,并剔除投资活动和筹资活动对现金流量的影响。

采用直接法编报的现金流量表,便于分析企业经营活动产生的现金流量的来源和用途,预测企业现金流量的未来前景;采用间接法编报的现金流量表,便于将净利润与经营活动产生的现金流量净额进行比较,了解净利润与经营活动产生的现金流量差异的原因,从现金流量的角度分析净利润的质量。所以,我国企业会计准则规定企业应当采用直接法编报现金流量表,同时要求在附注中提供以净利润为基础调节到经营活动现金流量的信息。

(2)工作底稿法、T型账户法和分析填列法。在具体编制现金流量表时,可以采用工作底稿法或T型账户法,也可以根据有关科目记录分析填列。

第一,工作底稿法。采用工作底稿法编制现金流量表,是以工作底稿为手段,以资产负债表和利润表数据为基础,对每一项目进行分析并编制调整分录,从而编制现金流量表。工作底稿法的程序是:

第一步,将资产负债表的期初数和期末数过入工作底稿的期初数栏和期末数栏。

第二步,对当期业务进行分析并编制调整分录。编制调整分录时,要以利润表项目为基础,从"营业收入"开始,结合资产负债表项目逐一进行分析。在调整分录中,有关现金和现金等价物的事项,并不直接借记或贷记现金,而是分别记入"经营活动产生的现金流量""投资活动产生的现金流量""筹资活动产生的现金流量"有关项目,借记表示现金流入,贷记表示现金流出。

第三步,将调整分录过入工作底稿中的相应部分。

第四步,核对调整分录,借方、贷方合计数均已经相等,资产负债表项目期初数加减调整分录中的借贷金额以后,也等于期末数。

第五步,根据工作底稿中的现金流量表项目部分编制正式的现金流量表。

第二,T型账户法。采用T型账户编制现金流量表,是以T型账户为手段,以资产负债表和利润表数据为基础,对每一项进行分析并编制调整分录,从而编制现金流量表。T型账户法的程序是:

第一步,为所有的非现金项目(包括资产负债表项目和利润表项目)分别开设T型账户,并将各自的期末期初变动数过入各该账户。如果项目的期末数大于期初数,则将差额过入和项目余额相同的方向;反之,过入相反的方向。

第二步,开设一个大的"现金及现金等价物"T型账户,每边分为经营活动、投资活动和筹资活动三个部分,左边记现金流入,右边记现金流出。与其他账户一样,过入期末期初变动数。

第三步,以利润表项目为基础,结合资产负债表分析每一个非现金项目的增减变动,并据此编制调整分录。

第四步,将调整分录过入各T型账户,并进行核对,该账户借贷相抵后的余额与原先过入的期末期初变动数应当一致。

第五步,根据大的"现金及现金等价物"T型账户编制正式的现金流量表。

第三,分析填列法。分析填列法是直接根据资产负债表、利润表和有关会计账户明细账的记录,分析计算出现金流量表各项目的金额,并据以编制现金流量表的一种方法。

重 要 概 念

货币资金 库存现金 备用金 银行存款 银行余额调节表 外汇 汇率 外汇兑换 外币存款 其他货币资金 交易性金融资产 债权投资 实际利率 现金折扣 固定资产 在建工程 固定资产清理 无形资产 研发支出 短期借款 长期借款 应付债券 实收资本 资本公积 其他综合收益 盈余公积 未分配利润 资产负债表 利润表 现金流量表

本 章 练 习

一、单项选择题

1. 在企业开立的诸多账户中,可以办理提取现金以发放工资的是(   )。

A. 专用存款账户   B. 一般存款账户

C. 临时存款账户   D. 基本存款账户

2. 企业在财产清查时发现库存现金盘亏,但无法查明原因,应当计入(   )。

A. 财务费用   B. 管理费用

C. 其他业务成本   D. 营业外支出

3. 企业购入股票作为交易性金融资产,支付的价款中如果包含已宣告但尚未领取的股利,应当(   )。

A. 计入投资成本   B. 作为其他应收款

C. 作为应收股利   D. 计入投资收益

4. 不会影响固定资产折旧计算的因素是(   )。

A. 固定资产的原始价值   B. 固定资产的预计净残值

C. 固定资产的性能   D. 固定资产的预计使用年限

5. 应收票据在贴现时,其贴现息应该计入(   )。

A. 财务费用   B. 银行承兑汇票

C. 商业承兑汇票   D. 应收票据

6. 根据我国企业会计准则的规定,企业购货取得的现金折扣,应当冲减(   )。

A. 购货成本   B. 管理费用

C. 财务费用   D. 资产减值损失

7. 结算起点以下的零星支出的结算起点是(   )元。

A. 1 500   B. 500   C. 1 000   D. 2 000

8. 某企业年初所有者权益总额为 160 万元,当年以其中的资本公积转增资本 50 万元,当年实现净利润 300 万元,提取盈余公积 30 万元,向投资者分配利润 20 万元。该企业年末所有者权益总额为(   )万元。

A. 360   B. 410   C. 440   D. 460

9. 预付货款业务不多的企业,可以不设置"预付账款"账户,其所发生的预付货款,可以通过(   )核算。

A. "应收账款"账户借方   B. "应付账款"账户借方

C. "应收账款"账户贷方   D. "应付账款"账户贷方

10. 资产负债表日,计提分期付息、到期还本的长期借款利息时,应贷记的账户是(   )。

A. "在建工程"   B. "应付利息"

C. "长期借款——应计利息"   D. "财务费用"

二、多项选择题

1. 货币资金包括( )。

A. 现金   B. 银行存款   C. 其他货币资金   D. 交易性金融资产

2. 下列各项中,不属于企业的无形资产的有( )。

A. 持有备增值后转让的土地使用权   B. 企业自创的商誉

C. 经营租入的无形资产   D. 有偿取得的经营特许权

3. 下列固定资产计提折旧的有( )。

A. 季节性停产的固定资产   B. 大修理期间的固定资产

C. 作为固定资产单独计价入账的土地   D. 以经营性租赁方式租出的固定资产

4. 下列各项中,不会引起留存收益总额发生增减变动的有( )。

A. 资本公积转增资本   B. 盈余公积转增资本

C. 接受股东投入货币资金   D. 税后利润弥补亏损

5. 下列各项中,不会引起所有者权益总额发生变动的事项有( )。

A. 接受投资者投入货币资金   B. 以资本公积转增资本

C. 提取法定盈余公积   D. 以盈余公积转增资本

三、判断题

1. 企业取得的交易性金融资产,在持有期间应按公允价值计量,且公允价值的变动计入当期损益。 ( )

2. 当月增加的固定资产,当月不提折旧,当月减少的固定资产,当月照提折旧。 ( )

3. 无形资产的摊销金额只能计入管理费用。 ( )

4. 年度终了,除"未分配利润"明细账户外,"利润分配"账户下的其他明细账户应无余额。 ( )

5. 使用寿命不确定的无形资产持有期间不需要摊销。 ( )

四、简答题

1. 什么是职工薪酬? 短期薪酬的具体内容包括哪些?

2. 利润分配的顺序是什么? 其分别使用"利润分配"总账账户下核算的明细账户是什么?

3. 简述影响固定资产折旧计算的因素及折旧范围。

4. 什么外汇? 什么是外汇汇率?

5. 企业发生外汇存款收付业务应如何核算?

五、业务题

1. 琴岛宾馆2×19年对行政部门进行定额备用金管理制度:

(1) 1月1日支付定额备用金2 000元。

(2) 5月20日,人事部发生1 600元费用,到财务报销。

(3) 12月31日年终结算,持费用发票1 500,未用现金500元至财务报销。

根据上述资料,编制会计分录。

2. 琴岛宾馆为增值税一般纳税人,适用的增值税税率为16%。2×19年11月的交易或事项如下,要求编制琴岛宾馆上述交易或事项的会计分录。

(1) 为公司总部下属20位部门经理每人配备汽车一辆免费使用,假定每辆汽车每月计提折旧0.4万元。

(2) 月末,分配职工工资100万元,企业行政管理人员工资25万元,专设销售机构人员工资75万元。

(3) 将宾馆自制的月饼作为福利发放给职工,其中行政、管理人员 10 名,销售人员 20 名。每箱月饼的市场销售价格为 800 元,实际成本为 500 元。

(4) 本月应付工资总额为 100 万元,其中应由公司代扣代缴的个人所得税 10 万元,由公司代缴的应由职工个人负担的社会保险费和住房公积金 20 万元,实发工资通过银行转账支付。

3. 2×19 年 12 月 31 日,琴岛宾馆在对库存现金进行清查时发现短缺 400 元。经落实,需由责任人赔偿 160 元,由保险公司赔偿 140 元,无法查明原因 100 元,并经批准进行相应的账务处理。

4. 琴岛宾馆 3 月 31 日"银行存款——美元户"账户余额为:外币 25 000 美元,汇率为 USD1＝RMB6.40,折合人民币 160 000 元。该宾馆 4 月份发生以下经济业务:

(1) 1 日,签发现金支票,提取现金 3 000 人民币元。

(2) 1 日,拨付给采购员定额备用金 400 人民币元,以现金付讫。

(3) 3 日,客房收入 32 000 人民币元,解存银行,假设不考虑相关税费。

(4) 5 日,进口健身器材一套,计 12 500 美元,以美元存款支付,健身器材已拨交健身房用。当天美元中间价为 USD1＝RMB6.40。

(5) 6 日,以转账支票向开户银行兑入 5 000 美元,备付工资。当天美元卖出价为 USD1＝RMB6.42。

(6) 8 日,以转账交票支付外方高级管理人员工资 5 000 美元。当天美元中间价 USD1＝RMB6.40。

(7) 16 日,餐饮收入 15 000 人民币元,解存银行,假设不考虑相关税费。

(8) 25 日,以美元存款归还前欠灯具进出口公司进口装潢灯具款 6 000 美元。当天美元中价为 USD1＝RMB6.40。

(9) 28 日,本宾馆设有外汇代兑点,今收到中国银行转来代兑手续费 980 人民币元。

(10) 30 日,今日美元中间价为 USD1＝RMB6.32,按规定调整"银行存款——美元户"账户期末人民币余额。

要求:根据经济业务编制会计分录。

六、案例题

资料:琴岛宾馆 2×19 年 1 月 31 日在工商银行的银行存款余额为 256 000 元,银行对账单余额为 265 000 元,经查对有下列未达账项:

(1) 琴岛宾馆于月末存入银行的转账支票 2 000 元,银行尚未入账。

(2) 委托银行代收的租金 12 000 元,银行已经收到入账,但企业尚未收到银行收款通知。

(3) 银行代付本月电话费 4 000 元,琴岛宾馆尚未收到银行付款通知。

(4) 琴岛宾馆于月末开出转账支票 3 000 元,持票人尚未到银行办理转账手续。

要求:

(1) 分析什么是未达账项?

(2) 分析未达账项有哪几种情况?

(3) 根据资料在表 8-33 内填制银行存款余额调节表。

表 8-33　　　　　　　　　　　　　　**银行存款余额调节表**

2×19 年 1 月 31 日

项　　目	金　　额	项　　目	金　　额
企业账面存款余额		银行对账单余额	
加: 减:		加: 减:	
调节后的存款余额		调节后的存款余额	

旅游饮食服务业会计模拟试题

模 拟 试 题 (一)

一、单项选择题(本大题共 10 小题,每小题 1 分,共 10 分)

1	2	3	4	5	6	7	8	9	10

1. "决策有用观"是一种关于(　　)的观点。

A. 会计的作用 　　　　　　　　　　B. 会计的方法

C. 会计目标 　　　　　　　　　　　D. 会计的职能

2. 月末,企业将外币账户余额按照期末市场汇率折合为人民币。调整后各外币账户的人民币余额与原账面余额的差额,作为汇兑损益列入(　　)账户。

A. "销售费用" 　　　　　　　　　　B. "财务费用"

C. "管理费用" 　　　　　　　　　　D. "营业外支出"

3. 饮食业经营中耗用的燃料应列入(　　)账户。

A. "主营业务成本" 　　　　　　　　B. "销售费用"

C. "管理费用" 　　　　　　　　　　D. "财务费用"

4. 旅游企业预收的旅游业务收入,要通过(　　)账户核算

A. "预收账款" 　　　　　　　　　　B. "应收账款"

C. "应付账款" 　　　　　　　　　　D. "预付账款"

5. 餐饮业不宜入库管理的原材料是(　　)。

A. 粮食 　　　　B. 豆油 　　　　C. 调味品 　　　　D. 蔬菜

6. 按照发布广告的媒体形式,报纸属于(　　)。

A. 电波广告 　　　B. 印刷广告 　　　C. 户外广告 　　　D. 漂浮广告

7. 某餐厅的红烧茄子每碟耗料成本为 8 元,规定的销售毛利率为 60%,则每碟红烧茄子的售价为(　　)元

A. 20 　　　　B. 16 　　　　C. 18 　　　　D. 15

8. "商品进销差价"账户是资产类账户,它抵减的账户是(　　)。

A. "商品采购" 　　　　　　　　　　B. "主营业务收入"

C. "库存商品" 　　　　　　　　　　D. "受托代销商品"

9. 南宁天天旅行社期末总账"应付账款"借方余额 10 万元,明细账中"应付账款——

甲"借方余额 5 万元,"应付账款——乙"贷方余额 11 万元,"应付账款——丙"借方余额 16 万元。不考虑其他因素,资产负债中的"应付账款"项目应填列(   )万元。

A. 11   B. 10   C. 21   D. 31

10. 东方宾馆行政办公室所发生的水电费应计入(   )

A. 制造费用   B. 财务费用

C. 销售费用   D. 管理费用

得分	

二、判断题(本大题共 10 小题,每小题 1 分,共 10 分)

1	2	3	4	5	6	7	8	9	10

1. 宾馆主要是以出租客房的使用权为其主营业务的。   (   )

2. 旅游企业的交易均为现金收付。   (   )

3. 与其他行业比较,旅游、饮食服务业的营业成本构成较为简单。   (   )

4. 饮食服务业原材料的采购成本中包含增值税。   (   )

5. 对旅游饮食服务业而言,产成品与库存商品是没有差别的。   (   )

6. 组团社经营业务收入在形式上属于先收款后服务。   (   )

7. 坏账准备属于资产类科目,所以账户的借方表示增加,贷方表示减少。 (   )

8. 数量进价金额核算法下,期末"库存商品"账户的余额反映的商品的售价。(   )

9. 交易性金融资产取得时发生的交易费用应计入成本。   (   )

10. 企业从应付职工工资总额中代扣的"五险一金"应记入"其他应付款"账户。(   )

得分	

三、简答题(本大题共 3 小题,每小题 10 分,共 30 分)

1. 饮食企业销售货款结算有哪几种方式,这些方式分别适用于什么类型的企业? 学校食堂采用哪种结算方式?

2. 饮食制品成本核算方法中永续盘存制的含义、优缺点及适用性。

3. 什么是数量进价金额核算法? 商场中哪些商品的核算采用该方法?

得分	

四、账务处理题(本大题共 4 小题,每分录 2 分,其中第 1 小题 8 分,第 2 小题 8 分,第 3 小题 12 分,第 4 小题 12 分,共 40 分)

1. 上海新光国际旅行社是组团社,2×19 年 12 月份发生以下经济业务:

(1) 1 日,B1128 团本月 10 日赴云南 8 日游,陆续收到 20 名旅游者旅游费,每人 7 000 元,款项存入银行。

(2) 17 日,B1128 旅游团旅程结束,已安全返回,确认已实现的旅游经营业务收入。

(3) 31 日,本月 17 日返还的 B1128 团已到规定结算日,仍没有收到云南旅行社(接团社)报来的结算通知单,按计划成本 100 000 元入账,其中:综合服务成本 60 000 元,地游及加项成本 40 000 元。

(4) 次年 1 月 3 日,收到云南旅行社的结算通知单,共计金额 96 000 元。其中:综合服务成本 66 000 元,地游及加项成本 30 000 元。款项尚未支付。

2. 琴岛酒楼 2 月份发生以下原材料的购进与领用业务:

(1) 1 日,购进木耳 100 千克,每千克 65 元,开出转账支票一张,结清货款,木耳已验收入库。

(2) 6 日,购进猪肉 500 千克,每千克 40 元,由厨房验收,签发 3 个月到期的商业承兑汇票付讫。

(3) 10 日,购进味精、鲜辣粉等调味品一批,共计 800 元,货款已现金支付,调味品已验收入库。

(4) 23 日,厨房领用木耳 30 千克。

3. 琴岛旅社 6 月份发生下列经济业务,该旅社的收款方式为先收款,后住店:

(1) 1 日,收到 101 客房房客预交房金 1 000 元。

(2) 2 日,105 客房房客离店,除结清上月预交房金 1 000 元外,补差交来房金 500 元,当场点清付讫。

(3) 8 日,101 客房房客离店,结清房金后,退还多收款项 200 元。

(4) 10 日,106 客房房客不辞而别,结欠房金 500 元无法收回,经批准转作坏账。

4. 琴岛宾馆附设商场 6 月份发生以下经济业务,该商场对商品采用数量进价金额法进行核算:

(1) 1 日,购入檀香扇 20 把,收到增值税专用发票,列明每把单价 250 元,增值税税率 16%,款项以转账支票支付,尚未入库。

(2) 5 日,商场转来收货单,1 日购进的檀香扇 20 把全部验收入库。

(3) 6 日,经复验檀香扇,发现其中 4 把质量不符合要求,经联系后同意退货。收到供货商开来的红字专用发票,开列退货款 1 000 元,退增值税额 160 元,款项尚未收到,檀香扇已退还对方。

(4) 20 日,收到商场交来的"销售日报表"和"收款期报表",列明售出檀香扇 10 把,每把 348 元;货款中转账支票结算为 1 000 元,信用卡结算 2 000 元,其余部分为现金结算,信用卡手续费率为 9‰。

(5) 20 日,根据销售商品的进价,结转销售成本。

(6) 30 日,不考虑其他因素,调整本月份实现的主营业务收入金额。

得分		**五、计算分析题**(本大题共 1 小题,共 10 分)

某商场有三个营业柜组:百货组、服装组、食品组,各组的商品期末库存商品账户金额分别为 20 000 元、15 000 元、15 000 元,本月的主营业务收入为 48 000 元、32 000 元、20 000 元,本月结转前的"商品进销差价"账户的金额为 8 000 元、4 000 元、3 000 元。

要求:

(1) 计算综合差价率。

(2) 计算并结转已销商品的进销差价。

(3) 计算期末库存商品的进价。

模 拟 试 题 (二)

| 得分 | |
一、单项选择题(本大题共 10 题,每题 1 分,共 10 分)

1	2	3	4	5	6	7	8	9	10

1. 下列不属于会计核算基本假设的是(　　)。

A. 权责发生制　　　B. 货币计量　　　C. 会计主体　　　D. 持续经营

2. 某宾馆签发并承兑给上海工艺品厂 3 个月的带息商业汇票。月末,该宾馆在计提该汇票应负担的利息时,应借记(　　)账户。

A. "销售费用"　　　　　　　　B. "管理费用"

C. "财务费用"　　　　　　　　D. "营业外支出"

3. 饭店的餐饮部门经营中耗用的燃料应列入(　　)账户。

A. "主营业务成本"　　　　　　B. "财务费用"

C. "管理费用"　　　　　　　　D. "销售费用"

4. 餐饮业应采用入库管理的原材料是(　　)。

A. 蔬菜　　　　　B. 粮食　　　　　C. 猪肉　　　　　D. 海鲜

5. 照相馆在出租照相工具收取押金时应记入(　　)账户。

A. "其他应收款"　　　　　　　B. "应收账款"

C. "其他应付款"　　　　　　　D. "应付账款"

6. 某餐厅的红烧牛肉每碟耗料成本为 8 元,规定的成本毛利率为 60%,则每碟红烧牛肉的售价为(　　)元

A. 15　　　　　B. 16　　　　　C. 12.8　　　　　D. 20

7. 采用数量进价金额核算法,月末需要调整的账户有(　　)。

A. "库存商品"　　　　　　　　B. "商品进销差价"

C. "主营业务收入"　　　　　　D. "主营业务成本"

8. 青青饭店期末总账"应收账款"借方余额 10 万元,明细账中"应收账款——甲"借方余额 5 万元,"应收账款——乙"贷方余额 11 万元,"应收账款——丙"借方余额 16 万元。不考虑其他因素,资产负债中的"应收账款"项目应填列(　　)万元。

A. 11　　　　　B. 10　　　　　C. 21　　　　　D. 31

9. 对于建造工程人员的职工薪酬在满足资本化条件下,应借记的账户是(　　)。

A. "应付职工薪酬"　　　　　　B. "生产成本"

C. "管理费用"　　　　　　　　D. "在建工程"

10. 下列不属于旅店经营业务税金的是(　　)。

A. 消费税　　　　　　　　　　B. 所得税

C. 教育费附加　　　　　　　　　　　D. 城市维护建设税

| 得分 | | **二、判断题**(本大题共 10 题、每题 1 分、共 10 分) |

1	2	3	4	5	6	7	8	9	10

1. 饮食制品的成本主要包括主料、调料和配料的成本。　　　　　　　　（　　）

2. 原材料发出采用先进先出法的企业,在物价上涨时,会低估资产和利润。（　　）

3. 旅店的主要经营业务是客房收入。　　　　　　　　　　　　　　　　（　　）

4. 广告制作费是广告发布者取得收入的形式。　　　　　　　　　　　　（　　）

5. 商场在购进货物过程中发生的采购费用,一般不计入库存商品成本。　（　　）

6. 采用售价金额核算法时,库存商品账户的余额表示商品的进价。　　　（　　）

7. 接团社经营业务收入在形式上属于先收款后服务。　　　　　　　　　（　　）

8. 存货跌价准备属于资产类科目,所以账户的借方表示增加,贷方表示减少。（　　）

9. 债权投资取得时发生的交易费用应计入资产成本。　　　　　　　　　（　　）

10. 当企业提取的法定盈余公积超过注册资本的 50% 时,可以不再提取。（　　）

| 得分 | | **三、简答题**(本大题共 3 小题,每小题 10 分,共 30 分) |

1. 什么是售价金额核算法?商场中哪些商品的核算采用该方法?

2. 饮食制品成本核算方法中"以存计耗制"的含义、优缺点及适用性。

3. 饮食企业销售货款结算有哪几种方式?这些方式分别适用于什么类型的企业?学校食堂采用的哪种结算方式?

| 得分 | | **四、账务处理题**(本大题共 4 小题,每分录 2 分,其中第 1 小题 8 分,第 2 小题 8 分,第 3 小题 12 分,第 4 小题 12 分,共 40 分) |

1. 状元楼酒楼 6 月份发生下列关于加工材料的经济业务:

(1) 1 日,委托某食品厂加工月饼馅料 3 000 千克,根据委托加工合同送去膘肉 500 千克,每千克 30 元;糖 1 500 千克,每千克 6 元。

(2) 5 日,送去杏仁 100 千克,每千克 80 元。

(3) 6 日,以现金支付送货运杂费 300 元。

(4) 10 日,签发转账支票,支付该食品厂月饼馅料的加工费 5 000 元。

(5) 12 日,3 000 千克月饼馅料加工完毕,退回多余糖 500 千克。

(6) 16 日,3 000 千克月饼馅料验收入库。

2. 南宁天天好旅行社发生以下的经济业务:

(1) 3 日,组团进行桂林三日游,预收零散游客的现金 2 200 元,单位团体的转账支票 13 800 元。

(2) 28 日,签发转账支票 4 950 元给铁路局,旅游团车票款。

(3) 14 日,桂林三日游顺利结束,确认已实现的旅游经营业务收入。

(4) 业务部门报来结算账单,本次组团旅游活动实际发生旅游费 10 800 元,所有款项以银行存款支付。

3. 悦来照相馆 10 月份发生下列有关经济业务：

（1）1 日，购入相纸 5 箱，每箱 600 元，货款以银行存款支付。

（2）5 日，摄影组领用相纸一箱，计 600 元，显、定影药水各 1 瓶，计 200 元。

（3）15 日收到现金 5 000 元，其中原照收入 3 000 元，彩扩收入 1 500 元，冲洗收入 500 元。

（4）31 日，摄影组办理假退料手续，将相纸半箱计 300 元，显、定影药水各半瓶计 100 元做退料处理。

4. 红星宾馆附设商场 6 月份发生以下经济业务，该商场对库存商品的核算采用数量进价金额核算法。

（1）5 日，购入化妆品 50 盒，收到增值税专用发票，列明每盒单价 600 元，增值税税率 16％，款项以转账支票支付，尚未入库。

（2）8 日，商场转来收货单，5 日购进的化妆品 50 盒把全部验收入库。

（3）10 日，收到化妆盒供货商的红字更正发票，更正化妆品每盒 500 元，应退货款 5 000 元，退增值税 800 元，已收到退货款，款项存入银行。

（4）20 日，收到商场交来的"销售日报表"和"收款期报表"，列明售出化妆品 30 盒，每盒 696 元。货款中转账支票结算结算为 5 000 元，信用卡结算 10 000 元，其余部分为现金结算，其中信用卡手续费率为 9‰。

（5）20 日，根据销售商品的进价，结转销售成本。

（6）30 日，不考虑其他因素，调整本月份的主营业务收入金额。

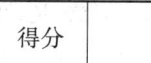 得分

五、计算分析题（本大题共 1 小题，共 10 分）

南方国际大酒店 20×9 年 12 月"原材料"总账记录如下：

单位:元

月初结存	本月购进	本月发出	月末结存
25 000	122 580	135 220	12 360

本月直接交厨房的原材料为 23 600 元。月末盘点结果，原材料仓库结存 12 350 元，厨房结存 1 500 元。

要求:分别计算出在采用"领料制"和"以存计耗"两种核算方法下国际大酒店 12 月耗用的原材料总成本，并编制相应的会计分录。

（1）原材料采用"领料制"核算。

（2）原材料采用"以存计耗制"核算。

本章练习参考答案

第1章 总 论

一、单项选择题

1	2	3	4	5	6	7	8	9	10
C	D	D	A	C	C	A	A	D	D

【解释】

2. 资产包含各种财产、债券和其他权利。因此选 D。

5. 考查"费用"的定义。因此选 C。

二、多项选择题

1	2	3
ABCD	AD	ACD

【解释】

第1题:会计信息质量要求包含可靠性,相关性,可理解性,可比性,实质重于形式,重要性,谨慎性,及时性。因此选 ABCD。

第3题:会计的基本假设包括会计主体、持续经营、会计分期、货币计量。因此选 ACD。

三、判断题

1	2	3	4	5
√	√	√	√	×

第2章 旅游经营业务的核算

一、单项选择题

1	2	3	4	5
A	C	B	B	C

【解释】

二、多项选择题

1	2	3	4	5
CD	ABC	AB	ABCD	AB

三、判断题

1	2	3	4	5
×	√	×	√	×

四、简答题

1. 旅行社按其为旅游者提供服务的形式不同,分为组团社和接团社。组团社就是从国内或国外组织旅游团队,为旅游者办理出入境手续、保险,安排游览计划,并选派翻译、导游人员随团为旅游者提供服务。接团社就是为旅游者在某一地区旅游提供翻译、导游、安排旅游者的参观游览日程,并为之订房、订餐及订机票、车票,为去下一站旅游作好安排的旅游企业。

2. 旅行社的经营业务收入包括:

(1) 综合服务收入,是指由旅行社为旅行团(者)提供一定时间内的综合服务而取得收入。包括:房费收入、餐费收入、车费收入、陪同费收入、其他收入等。

(2) 组团外联收入,是指由组团社自组外联,向旅行者收取住宿、用餐、旅游交通、翻译导游、文娱活动费等收入。

(3) 零星服务收入,是指旅行社接待零星旅客和接受代办事项所得的服务收入。

(4) 劳务收入,是指旅行社派翻译导游人员参加全程陪同的劳务收入。

(5) 票务收入,是指旅行社办理代售国际联运客票和国内客票的手续费收入。

(6) 地游及加项收入,是指旅行社接待旅行者某地一、二日游的小包价及增加浏览项目和风味餐等所取得的收入。

(7) 其他服务收入,是指不属于上述各项的其他服务收入。

3. 旅游经营业务收入通常应在劳务完成时,即在旅游团队旅游结束返回时确认旅游经营业务收入的实现。如果旅游团的旅游开始和结束分属不同的会计年度,企业在资产负债表日提供劳务交易的结果能够可靠估计的,应当采用完工百分比法确认提供的劳务收入,同时结转劳务成本。

五、业务题

1.

(1) 借:银行存款   666 400.00

   贷:预收账款   666 400.00

(2) 借:银行存款   273 600.00

   贷:预收账款   273 600.00

(3) 借:预收账款   28 800.00

   贷:主营业务收入——其他收入   2 880.00

     库存现金   25 920.00

(4) 借:预收账款   666 400.00

   贷:主营业务收入——组团外联收入 666 400.00

(5) 借:银行存款   571 200.00

   贷:预收账款   571 200.00

(6) 借:预收账款   273 600.00

   贷:主营业务收入   273 600.00

(7) 借:预收账款【571 200×5÷9】   317 333.33

   贷:主营业务收入——组团外联收入 317 333.33

2.

  (1) 借：主营业务成本   174 870.00

     贷：银行存款   174 870.00

  (2) 借：预付账款——南加州旅行社   156 710.40

     贷：银行存款   156 710.40

  (3) 借：主营业务成本   68 000.00

     贷：银行存款   68 000.00

  (4) 借：主营业务成本   391 776.00

     贷：预付账款——南加州旅行社   156 710.40

       银行存款   235 065.60

  (5) 借：主营业务成本   151 000.00

     贷：银行存款   151 000.00

  (6) 借：预付账款——南加州旅行社   134 323.20

     贷：银行存款   134 323.20

  (7) 借：主营业务成本——综合服务成本 182 440.00

         ——地游及加项成本 13 100.00

         ——劳务成本   4 800.00

         ——其他服务成本   660.00

     贷：应付账款——云南旅行社   201 000.00

  (8) 借：主营业务成本   275 600.00

     贷：应付账款——南加州旅行社   275 600.00

  (9) 借：主营业务成本——综合服务成本   210.00

         ——地游及加项成本   300.00

         ——劳务成本   300.00

         ——其他服务成本   220.00

       应付账款——云南旅行社   201 000.00

     贷：银行存款   200 830.00

第 3 章 饮食经营业务的核算

一、单项选择题

1	2	3	4	5	6	7	8	9	10
D	C	D	D	C	B	D	A	B	C

二、多项选择题

1	2	3	4	5
ABCDE	ACDE	ACD	ABC	ABCD

三、判断题

1	2	3	4	5
×	×	×	√	×

四、简答题

（略）

五、业务题

1.

（1）借：委托加工物资——加工月饼馅料　　　　　　　　　　　20 500

　　　贷：原材料——粮食类　　　　　　　　　　　　　　　　　4 500

　　　　　　——副食类　　　　　　　　　　　　　　　　　　8 800

　　　　　　——其他类　　　　　　　　　　　　　　　　　　7 200

（2）借：委托加工物资——加工月饼馅料　　　　　　　　　　　12 800

　　　贷：原材料——干果类　　　　　　　　　　　　　　　　　12 800

（3）借：委托加工物资——加工月饼馅料　　　　　　　　　　　　200

　　　　应交税费——应交增值税（进项税额）　　　　　　　　　20

　　　贷：银行存款　　　　　　　　　　　　　　　　　　　　　220

（4）借：委托加工物资——加工月饼馅料　　　　　　　　　　　7 000

　　　　应交税费——应交增值税（进项税额）　　　　　　　　1 120

　　　贷：银行存款　　　　　　　　　　　　　　　　　　　　8 120

（5）借：原材料——月饼馅料　　　　　　　　　　　　　　　39 566

　　　　　　——粮食类　　　　　　　　　　　　　　　　　　450

　　　　　　——其他类　　　　　　　　　　　　　　　　　　144

　　　　　　——干果类　　　　　　　　　　　　　　　　　　340

　　　贷：委托加工物资——加工月饼馅料　　　　　　　　　　40 500

（6）借：原材料——月饼馅料　　　　　　　　　　　　　　　　200

　　　　应交税费——应交增值税（进项税额）　　　　　　　　　20

　　　贷：银行存款　　　　　　　　　　　　　　　　　　　　220

2.

（1）借：库存现金　　　　　　　　　　　　　　　　　　　　12 588

　　　　银行存款　　　　　　　　　　　　　　　　　　　　5 961.8

　　　　财务费用——手续费　　　　　　　　　　　　　　　　34.2

　　　　待处理财产损溢　　　　　　　　　　　　　　　　　　　5

　　　贷：主营业务收入　　　　　　　　　　　　　　　　　　18 589

（2）借：银行存款　　　　　　　　　　　　　　　　　　　　12 588

　　　贷：库存现金　　　　　　　　　　　　　　　　　　　　12 588

（3）借：营业外支出　　　　　　　　　　　　　　　　　　　　　5

　　　贷：待处理财产损溢　　　　　　　　　　　　　　　　　　　5

（4）借：财务费用——手续费   9

      银行存款   991

      贷：预收账款——酒席定金   1 000

（5）借：银行存款   3 200

      贷：预收账款——酒席定金   3 200

（6）借：财务费用——手续费   93.6

      银行存款   10 306.4

      应收账款——酒席定金   1 000

      贷：主营业务收入——酒席收入   10 000

      主营业务收入——小卖部收入   1 400

（7）借：预收账款——酒席定金   3 200

      贷：营业外收入   3 200

第4章　饭店经营业务的核算

一、单项选择题

1	2	3	4
C	C	B	C

二、判断题

1	2	3	4	5
√	×	√	×	×

三、简答题

（略）

四、业务题

1.

（1）借：库存现金   1 200

      贷：预收账款   1 200

（2）借：预收账款   1 000

      库存现金   200

      贷：主营业务收入——房金   1 200

（3）借：预收账款   1 200

      贷：主营业务收入——房金   1 000

      库存现金   200

（4）借：库存现金   1 000

      贷：预收账款   1 000

（5）借：预收账款   2 000

      库存现金   500

      贷：主营业务收入——房金   2 500

（6）借：库存现金　　　　　　　　　　　　　　　　　　　　　　　　　500

　　　贷：预收账款　　　　　　　　　　　　　　　　　　　　　　　　　　500

2.

（1）借：应收账款　　　　　　　　　　　　　　　　　　　　　　　　19 350

　　　贷：主营业务收入——房金　　　　　　　　　　　　　　　　　　18 250

　　　　　　　　　　　——饮料　　　　　　　　　　　　　　　　　　　640

　　　　　　　　　　　——食品　　　　　　　　　　　　　　　　　　　460

（2）借：库存现金　　　　　　　　　　　　　　　　　　　　　　　　12 620

　　　银行存款　　　　　　　　　　　　　　　　　　　　　　　　　5 964

　　　财务费用　　　　　　　　　　　　　　　　　　　　　　　　　　36

　　　贷：应收账款　　　　　　　　　　　　　　　　　　　　　　　18 620

第5章　服务经营业务的核算

一、单项选择题

1	2	3	4	5	6	7	8	9	10
A	B	B	D	C	D	D	B	D	B

【解释】

第1题:广告代理收入是指广告公司接受广告客户的委托,从事广告发布的代理业务而应向广告客户收取的款项。因此选 A。

第4题:企业采用分账结算、片租结算、代理结算、买断结算方式取得的影片,企业按合同、协议约定于供片方结算后的收入。因此选 D。

第8题:甲公司 2015 年末应确认的劳务收入＝70×40％＝28(万元)。因此选 B。

第9题:由于企业提供的劳务交易结果不能够可靠地计量,已经发生的劳务成本预计能够部分得到补偿,所以按照能够得到补偿的 1 050 万元来确认劳务收入,所以 2×19 年度该企业应确认的劳务收入的金额为 1 050 万元。因此选 D。

二、多项选择题

1	2	3	4	5
ABCD	ABCD	BCD	AC	AC

【解释】

第2题:企业实现的主营业务收入,按实际收到或应收的金额入账。主营业务收入补充设置"电影发行收入""电影放映收入""音像制品收入""影片后产品收入"等明细账户。

因此选 ABCD。

第3题:户外广告的发布成本有阵地费、框架制作费、户外广告登记费等。阵地费是指租用户外广告场地所发生的费用。

因此选 BCD。

第5题:根据资料,甲公司该项劳务交易的结果能够可靠估计,所以应当按照完工百分比法计算完工进度,确认收入并结转成本。相关会计分录为:

借：劳务成本   50
  贷：应付职工薪酬   50

完工进度＝50÷(50＋150)×100％＝25％

借：应收账款   100
  贷：主营业务收入   100

借：主营业务成本   50
  贷：劳务成本   50

因此选 AC。

三、判断题

1	2	3	4	5
√	√	√	√	×

四、简答题

1. 服务经营业务的特点是为消费者提供服务,而且所提供的往往是以带有一定技艺的服务性劳动,并辅以相适应的服务性设备来满足消费者的需要。有些服务业,服务过程就是消费的过程,如美发、美容等。但是,有些服务业,除具有服务职能外,还有加工生产的职能,如广告、洗染、修理等。其生产经营过程短,且生产直接与消费者见面。因此服务经营同时具有生产、服务、销售三项职能。

2. 广告公司会计核算的特点有以下几点,分别为存货核算比较简单,固定资产的核算、预收账款和预付账款金额较大,营业收入、成本、费用的核算有一定的特殊性。

3. 提供劳务交易结果能够可靠估计的条件是:
① 收入的金额能够可靠地计量;
② 相关的经济利益很可能流入企业;
③ 交易的完工进度能够可靠地确定;
④ 交易中已发生和将发生的成本能够可靠地计量。

五、业务题

1.

(1) 借：银行存款   90 000
  贷：预收账款——小布丁食品厂   90 000

(2) 借：预收账款——小布丁食品厂   90 000
    应收账款——小布丁食品厂   122 000
  贷：主营业务收入——广告制作收入   200 000
    应交税费——应交增值税(销项税额)   12 000

(3) 借：银行存款   122 000
  贷：应收账款——小布丁食品厂   122 000

(4) 借：银行存款   212 000
  贷：主营业务收入——广告发布收入   200 000
    应交税费——应交增值税(销项税额)   12 000

2.

(1) 借：库存现金   8 000

    银行存款   6 193.75

    财务费用   56.25

    贷：主营业务收入——美容部收入   7 150

       主营业务收入——美发部收入   7 100

(2) 借：银行存款   8 000

    贷：库存现金   8 000

3.

(1) 借：原材料——原料及主要材料——相纸   1 560

    贷：银行存款   1 500

       库存现金   60

(2) 借：原材料——原料及主要材料——药水   600

    贷：应付账款——东兴公司   600

(3) 借：主营业务成本   540

    贷：原材料——原料及主要材料——相纸   320

       原材料——原料及主要材料——药水   220

4.

(1) 借：低值易耗品   45 000

    贷：银行存款   45 000

(2) 借：固定资产   15 000

    贷：银行存款   15 000

(3) 借：固定资产   10 000

    贷：银行存款   10 000

(4) 借：管理费用——开办费   200 500

    贷：银行存款   200 500

(5) 收费价格 $=\left(\dfrac{45\,000+15\,000+10\,000+200\,500}{1\,000\times200\times75\%}+5\right)\div(1-80\%)\approx34$ 元

一般票价取整数，所以门票价格为 34 元。

第6章   商场经营业务的核算

一、单项选择题

1	2	3	4
A	C	B	D

二、多项选择题

1	2	3	4
ABCD	BCD	CD	ABCD

三、判断题

1	2	3	4	5
√	√	×	√	√

四、简答题

1. 数量进价金额核算法是以实物数量和进价金额两种计量单位,反映商品进、销、存情况的一种方法。即指除库存商品的总分类账户和明细分类账户均按进价金额反映外,其明细分类账户还必须反映商品实物数量。

数量进价金额核算法的要点是:

(1) 进价记账。

(2) 库存商品明细分类账按商品编号、品名、规格、等级分户,随时记录商品的收入、发出和结存的数量及进价金额,数量要求进行永续盘存。

(3) 在仓库设置商品保管账,记载商品收入、发出和结存数量。

(4) 经营商品品种规格较多的商场,可以根据核算与管理的需要,在库存商品总分类账和明细分类账之间设置商品类目账,以加强库存商品的明细核算。

(5) 采用适当方法随时或定期结转销售商品成本。

数量进价金额核算法主要适用于商场经营的贵重物品。

2. 售价金额核算法又称拨货计价实物负责制。它是以售价金额控制各实物负责人经营商品进、销、存情况的一种核算方法。

售价金额核算法的要点是:

(1) 建立实物负责制。

(2) 售价记账、金额控制。

(3) 设置"商品进销差价"账户,以反映商品售价和进价之间的差额,并在期末计算和分摊已售商品的进销差价。

(4) 加强商品实地盘点。

售价金额核算法主要适用于商场经营的除贵重商品之外的商品。

3.

(1) 主营业务收入的调整。由于商场平时所做的收入均为含税收入,月末需将平时含税的销售收入分解为全月不含税的销售收入,并将其中的销项税额转入"应交税费——应交增值税(销项税额)"账户。

(2) 主营业务成本的调整。商场采用售价金额核算库存商品,平时每天按照商品售价结转主营业务成本。月末,为了核算商品销售业务的经营成果,需要计算和结转已销商品的进销差价,将其调整为进价成本。已销商品进销差价的计算方法有综合差价率推算法,分类(组)差价率推算法和实际差价率计算法三种。各企业可以按自己业务经营特点分别选择不同的方法计算。根据计算出的已售商品应分摊的进销差价,借记"商品进销差价"账户,贷记"主营业务成本"账户。

五、业务题

1.

(1) 借:在途物资　　　　　　　　　　　　　　　　　　　　　　　30 000

　　　应交税费——应交增值税(进项税额)　　　　　　　　　　　4 800

　　　　贷:银行存款　　　　　　　　　　　　　　　　　　　　　　34 800

(2) 借:库存商品　　　　　　　　　　　　　　　　　　　　　　　30 000

　　　　贷:在途物资　　　　　　　　　　　　　　　　　　　　　　30 000

(3) 借：银行存款　　　　　　　　　　　　　　　　　　　14 910

　　　　库存现金　　　　　　　　　　　　　　　　　　　6 060

　　　　财务费用　　　　　　　　　　　　　　　　　　　90

　　　　贷：主营业务收入　　　　　　　　　　　　　　　21 060

(4) 借：主营业务成本　　　　　　　　　　　　　　　　　18 000

　　　　贷：库存商品　　　　　　　　　　　　　　　　　18 000

(5) 主营业务收入调整金额＝21 060÷(1+16%)＝18 155.17(元)

　　进项税额＝2 1060－18 155.17＝2 904.83(元)

　　借：主营业务收入　　　　　　　　　　　　　　　　　2 904.83

　　　　贷：应交税费——应交增值税(销项税额)　　　　　2 904.83

六、案例题

(1) 计算综合差价率：

$$商品进销差价综合＝8 000＋4 000＋3 000＝15 000(元)$$

$$库存商品综合＝20 000＋15 000＋15 000＝50 000(元)$$

$$主营业务收入综合＝48 000＋32 000＋20 000＝100 000(元)$$

$$综合差价率＝15 000÷(50 000＋100 000)＝10\%$$

(2) 计算并结转已销商品的进销差价：

$$已售商品的进销差价＝100 000×10\%＝10 000(元)$$

借：商品进销差价　　　　　　　　　　　　　　　　　　10 000

　　贷：主营业务成本　　　　　　　　　　　　　　　　10 000

(3) 计算期末库存商品的进价。

$$库存商品的进销差价＝15 000－10 000＝5 000(元)$$

$$库存商品进价＝50 000－5 000＝45 000(元)$$

第7章　期间费用和税金的核算

一、单项选择题

1	2	3	4	5	6	7	8	9	10
D	B	D	A	C	D	B	B	B	B

二、多项选择题

1	2	3	4	5
ABCDE	ABCD	ABCDE	ABCDE	ABDE

三、判断题

1	2	3	4	5
√	√	×	×	×

四、简答题

1. 期间费用是指企业当期发生的必须从当期收入得到补偿的费用。由于它仅与当期实现的收入相关,必须计入当期损益,所以被称为期间费用。期间费用具有以下特点:一是期间费用一般不与某项收入直接联系;二是期间费用大多为共同费用;三是期间费用是均匀和经常发生的。期间费用按发生的环节和经济性质的不同可分为销售费用、管理费用和财务费用三大类。

2. 增值税的计税方法有扣税法和扣额法两种,我国采用扣税法。扣税法是指先按销售货物或者应税劳务、应税服务的销售额计算增值税额(简称增项税额),然后再按税法规定抵扣购进货物或者应税劳务、应税服务时已交纳的增值税额(简称进项税额),计算其应交增值税额的方法。

五、业务题

1.

(1) 借:管理费用——差旅费   1 700

       库存现金   300

       贷:周转材料   2 000

(2) 本月应提工会经费＝250 000×2‰＝5 000(元)

    本月应提职工教育经费＝250 000×2.5%＝6 250(元)

    借:管理费用——工会经费   11 250

       贷:应付职工薪酬——工会经费   5 000

                    ——职工教育经费   6 250

(3) 借:销售费用——运输费   3 320

            ——装卸费   380

            ——包装费   560

       贷:库存现金   940

         银行存款   332

2. (1) 2月28日,根据上列资料计算本月应交增值税额如下:

$$应交增值税额＝27\,000＋87－17\,000－4\,670＝5\,417(元)$$

根据计算的结果,编制分录如下:

借:应交税费应交增值税——转出未交增值税   5 417

   贷:应交税费——未交增值税——转入未交增值税   5 417

(2) 3月8日,填制增值税缴款书,交纳2月份增值税额,作分录如下:

借:应交税费——未交增值税——转入未交增值税   5 417

   贷:银行存款   5 417

第8章　旅游饮食服务业其他经营业务的核算

一、单项选择题

1	2	3	4	5	6	7	8	9	10
D	B	A	C	A	C	C	C	B	B

【解释】

第8题:由于资本公积转增资本以及提取盈余公积这两项业务只会引起所有者权益内部结构的变化,对所有者权益总额没有影响。因此,年末所有者权益总额＝160＋300－20＝440(万元)。

因此选择 C

二、多项选择题

1	2	3	4	5
ABC	ABC	ABD	ACD	BCD

【解释】

第4题:留存收益包括盈余公积和未分配利润两部分内容

A选项,资本公积转增资本导致资本公积减少,实收资本增加,对留存收益没有影响;

B选项,盈余公积转增资本导致盈余公积减少,实收资本增加,留存收益减少;

C选项,接受股东投入货币资金导致实收资本增加,对留存收益没有影响;

D选项,税后利润弥补亏损不需要单独进行会计处理,对留存收益没有影响。

因此选择 ACD。

三、判断题

1	2	3	4	5
√	√	×	√	√

四、简答题

1. 职工薪酬是指企业为获得职工提供的服务而给予各种形式的报酬以及其他相关支出。短期薪酬主要包括:

(1) 职工工资、奖金、津贴和补贴。

(2) 职工福利费。

(3) 社会保险费。

(4) 住房公积金。

(5) 工会经费和职工教育经费。

(6) 非货币性福利。

2. 利润分配的顺序及核算账户:

(1) 提取法定盈余公积,"利润分配——提取法定盈余公积"账户;

(2) 提取任意盈余公积,"利润分配——提取任意盈余公积"账户;

(3) 普通股现金股利,"利润分配——应付现金股利或利润"账户;

(4) 普通股股票股利,"利润分配——转作股本的股利"账户。

3. 影响固定资产折旧计算的因素有:

(1) 原始价值,是指固定资产的实际取得成本,就折旧计算而言,也称为折旧基数。

(2) 预计净残值,是指假定固定资产预计使用寿命已满并处于使用寿命终了时的与其状态,企业目前从该项资产处置中获得的扣除预计处置费用后的金额。

(3) 预计使用年限,是指固定资产预计经济使用年限,也称折旧年限。

固定资产的折旧范围:

(1) 已提足折旧仍继续使用的固定资产。

(2) 单独估价作为固定资产价值入账的土地。

4. 外汇是指以外国货币表示的,为各国普遍接受的,可用于国际间债权债务结算的各种支付手段。外汇汇率是一个国家的货币折算成另一个国家货币的比率,也就是用一国货币所表示的另一国货币的价格,也称兑换率、外汇牌价等。

5. 企业发生外币存款业务时,其会计核算的基本程序为:

(1) 将外币金额按照交易发生日的即期汇率或即期汇率的近似汇率折算为记账本位币金额。

(2) 期末,将外币存款余额按照期末即期汇率折算为记账本位币金额,并与原记账本位币金额相比较,其差额即为汇兑差额。

(3) 结算外币存款项目时,将其外币结算金额按照当日即期汇率折算为记账本位币金额,并与原记账本位币金额相比较,其差额记入"财务费用——汇兑差额"账户。

五、业务题

1.

(1) 1月1日,支付定额备用金:

借:备用金——行政部门   2 000
   贷:库存现金   2 000

(2) 5月20日,到财务报销:

借:管理费用   1 600
   贷:库存现金   1 600

(3) 12月31日,年终结算:

借:管理费用   1 500
   库存现金   500
   贷:备用金——行政部门   2 000

2.

(1) ①确认职工薪酬:

借:管理费用   80 000
   贷:应付职工薪酬——非货币性福利   80 000

② 月末计提折旧:

借:应付职工薪酬——非货币性福利   80 000
   贷:累计折旧   80 000

(2) 分配本月工资费用:

借:管理费用   250 000
   销售费用   750 000
   贷:应付职工薪酬——工资   1 000 000

(3) 确认职工薪酬:

借:管理费用   9 280
   销售费用   18 560
   贷:应付职工薪酬——非货币性福利   27 840

借:应付职工薪酬——非货币性福利   27 840
   贷:主营业务收入   24 000
     应交税费——应交增值税(销项税额)   3 840

借：主营业务成本   15 000
　　贷：库存商品   15 000

（4）发放本月职工工资：

借：应付职工薪酬——工资   1 000 000
　　贷：应交税费——应交个人所得税   100 000
　　　　其他应付款   200 000
　　　　银行存款   700 000

3.

（1）借：待处理财产损溢   400
　　　　贷：库存现金   400
（2）借：其他应收款——应收现金短缺款   160
　　　　　　　　　　——应收保险赔偿   140
　　　　管理费用   100
　　　　贷：待处理财产损溢   400

4.

（1）1日，签发现金支票，提取现金3 000人民币元。

借：库存现金   3 000
　　贷：银行存款——人民币户   3 000

（2）1日，拨付给采购员定额备用金400人民币元，以现金付讫。

借：备用金   400
　　贷：库存现金   400

（3）3日，客房收入32 000人民币元，解存银行。

借：银行存款——人民币户   32 000
　　贷：主营业务收入   32 000

（4）5日，进口健身器材一套，计12 500美元，以美元存款支付，健身器材已拨交健身岛用。当天美元中间价为USD1＝RMB6.40。

借：固定资产   80 000
　　贷：银行存款——美元户（US D12500）   80 000

（5）6日，以转账支票向开户银行兑入5 000美元，备付工资。当天美元卖出价为USD1＝RMB6.42。

借：银行存款——美元户（USD5000）   32 100
　　贷：银行存款——人民币户   32 100

（6）8日，以转账交票支付外方高级管理人员工资计5 000美元。当天美元中间价USD1＝RMB6.40。

借：应付职工薪酬   32 000
　　贷：银行存款——美元户（USD 5000）   32 000

（7）16日，餐饮收入15 000元，解存银行。

借：银行存款——人民币户   15 000
　　贷：主营业务收入   15 000

（8）25日，以美元存款归还前欠灯具进出口公司进口装潢灯具款 6 000 美元。当天美元中价为 USDl＝RMB6.40。

借：应付账款   38 400

  贷：银行存款——美元户（USD6000）   38 400

（9）28日，本宾馆设有外汇代兑点，今收到中国银行转来代兑手续费980人民币元。

借：银行存款——人民币户   980

  贷：营业外收入   980

（10）30日，今日美元中间价为 USDl＝RMB6.32,按规定调整"银行存款——美元户"账户期末人民币余额。

"银行存款——美元户"账户余额：160 000－80 000＋32 100－32 000－38 400＝41 700（人民币元）

25 000－12 500＋5 000－5 000－6 000＝6 500（美元）

41 700－6 500×6.32＝620（人民币元）

借：财务费用——汇兑损失   620

贷：银行存款——美元户   620

六、案例题

（1）未达账项是指由于企业间的交易采用的结算方式涉及的收付款结算凭证在企业和银行之间的传递存在着时间上的先后差别,造成一方已收到凭证并已入账,而另一方尚未接到凭证仍未入账的款项。

（2）未达账项有四种情况：

第一,企业以收款记账,而银行尚未收款记账。

第二,企业以付款记账,而银行尚未付款记账。

第三,银行以收款记账,而企业尚未收款记账。

第四,银行以付款记账,而企业尚未付款记账。

（3）

银行存款余额调节表

2×19年1月31日

单位:元

项 目	金 额	项 目	金 额
企业账面存款余额	256 000	银行对账单余额	265 000
加:银行已收,企业未收款 减:银行已付,企业未付款	12 000 4 000	加:企业已收,银行未收款 减:企业已付,银行未付款	2 000 3 000
调节后的存款余额	264 000	调节后的存款余额	264 000

旅游饮食服务业会计模拟试题参考答案

模拟试题(一)参考答案

一、单项选择题(本大题共 10 小题,每小题 1 分,共 10 分)

1	2	3	4	5	6	7	8	9	10
C	B	A	A	D	B	A	C	A	D

二、判断题(本大题共 10 小题,每小题 1 分,共 10 分)

1	2	3	4	5	6	7	8	9	10
√	×	√	√	×	√	×	×	×	√

三、简答题(本大题共 3 小题,每小题 10 分,共 30 分)

1. 餐饮企业销售货款结算方式:

(1) 先收款后就餐,主要适用于小型餐饮企业。 (3分)

(2) 先就餐后结算,主要适用于大、中型餐饮企业。 (3分)

(3) 一手钱一手货结算方式,主要适用于经营品种简单且规格化的商品。 (3分)

学校食堂采用的是先收款后就餐的结算方式。 (1分)

2.

(1) 永续盘存制是根据原始凭证逐笔登记各种原材料收入、发出数量,并随时结出账面结存数量。 (4分)

(2) 优点:可随时反映原材料的收、发、存情况,有利于对原材料的监管。 (2分)

(3) 缺点:核算工作量较大。 (2分)

(4) 适用:领料制的餐饮企业。 (2分)

3.

(1) 数量进价金额核算法是指库存商品总账和明细账反映商品的进价外,明细账还同时反映商品实物数量的一种核算方法。 (5分)

(2) 数量进价金额核算法能够按品种、规格反映各种商品进、销、存的数量和金额变动情况,便于加强库存商品的管理和控制,因此商场经营的贵重物品主要采用这种方法进行核算。 (5分)

四、账务处理题(本大题共 4 小题,每分录 2 分,其中第 1 小题 8 分,第 2 小题 8 分,第 3 小题 12 分,第 4 小题 12 分,共 40 分)

1.

(1) 借:银行存款　　　　　　　　　　　　　　　　　140 000　(2分)

　　　贷:预收账款　　　　　　　　　　　　　　　　　　　140 000

(2) 借:预收账款　　　　　　　　　　　　　　　　　140 000　(2分)

　　　贷:主营业务收入　　　　　　　　　　　　　　　　　140 000

（3）借：主营业务成本——综合服务成本 60 000 （2分）

     ——地游及加项成本 40 000

  贷：应付账款 100 000

（4）借：主营业务成本——综合服务成本 6 000 （2分）

     ——地游及加项成本 `10 000`

   贷：应付账款 `4 000`

2.

（1）借：原材料——干货类（木耳） 6 500 （2分）

  贷：银行存款 6 500

（2）借；主营业务成本 20 000 （2分）

  贷：应付票据 20 000

（3）借：原材料——其他类 800 （2分）

  贷：库存现金 800

（4）借：主营业务成本 1 950 （2分）

  贷：原材料——干货类（木耳） 1 950

3.

（1）借：库存现金 1 000 （2分）

  贷：预收账款 1 000

（2）借：预收账款 1 500 （2分）

  贷：主营业务收入 1 500

  借：银行存款 500 （2分）

  贷：预收账款 500

（3）借：预收账款 800 （2分）

  贷：主营业务收入 800

  借：预收账款 200 （2分）

  贷：银行存款 200

（4）借：坏账准备 500 （2分）

  贷：应收账款 500

4.

（1）借：在途物资 5 000 （2分）

   应交税费——应交增值税（进项税额） 800

  贷：银行存款 5 800

（2）借：库存商品 5 000 （2分）

  贷：在途物资 5 000

（3）借：应付账款 1 160 （2分）

  贷：库存商品 1 000

   应交税费——应交增值税（进项税额） 160

(4) 借：银行存款   2 982 （2分）

      库存现金   480

      财务费用   18

    贷：主营业务收入   3 480

(5) 借：主营业务成本   2 500 （2分）

    贷：库存商品   2 500

(6) 主营业务收入调整金额＝3 480÷(1＋16%)＝3 000(元)

  借：主营业务收入   480 （2分）

    贷：应交税费——应交增值税(销项税额)   480

五、计算分析题(本大题共 1 小题,共 10 分)

(1) 计算综合差价率   (5分)

        商品进销差价综合＝8 000＋4 000＋3 000＝15 000(元)

        库存商品综合＝20 000＋15 000＋15 000＝50 000(元)

        主营业务收入综合＝48 000＋32 000＋20 000＝100 000(元)

        综合差价率＝15 000÷(50 000＋100 000)＝10%

(2) 计算并结转已销商品的进销差价。   (3分)

        已售商品的进销差价＝100 000×10%＝10 000(元)

  借：商品进销差价   10 000

    贷：主营业务成本   10 000

(3) 计算期末库存商品的进价。   (2分)

        库存商品的进销差价＝15 000－10 000＝5 000(元)

        库存商品进价＝50 000－5 000＝45 000(元)

模拟试题(二)参考答案

一、单项选择题(本大题共 10 小题,每小题 1 分,共 10 分)

1	2	3	4	5	6	7	8	9	10
A	C	D	B	C	C	C	C	D	B

二、判断题(本大题共 10 小题,每小题 1 分,共 10 分)

1	2	3	4	5	6	7	8	9	10
√	×	√	×	√	×	×	×	√	√

三、简答题(本大题共 3 小题,每小题 10 分,共 30 分)

1.

(1) 售价金额核算法是指库存商品总账和明细账都只反映商品的售价金额,不反映实物数量的一种核算方法。   (5分)

(2) 售价金额核算法控制了商品的售价,不必逐笔登记数量明细账,简化了核算手续,但是它不便于数

量控制。所以,对于品种多,交易次数频繁的商品应采用这种方法进行核算。 (5分)

2.

(1)"以存计耗制"是指平时会计上只登记原材料的增加,不登记较少(领用),期末根据实际盘点数倒轧本月耗用的材料成本。 (4分)

(2)优点:手续简便。 (2分)

(3)缺点:不能随时反映原材料的收、发、存情况;将原材料的损耗、短缺、盗窃和浪费等原因造成的损失隐藏在倒挤的原材料成本中,不利于对原材料的监管。 (2分)

(4)适用:原材料管理采用实地盘存制的企业。 (2分)

3.

餐饮企业销售货款结算方式:

(1)先收款后就餐,主要适用于小型餐饮企业。 (3分)

(2)先就餐后结算,主要适用于大、中型餐饮企业。 (3分)

(3)一手钱一手货结算方式,主要适用于经营品种简单且规格化的商品。 (3分)

学校食堂采用的是先收款后就餐的结算方式。 (1分)

四、账务处理题(本大题共4小题,每分录2分,其中第1小题12分,第2小题8分,第3小题8分,第4小题12分,共40分)

1.

(1)借:委托加工物资　　　　　　　　　　　　　　24 000　(2分)
　　　贷:原材料——膘肉　　　　　　　　　　　　　　15 000
　　　　　　——糖　　　　　　　　　　　　　　　　　9 000

(2)借:委托加工物资　　　　　　　　　　　　　　8 000　(2分)
　　　贷:原材料——杏仁　　　　　　　　　　　　　　8 000

(3)借:委托加工物资　　　　　　　　　　　　　　　300　(2分)
　　　贷:库存现金　　　　　　　　　　　　　　　　　300

(4)借:委托加工物资　　　　　　　　　　　　　　5 000　(2分)
　　　贷:银行存款　　　　　　　　　　　　　　　　5 000

(5)借:原材料——糖　　　　　　　　　　　　　　3 000　(2分)
　　　贷:委托加工物资　　　　　　　　　　　　　　3 000

(6)借:原材料——月饼馅料　　　　　　　　　　　34 300　(2分)
　　　贷:委托加工物资　　　　　　　　　　　　　34 300

2.

(1)借:银行存款　　　　　　　　　　　　　　　13 800　(2分)
　　　　库存现金　　　　　　　　　　　　　　　2 200
　　　贷:预收账款　　　　　　　　　　　　　　16 000

(2)借:主营业务成本　　　　　　　　　　　　　4 950　(2分)
　　　贷:银行存款　　　　　　　　　　　　　　4 950

(3)借:预收账款　　　　　　　　　　　　　　16 000　(2分)
　　　贷:主营业务收入　　　　　　　　　　　16 000

(4) 借：主营业务成本　　　　　　　　　　　　　　　　　　　10 800　（2分）
　　　　贷：银行存款　　　　　　　　　　　　　　　　　　　　　　10 800

3.

(1) 借：原材料——相纸　　　　　　　　　　　　　　　　　　　3 000　（2分）
　　　　贷：银行存款　　　　　　　　　　　　　　　　　　　　　　3 000

(2) 借：主营业务成本　　　　　　　　　　　　　　　　　　　　　800　（2分）
　　　　贷：原材料——相纸　　　　　　　　　　　　　　　　　　　　600
　　　　　　　——药水　　　　　　　　　　　　　　　　　　　　　200

(3) 借：库存现金　　　　　　　　　　　　　　　　　　　　　5 000　（2分）
　　　　贷：主营业务收入——原照收入　　　　　　　　　　　　　　3 000
　　　　　　　　　　　　——彩扩收入　　　　　　　　　　　　　　1 500
　　　　　　　　　　　　——冲洗收入　　　　　　　　　　　　　　　500

(4) 借：主营业务成本　　　　　　　　　　　　　　　　　　　　　400　（2分）
　　　　贷：原材料——相纸　　　　　　　　　　　　　　　　　　　　300
　　　　　　　——药水　　　　　　　　　　　　　　　　　　　　　100

4.

(1) 借：在途物资　　　　　　　　　　　　　　　　　　　　30 000　（2分）
　　　　应交税费——应交增值税（进项税额）　　　　　　　　　　4 800
　　　　　　贷：银行存款　　　　　　　　　　　　　　　　　　　34 800

(2) 借：库存商品　　　　　　　　　　　　　　　　　　　　30 000　（2分）
　　　　贷：在途物资　　　　　　　　　　　　　　　　　　　　30 000

(3) 借：银行存款　　　　　　　　　　　　　　　　　　　　　5 800　（2分）
　　　　贷：库存商品　　　　　　　　　　　　　　　　　　　　　5 000
　　　　　　应交税费——应交增值税（进项税额）　　　　　　　　　800

(4) 借：银行存款　　　　　　　　　　　　　　　　　　　　14 910　（2分）
　　　　库存现金　　　　　　　　　　　　　　　　　　　　　5 880
　　　　财务费用　　　　　　　　　　　　　　　　　　　　　　　90
　　　　贷：主营业务收入　　　　　　　　　　　　　　　　　　20 880

(5) 借：主营业务成本　　　　　　　　　　　　　　　　　　　15 000　（2分）
　　　　贷：库存商品　　　　　　　　　　　　　　　　　　　　15 000

(6) 主营业务收入调整金额＝20 880÷(1＋16％)＝18 000(元)

借：主营业务收入　　　　　　　　　　　　　　　　　　　　　2 880　（2分）
　　贷：应交税费——应交增值税（销项税额）　　　　　　　　　　2 880

五、计算分析题(本大题共 1 小题,共 10 分)

(1) 原材料采用"领料制"核算：

原材料总成本＝135 220＋23 600－1 500＝157 320(元)

借：主营业务成本　　　　　　　　　　　　　　　　　　　　157 320
　　贷：原材料　　　　　　　　　　　　　　　　　　　　　　157 320

（2）原材料采用"以存计耗制"核算：

原材料总成本＝25 000＋122 580＋23 600－12 350－1 500＝157 330（元）

借：主营业务成本   157 330
 贷：原材料   157 330

参 考 文 献

〔1〕丁元霖.旅游饮食服务业会计[M].上海:立信会计出版社,2012.

〔2〕文莉.餐饮服务业会计入门[M].上海:立信会计出版社,2009.

〔3〕王国生.旅游餐饮企业会计[M].北京:中国财政经济出版社,2012.